Filosofia de botequim

Matt Lawrence

Filosofia de botequim

48 questões filosóficas para acompanhar sua cerveja

Tradução de Eliana Rocha
Revisão técnica e texto do anexo de Alessandro Pinesso

EDITORA
ALAÚDE

Título original: *Philosophy on tap: pint-sized puzzles for the pub philosopher*

O texto deste livro foi fixado conforme o acordo ortográfico vigente no Brasil desde 1º de janeiro de 2009.

PREPARAÇÃO:
Fátima Couto

REVISÃO:
Carolina Hidalgo Castelani e Andresa Medeiros

CAPA:
Luiz Morikio

IMPRESSÃO E ACABAMENTO:
Bartira Gráfica

1ª edição, 2012 / 1 reimpressão

Dados Internacionais de Catalogação na Publicação (CIP)
(Câmara Brasileira do Livro, SP , Brasil)

Lawrence, Matt

Filosofia de botequim: 48 questões filosóficas para acompanhar sua cerveja / Matt Lawrence; tradução de Eliana Rocha. São Paulo: Alaúde Editorial, 2012.

Título original: *Philosophy on tap: pint-sized puzzles for the pub philosopher.*

ISBN 978-85-7881-132-7

1. Bares – Miscelânea 2. Filosofia – Miscelânea I. Título.

12-10993 CDD-100

Índices para catálogo sistemático:

1. Filosofia de botequim 100

2013
Alaúde Editorial Ltda.
Rua Hildebrando Thomaz de Carvalho, 60
São Paulo, SP, 04012-120
Tel.: (11) 5572-9474 e 5579-6757
www.alaude.com.br

SUMÁRIO

PREFÁCIO

Uma coisa engraçada aconteceu a caminho do mosteiro

Eu estava viajando de carro pela costa sul da Califórnia, a caminho de um retiro de meditação, e pensando sobre o livro de questões filosóficas que estava escrevendo. Meu editor estava entusiasmado com o projeto, mas eu ainda não tinha escolhido o título. Como se tratava de um livro de discussões filosóficas breves, destinadas a abrir o apetite do leitor por filosofia, tentei imaginar títulos relacionados com coisas pequenas, rápidas, precisas. Questões filosóficas de cinco minutos? Petiscos filosóficos? Quarenta e oito problemas rápidos? Evidentemente, eu tinha que continuar pensando. Então, do nada, me veio uma luz: questões para os filósofos de botequim! Afinal, o que vai melhor com uma questão filosófica do que um bom copo de cerveja? E quem gosta mais de questões filosóficas do que os bebedores de cerveja? Assim como cerveja e futebol, ou cerveja e pizza, cerveja e filosofia é uma dupla reunida pelos deuses. Nunca se sabe como ou por que a inspiração vai chegar, mas, retrospectivamente, percebo que a ideia me veio quando eu estava a poucos quilômetros da Cervejaria Stone, em Escondido, na Califórnia. Com certeza o perfume do lúpulo fresco deve ter soprado pela janela aberta. Seja como for, assim nasceu *Filosofia de botequim*, o primeiro livro a juntar 48 ótimas cervejas a 48 questões filosóficas.

A ideia básica do livro é explicar e examinar cada questão num espaço de tempo não maior do que aquele que alguém levaria para beber um bom copo de cerveja, e cada rótulo foi especialmente selecionado para acompanhar cada problema. O paradoxo de Zenão, por exemplo, é o problema mais antigo da tradição filosófica ocidental presente neste livro, e por isso juntei-o com uma cerveja da mais antiga cervejaria do mundo ocidental, a Weihenstephan Original Lager. O mito do anel de Giges, de Platão, uniu-se a uma cerveja grega apropriadamente chamada Mythos. E o que combinaria melhor com o paradoxo da visão etílica do que uma Horn Dog Barley Wine, da cervejaria Flying Dog? Assim, você vai poder explorar as 48 questões com 48 diferentes cervejas – de preferência nem todas na mesma noite. No fim do livro, estará perito em filosofia e nas melhores cervejas do mundo.

Sobre as questões

Ao escolher os problemas filosóficos para o livro, tentei abranger os mais fundamentais e que causam maior perplexidade. Muitos podem ser adequadamente chamados de "as maiores questões da vida", mas vários foram incluídos por causa de sua relevância para o filósofo amante da cerveja. "Sabor descomplicado" (capítulo 11) é um bom exemplo, assim como "Um caso de temperança" (capítulo 48). Meu objetivo ao longo de todo o livro foi mais apresentar os problemas do que resolvê-los. Afinal, muito da diversão da filosofia é imaginar coisas por conta própria. Assim sendo, apesar de eu sugerir algumas possíveis soluções ou relevantes pontos de vista a considerar, o leitor é convidado a tirar suas próprias conclusões, ou, melhor ainda, a discutir a questão com os amigos no bar.

Sobre a verdade

Vou logo avisando que sigo a tradição consagrada nos bares: enfeitar as histórias. Algumas vezes exagero um pouco, e vez ou outra conto uma mentira descarada. Naturalmente, tudo isso para seu divertimento. Se você tem uma queda pela verdade, sugiro que leia a seção "Verdade seja dita", que acompanha alguns capítulos. Se houver na questão filosófica alguma mentira ou exagero, é aí que vou esclarecer as coisas.

Sobre a cerveja

Ao escolher as 48 cervejas que vão acompanhar as questões filosóficas, meu objetivo primordial foi encontrar cervejas que se adaptassem a cada questão de uma maneira interessante ou divertida. Como você verá, existem muitos pontos de ligação entre a cerveja e a filosofia. Outra preocupação foi a qualidade. Tentei evitar cervejas ruins – embora saiba que o gosto das pessoas é muito variado.

Cervejas artesanais americanas (mais claras)

- Sierra Nevada Pale Ale
- Avery White Rascal
- Roy Pitz Truly Honest Ale
- Shmaltz He'brew Origin Pomegranate Ale
- Rogue Dead Guy Ale
- High & Mighty Purity of Essence
- Victory HopDevil IPA
- Anchor Steam Beer
- Blue Point Hoptical Illusion
- Yuengling Traditional Lager
- Moonlight Reality Czeck Pilsner
- Anheuser Busch O'Doul's (a ser explicada)

Cervejas artesanais americanas (mais escuras e fortes)

- Flying Dog Horn Dog Barley Wine
- Big Sky Moose Drool Brown Ale
- Great Divide Espresso Oak Aged Yeti
- Dogfish Head Raison d'Être
- Esta cerveja será determinada pelas leis da física
- Wasatch Polygamy Porter
- Stone Arrogant Bastard Ale
- North Coast Brother Thelonius Belgian Style Abbey Ale
- Elysian The Wise ESB
- Laughing Dog Alpha Dog Imperial IPA
- AleSmith Old Numbskull Barley Wine
- Deschutes The Abyss

Cervejas do mundo (mais claras)

Cervejas do mundo (mais escuras e fortes)

Em geral, você verá que a maioria dos rótulos que incluí são de cervejarias premiadas, que estão entre as melhores do mundo. Mas, como são muitos tipos, duvido que você adore a todas. No entanto, quem beber todas as 48 cervejas com certeza encontrará algumas de suas preferidas e descobrirá muitas outras. Dividi as 48 em doze grupos de quatro.

Como você pode imaginar, algumas das cervejas âmbares e fortes resistem a uma classificação apenas em termos de claras ou escuras. Portanto, não leve essa divisão muito a sério. Mas espero que você aprecie o fato de que tentei lhe oferecer uma experiência equilibrada em matéria de cerveja recorrendo a uma grande variedade de tipos de diversos países. Como metade delas são americanas, apenas um americano consideraria essa escolha geograficamente "equilibrada", e assim mesmo com esforço de imaginação. Mas, como a indústria cervejeira americana passou por uma revolução nos últimos vinte anos e tem produzido muitas cervejas ótimas e interessantes, espero que você aproveite essa prevalência. Tentei também criar um equilíbrio entre cervejas famosas e cervejas pouco conhecidas. Talvez seja difícil encontrar algumas dessas últimas. Mas a busca pode ser um desafio que vai valer a pena – talvez você possa incluí-las na sua lista dos desejos que quer realizar antes de bater as botas. No fim de cada capítulo, você também encontrará um espaço para anotar sua avaliação, onde pode manter um registro das suas preferidas. E documentar visualmente os sabores e as qualidades usando o gráfico "teia de aranha". Marque as notas mais baixas próximo do centro e as notas mais altas em direção à borda. O exemplo abaixo é a avaliação da Belgian Dark Ale.

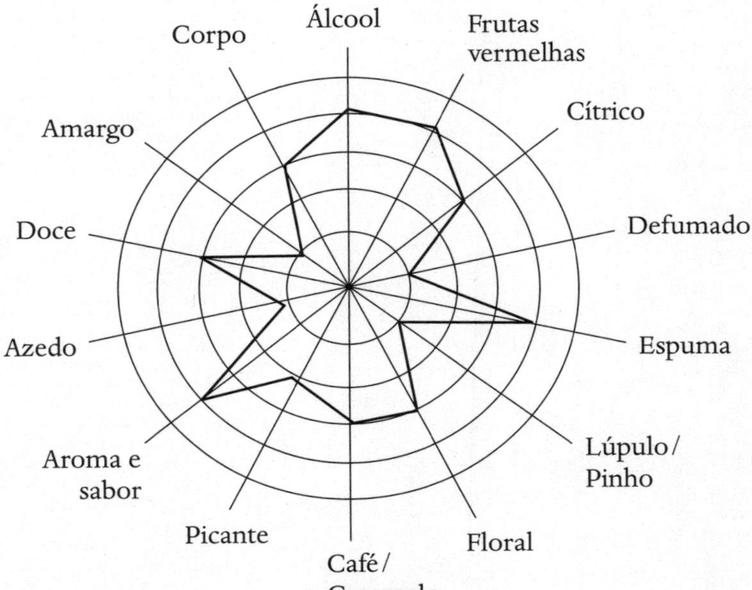

Com a cerveja e o livro em mãos, você está pronto para começar. Mas lembre-se:

Beba com moderação. Pense em excesso.

Matt Lawrence
www.philosophyontap.com

AGRADECIMENTOS

Gostaria de fazer um brinde a todas as pessoas que tornaram este livro possível ou ajudaram no processo de fermentação. Antes de mais nada, quero agradecer à minha família: minha mulher, Lisa, e meus filhos Jacoby, Jeremy e Keenan, por seu inabalável apoio, apesar dos sacrifícios que escrever um livro inevitavelmente acarreta. Se eles não tivessem me ajudado de inúmeras maneiras, este livro jamais teria existido. Um agradecimento extra a Jeremy por emprestar seu talento artístico a algumas das ilustrações, e a Jacoby por suas providenciais opiniões e por revisar as provas do manuscrito duas vezes. Os comentários de Randy Firestone sobre o primeiro esboço foram inestimáveis, e seu entusiasmo pelo projeto realmente me ajudou a concretizá-lo. Randy, com certeza devo a você algumas cervejas a mais. Obrigado a Matt Sanders e Will Heusser por sua ajuda (e bom gosto) durante várias expedições de degustação (sempre terei algumas cervejas especiais geladas para vocês, amigos). E a Will e Eric Cave por seus sensatos comentários sobre o manuscrito inicial, assim como a Peter Lange por sua revisão e edição.

Muitas das ideias do livro, assim como sua apresentação, foram desenvolvidas (sem cerveja) em sala de aula, e por isso tenho uma grande dívida de gratidão com meus alunos do Long Beach City College. Suas perguntas, seus comentários e seu entusiasmo (e um ou outro aborrecimento) tiveram um forte efeito sobre minha maneira de encarar, ensinar e escrever sobre filosofia. E meus agradecimentos aos membros do Long Beach City College Philosophy Club, que leram e discutiram alguns capítulos, especialmente a Danny Wilson e Joe Shumsky, que não só tiveram ótimas ideias de problemas filosóficos, mas também riram nos momentos certos. E ao Randy

Firestone's Philosophy Club, do El Camino College, onde alguns desses problemas foram testados.

Obrigado à equipe da Wiley-Blackwell. A Nick Bellorini, que me pôs a bordo (mais uma vez), a Jeff Dean, que acompanhou o projeto até o final, a Sarah Dancy, por sua cuidadosa edição, e a todos os que trabalharam nos bastidores para articular toda a edição.

E, finalmente, agradeço à minha mãe, que inspirou meu amor pela filosofia muito antes de eu saber o que é isso. Ela vai fazer falta.

1

PROBLEMAS DE TRANSPORTE

Devemos nos teletransportar para mais uma rodada?

Rótulo em questão: Guinness Extra Stout

Incrivelmente escura e encorpada, com toques de defumado e café, a Guinness Extra Stout é a eterna favorita dos filósofos de botequim. Com certeza, uma pesquisa Gallup de 2057 vai mostrar que os filósofos se transportam com mais frequência com uns copos de Guinness Extra Stout do que com qualquer outra cerveja.

Quem já viu a clássica série de tevê *Jornada nas Estrelas* certamente se lembra da famosa frase do capitão Kirk: "Teletransporte-me, Scotty". Como engenheiro-chefe da Enterprise, o sr. Scott usava o teletransportador da nave para fazer a tripulação desaparecer de um lugar e reaparecer em outro. Desde a estreia de *Jornada nas Estrelas*, em 1966, o "teletransporte" se tornou um elemento indispensável dos filmes de ficção científica.

Embora o teletransporte ainda seja ficção científica, pode deixar de sê-lo um dia – talvez durante nossa existência. Se isso acontecer, você usaria essa tecnologia? Naturalmente, parece ótimo. Quem não gostaria de ter uma Guinness Stout gelada teletransportada diretamente da cervejaria St. James Gate, de Dublin, na Irlanda? Ou, melhor ainda, por que não se teletransportar até Dublin para uma visita guiada à cervejaria? (Ao final, todos os visitantes recebem uma Guinness de cortesia.) Bem, antes de se teletransportar ao redor do globo, talvez você deva primeiro considerar como essas máquinas de teletransporte poderiam funcionar.

Segundo o *Star Trek: The next generation technical manual* [Manual técnico de *Jornada nas estrelas: a nova geração*], um escâner grava o estado de todas as partículas subatômicas do corpo, destrói as ligações atômicas que mantêm as partículas unidas e depois envia as partículas para o lugar escolhido através de um filamento de matéria separada subatomicamente. A seguir, as partículas subatômicas são reunidas usando-se o modelo atômico que foi gravado pelo escâner. Vamos imaginar que, daqui a vinte anos, seja inventado um teletransportador que utilize esse processo. Milhares de pessoas já o experimentaram, sem nenhum dano. Todos os que foram transportados dizem que se sentiram perfeitamente normais quando chegaram ao destino. Você faria a experiência? Uma possível razão para a hesitação é o fato de que o transportador vai MATÁ-LO! Ao destroçar todas as suas partículas subatômicas, o transportador vai *mandar você pelos ares,* literalmente. O lado bom, naturalmente, é que ele vai devolver você inteirinho, novo em folha. Morte e ressurreição em microssegundos.

Mas o transportador também pode funcionar de outras maneiras. Suponha que, em vez de enviar suas partículas subatômicas ao destino escolhido, ele simplesmente as destrua. O que ele envia é apenas o registro escaneado do seu modelo atômico. Então, no destino, o transportador refaz seu corpo usando partículas subatômicas novas. Nesse caso, você vai despertar com um *corpo totalmente novo* – embora pareça exatamente como o velho.

Vamos considerar mais uma possibilidade, inspirada no filósofo de Oxford, Derek Parfit. Suponha que você esteja sendo transportado de Los Angeles para Dublin. Você já usou o teletransportador muitas vezes e, portanto, não está nem um pouco nervoso. Você entra na cabine e dá à engenheira o sinal de "pronto". Você a vê girar a chave e a luz azul do escâner descer pelo seu corpo. Você espera aquela "centelha" de inconsciência antes de se ver no centro de teletransporte da cervejaria St. James Gate, em Dublin, mas isso não acontece. Você olha para a engenheira com um olhar inquisidor, e ela diz:

– OK, tudo certo. Pode sair da cabine e descer as escadas à sua esquerda.

– Mas eu devia estar em Dublin, não em Los Angeles! – você responde, confuso.

– Ah, mas o senhor está em Dublin. Olhe o monitor.

Para sua surpresa, você olha para o monitor e se vê no centro de teletransporte da cervejaria St. James Gate, pisando na plataforma de "chegadas". A engenheira explica:

– Acho que o senhor não sabia que este é o novo sistema de transporte ST 101. Assim como muitos dos sistemas mais antigos, enviamos apenas a cópia escaneada ao destino escolhido. Em Dublin, o senhor foi remontado com partículas inteiramente novas. Naturalmente, as coisas deram certo, e o senhor está se sentindo bem em Dublin. Olhe de novo o monitor. O senhor está na fila para a visita guiada.

– Sim, mas ainda estou aqui – você protesta.

– Essa é a diferença da ST 101 – ela continua. – Enquanto as máquinas antigas destruíam seu corpo para usar sua energia atômica e despachar seu modelo escaneado à velocidade da luz, a ST 101 não requer muita energia. Por isso, o que o senhor deve fazer agora é seguir a linha amarela até o elevador. Lá dentro, o botão vermelho vai levá-lo à estação de força. Lamento pela espera, mas isso vai nos permitir usar sua energia atômica para as necessidades energéticas sempre crescentes de Los Angeles.

Lentamente, você caminha até o elevador. Lá dentro, há apenas um botão, o vermelho. Você sabe que, apertando-o, será despachado para a morte. Você sabe que o extermínio será indolor, e tenta encontrar conforto no fato de seu "novo ser" estar em Dublin, curtindo as imagens e os sons do depósito da Guinness. Entretanto, parece óbvio que "você" ainda está aqui, prestes a morrer.

Você apertaria o botão vermelho?

O que você acha?

- O ST 101 requer que se caminhe voluntariamente para a morte, mas isso também não é verdade nos dois primeiros exemplos? O ST 101 é "pior" que os outros métodos de teletransporte?
- Você apertaria o botão vermelho?
- Se você apertar o botão vermelho, essa será a *sua* morte? Suponha que seus amigos o estejam esperando em Dublin. O que eles vão pensar?
- Se seu corpo for remontado usando partículas novas, esse corpo ainda será "seu"?
- Você tem uma alma? Em caso afirmativo, como ela se relaciona com seu corpo? Sua alma viajaria para Dublin ou "renasceria" lá? Ou seria uma espécie de zumbi sem cérebro que chegaria à cervejaria da Guinness?

Você sabia?

- Em junho de 2002, uma equipe de cientistas da Australian National University conseguiu teletransportar os fótons de um raio *laser*. Usando um processo chamado *entrelaçamento quântico*, a equipe teletransportou um sinal de rádio contido no raio *laser* a 1 metro de distância. Embora tenha sido um teletransporte de *fótons*, até hoje ninguém foi capaz de teletransportar um objeto material.
- O conto de Edward Page Mitchell , *The man without a body* [O homem sem corpo], de 1877, talvez seja o primeiro a usar a ideia de teletransporte. O conto narra a história de um cientista que descobriu uma maneira de desintegrar os átomos de um gato, transmiti-los por um fio de telégrafo e depois reintegrá-los em outro lugar. Mas, quando o cientista tenta transportar a si mesmo, a bateria do telégrafo acaba quando só a cabeça tinha sido transmitida.
- A Bíblia conta a história do que pode ser chamado de "teletransporte milagroso" de Felipe de Gaza para Azoto. Em Atos 8:36-40, encontramos o seguinte: "Desceram ambos à água, tanto Felipe quanto o eunuco, e Felipe o batizou. Quando saíram da água, o

Espírito do Senhor arrebatou Felipe para longe, e o eunuco nunca mais o viu, mas jubiloso seguiu o seu caminho. Mas Felipe achou-se em Azoto e, enquanto caminhava, evangelizava todas as cidades, até que chegou a Cesareia".

- O depósito da Guinness está localizado dentro da cervejaria St. James Gate, cuja arquitetura imita a forma de um gigantesco copo de cerveja. Tem sete andares, e no último se encontra o Gravity Bar. (É aí que o visitante recebe seu copo de cortesia no fim da visita.) Se estivesse cheio, esse copo gigante conteria mais de 7 milhões de litros de cerveja Guinness.
- A Guinness Extra Stout pode ser usada para fazer ótimos coquetéis. O coquetel Guinness clássico leva partes iguais de champanhe e de Guinness Extra Stout e é servido em uma taça do tipo *flûte*.

Leitura recomendada

- Hanley, Richard. *A metafísica de Jornada nas Estrelas.* São Paulo: Makron Books, 1998.
- Parfit, Derek. *Reasons and persons.* Oxford: Clarendon Press, 1984.

Notas de degustação: *Guinness Extra Stout*

Estilo: Dry Stout **Nota:** 1 2 3 4 5

Aparência:

Aroma:

Corpo:

Sabor:

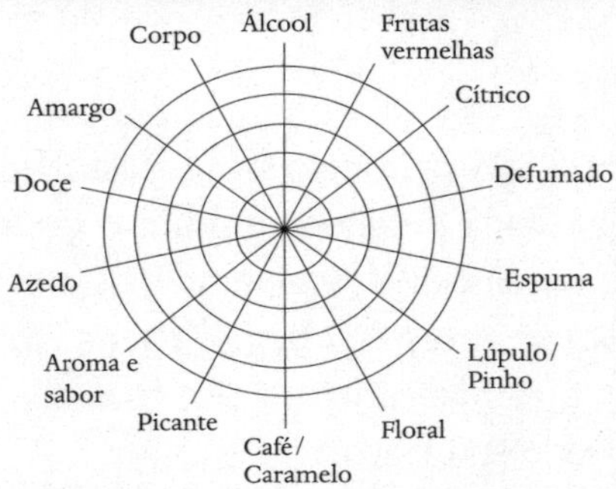

2

PARADOXO DE ZENÃO DA MÃO À BOCA

Como é que o copo nunca chega à sua boca?

Rótulo em questão:
Weihenstephaner Original Lager

Como o paradoxo de Zenão é o mais antigo da tradição filosófica ocidental presente no livro, nada mais adequado que uma cerveja da mais antiga cervejaria do mundo ocidental. A cervejaria Weihenstephan, da Bavária, foi fundada no ano 1040, o que a torna a cervejaria mais antiga não só do Ocidente, como também de todo o planeta. A Original Lager é um de seus clássicos. É uma cerveja clara, espumante e (felizmente) refrescante. Com uma suave presença de malte e um leve amargor, é o tipo de cerveja que vai fazer você querer mais uma – isso se a primeira chegar a seus lábios.

Antes do primeiro gole desta histórica cerveja, pense no seguinte. Para você beber esse gole, o copo deve primeiro ser levado até seus lábios. Suponha que essa distância seja de 30 centímetros. Mas observe que, antes de chegar a seus lábios, o copo deve passar pela metade do caminho entre o ponto onde ele está pousado no balcão ou na mesa e sua boca.

Mas, assim que ele chega à metade do caminho, existe mais um ponto na metade do caminho restante pelo qual ele deve passar. Você não poderá beber sua cerveja até que o copo passe por *esse* ponto também.

E, uma vez que chegue a *esse* ponto, o copo deve passar por outro ponto médio entre esse ponto e seus lábios. E, chegando lá, precisará passar por outro ponto médio, e assim por diante.

O problema, como você agora percebe, é que, para beber desse copo, você vai precisar passar por um número infinito de pontos médios (já que qualquer distância pode ser dividida pela metade). E, como é impossível passar por um número infinito de pontos numa quantidade finita de tempo, você nunca chegará a saborear essa cerveja!

O filósofo grego Zenão de Eleia apresentou este paradoxo (às vezes chamado "paradoxo da bissecção") no século V a.C. Agora, sei no que você está pensando. Algo deve estar errado. Sabemos por experiência que o copo chega a seus lábios. Na verdade, espero que você já tenha provado que Zenão estava errado. (Provar o contrário é sempre muito bom, você não acha?) Mas Zenão não se abalaria ao saber que você está saboreando a sua cerveja. Ele achava que, uma vez que a razão nos mostra que o copo *não pode* chegar aos lábios num tempo finito (muito menos em alguns segundos), nossos sentidos devem estar nos iludindo. Num confronto entre a razão e os sentidos, ele acreditava que devemos escolher a razão. Conclusão de Zenão: o movimento é impossível! Ninguém jamais bebe coisa alguma!

Enquanto você fica aí sentado, curtindo o amargor suave do lúpulo e a doçura do malte de sua Original Lager, espero que acredite que a razão está do *seu* lado. Mas você consegue explicar essas razões? Se Zenão estava enganado, onde ele errou?

Se precisar de uma ajudinha, eis algumas ideias a considerar. Primeiro, será que a cerveja precisa mesmo se mover por um número infinito de pontos numa quantidade finita de tempo? Afinal, não podemos aplicar o mesmo tipo de bissecção ao tempo? Os dois segundos gastos para levar o copo à boca podem ser divididos em seus pontos médios, assim como a metade seguinte do caminho, e a próxima, e assim por diante. Portanto, podemos supor que, enquanto passava por um número infinito de pontos no espaço, o copo teve um número infinito de pontos no tempo para fazer isso. Mas essa reposta pode nos deixar ainda um pouco insatisfeitos (e fazer Zenão sorrir no túmulo), porque ficamos pensando como o copo se moveu por infinitos pontos (espaciais *e* temporais) em apenas dois segundos.

Outra possibilidade, por mais radical que pareça, é concluir que Zenão estava certo. Talvez os objetos não se movam. Algumas teorias contemporâneas sobre o espaço-tempo parecem apoiar a ideia. Segundo as teorias de tempo estendido, o tempo "se estende" em ambas as direções. É impreciso dizer que o passado "passou" e que o futuro "ainda virá". Ambos *existem* em diferentes pontos dentro do *continuum* espaço-tempo. (Para saber mais sobre isso, veja o capítulo 29, "O enigma do tempo".) Segundo essa teoria, os objetos não se movem pelo espaço-tempo. Na verdade, seu copo simplesmente existe em uma variedade de pontos do *continuum* espaço-tempo. Por exemplo, o copo está pousado no balcão em um ponto no tempo, está na metade do caminho até a boca em outro ponto, toca seus lábios em outro etc. O copo não se move de um ponto a outro. Ele simplesmente existe em todos esses lugares e tempos. Nesse caso, a *aparência* de movimento seria apenas uma ilusão de sua experiência, causada pelo fato de você ser incapaz de ver a linha de lugares-tempos passados e futuros de seu copo no todo.

Verdade seja dita

O verdadeiro paradoxo de Zenão não examina o caso de levar um copo à boca. Seu principal exemplo envolve a tentativa de Aquiles em alcançar uma tartaruga que partiu na frente em uma corrida.

O que você acha?

- Você consegue resolver o paradoxo de Zenão? Você acha alguma das soluções propostas satisfatória?
- Zenão está correto em pensar que um objeto em movimento teria que passar por um número infinito de pontos em uma quantidade finita de tempo para chegar ao seu destino?

- No momento decisivo, devemos seguir a razão ou a experiência dos sentidos?

Você sabia?

- Zenão foi discípulo de Parmênides, que ensinou que tanto a pluralidade quanto a mudança são ilusões. Zenão usou seu paradoxo da bissecção em apoio à visão de Parmênides de que a realidade é uma unidade imutável e indivisível que ele chamava de "ser".
- Zenão é às vezes chamado de Zenão de Eleia, para não ser confundido com Zenão de Cítio, o fundador do estoicismo. (O nome "Zenão" evidentemente perdeu popularidade com o passar dos anos.)
- Fundada em 1040, a cervejaria Weihenstephan antecede as Cruzadas cristãs, das quais a primeira foi lançada em 1095.
- A cerveja é uma das bebidas preparadas mais antigas do mundo e pode remontar a 9000 a.C. Muitas culturas aprenderam a produzir cerveja antes de saber assar o pão.
- A cervejaria Dogfish orgulha-se de ter criado a mais antiga receita de cerveja. Sua Midas Touch é uma recriação dos resíduos de cerca de 2.700 anos encontrados em uma taça na tumba do rei Midas. Contém cevada, mel, uvas e açafrão. Bastante saborosa, a meu ver.

Leitura recomendada

- Fern, Nicholas. *Zeno and the Tortoise: how to think like a philosopher.* Nova York: Grove, 2001.
- Morris, Richard. *Uma breve história do infinito: dos paradoxos de Zenão ao universo quântico.* Rio de Janeiro: Zahar, 1998.

Notas de degustação: *Weihenstephaner Original Lager*

Estilo: Munich Helles **Nota:** 1 2 3 4 5

Aparência:

Aroma:

Corpo:

Sabor:

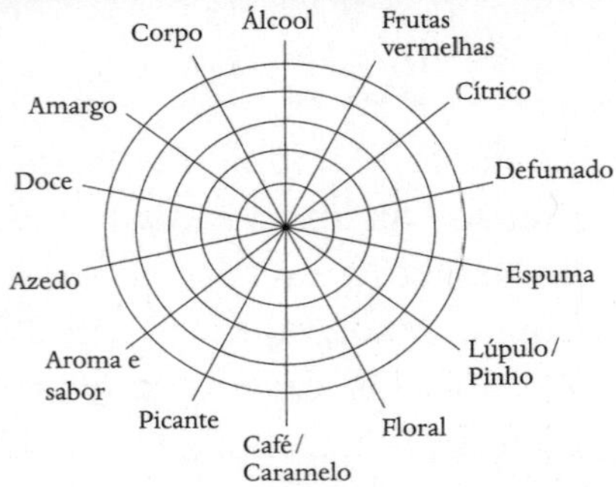

3

SE UM COPO DE CERVEJA CAI NA FLORESTA...

... e não há ninguém por perto, ele ainda produz um som?

Rótulo em questão: Sierra Nevada Pale Ale

O que uma cerveja está fazendo na floresta? Bem, evidentemente, deve ser uma das ótimas cervejas do noroeste do Pacífico, como a Sierra Nevada Pale Ale. Produzida em Chico, na Califórnia, com generosas quantidades de lúpulo Cascade, esta é a cerveja ideal para beber depois de uma longa caminhada pela floresta – mas tome cuidado para não derramá-la!

Esta é uma questão filosófica clássica, da qual você já deve ter ouvido falar: Se um copo de cerveja cai na floresta, e não há ninguém por perto, ele ainda produz um som?

É uma pergunta que surge em festas e bares, quando alguém quer "bancar o filósofo". Embora a maioria pense que *é lógico* que se produza um som, a questão é que não podemos ter certeza disso. Se ninguém está lá para ouvir, não temos nenhuma evidência do fato.

Antes que você tente resolver a questão (com gravador oculto, aparelhos, esquilos versados em linguagem de sinais etc.), pense no que um filósofo e bispo irlandês, George Berkeley (1685-1753), disse sobre o assunto. A filosofia do bispo Berkeley pode ser resumida em uma frase famosa: "Existir é ser percebido". Com isso, ele quis dizer que os objetos (como copos de cerveja que caem) só existem na mente daqueles que os percebem. É uma tese bastante radical. Se estiver correta, significa que, se ninguém está lá para perceber, além de não produzir um som, o copo não existe!

A visão metafísica de Berkeley nega a existência da *matéria*, no sentido "daquilo que existe fora e independentemente de nossa mente". Tudo o que existe na metafísica de Berkeley são mentes e ideias, percepções e sensações da mente. Isso, naturalmente, contraria aquilo em que quase todo mundo acredita: a existência de um mundo material fora da mente, com o qual nossos sentidos interagem. Podemos, portanto, supor que o ônus da prova cabe a Berkeley. É ele que precisa justificar sua visão. Mas ele sustentava que são aqueles que acreditam na matéria que precisam justificar sua posição. É a posição *deles* que contradiz nossa experiência. Como Berkeley diz:

> É de fato uma opinião estranhamente predominante entre os homens de que casas, montanhas, rios e, numa palavra, todos os objetos sensíveis têm uma existência natural ou real, independentemente de serem percebidos pela compreensão. [...] Pois o que são os previamente mencionados objetos senão coisas que percebemos com os sentidos? E o que percebemos além de nossas próprias ideias e sensações? E não é claramente incompatível que qualquer dessas coisas, ou qualquer combinação delas, deva existir despercebida?

Para entender melhor o raciocínio de Berkeley, vamos considerar um exemplo. Pense por um momento no que você sabe sobre a Sierra Nevada Pale Ale que está à sua frente. Você sabe, por exemplo, que ela tem uma linda tonalidade dourada, entre a cor da palha e o pôr do sol em Malibu. Você sabe que a temperatura é fria, que é úmida ao toque e tem uma textura suavemente espumante. E que, colando o ouvido ao copo, pode ouvir o leve som das bolhas estourando. Mas, pensando melhor, percebe que tudo o que está observando são percepções e sensações. Quando percebe a cor da cerveja, você está tendo uma *sensação* de dourado. Quando percebe sua temperatura, está tendo uma *sensa-*

ção de frio. E quando percebe as bolhas na língua, ou quando cola o ouvido ao vidro, está tendo *sensações* táteis e auditivas. Na verdade, tudo o que você sabe sobre essa cerveja (ou sobre qualquer cerveja) limita-se às suas sensações. Mas *onde* estão essas sensações? Em sua mente, é claro. *Você* está tendo as sensações de dourado, frio, úmido, borbulhante etc. Com certeza essas sensações não estão na cerveja. Elas são apenas uma parte da *sua* consciência. Entretanto, costumamos insistir em que o copo de cerveja existe *fora* da nossa mente. Mas com base em quê? As sensações de *dentro* da nossa mente realmente nos dizem o que está acontecendo *fora* dela?

Quando assumimos uma visão materialista do mundo, estamos afirmando que sabemos o que está fora da nossa mente. Por exemplo, que *lá fora* existem copos de cerveja cintilando em tons de ouro, âmbar ou marrom, que estão úmidos e borbulhantes e que produzem um som quando caem. Mas você já esteve *fora* da sua mente? É claro que não. Onde quer que você vá, ela vai com você. Então, por que você pensa que sabe o que está lá fora? E que razão você tem para pensar que existe alguma cerveja *lá fora*?

Verdade seja dita

Como você deve saber, a pergunta tradicional é: Se uma árvore cai na floresta e não há ninguém por perto, ainda assim ela produz um som?

O que você acha?

- Se o copo de Sierra Nevada Pale Ale cair na floresta e não houver ninguém por perto, ainda assim ele produzirá um som?
- Se não houver ninguém para experimentá-la, ainda assim ela terá gosto?
- Suponhamos que você coloque um copo de cerveja num lugar da floresta do qual ele inevitavelmente vai cair. Você coloca um

gravador perto do copo. No dia seguinte você volta e vê que o copo realmente caiu (e não havia ninguém por perto). Você liga o gravador e ouve o som do copo caindo no chão. Isso invalida a tese de Berkeley? Por quê? Ou por que não?

- Qual é o argumento mais forte para a existência da matéria? O fato de todo mundo perceber a cerveja da mesma maneira prova que ela existe fora da nossa mente?
- Supondo que a cerveja exista mesmo *fora* da nossa mente, devemos acreditar que ela é *realmente* dourada, amarga e deliciosa? Ou isso é apenas o modo como *nós* a percebemos? Você acredita que todas as criaturas percebem a cerveja exatamente da mesma maneira?

Você sabia?

- *Idealismo metafísico* é o nome que se dá a visões como a de Berkeley, que sustentam que tudo o que existe são mentes e ideias.
- Berkeley afirmava que os objetos não deixam de existir quando *nós* deixamos de percebê-los. Isso ocorre porque Deus (a mente infinita) continua a percebê-los.
- Em 1734, Berkeley foi ordenado bispo anglicano de Cloyne, na Irlanda, onde serviu por quase todo o resto de sua vida. Foi tão popular entre o povo da cidade que até hoje, mais de 250 anos depois de sua morte, ainda é afetuosamente chamado de "o bispo".
- A Pale Ale é o carro-chefe da cervejaria Sierra Nevada e ganhou várias vezes a medalha de ouro no Great American Beer Festival.

Leitura recomendada

- Berkeley, George. *A treatise concerning the principles of human knowledge*. Disponível em <www.oregonstate.edu/instruct/phl302/texts/berkeley>.
- ______. *Três diálogos entre Hylas e Philonous.* São Paulo: Ícone, 2005.

Notas de degustação: *Sierra Nevada Pale Ale*

Estilo: American Pale Ale **Nota:** 1 2 3 4 5

Aparência:

Aroma:

Corpo:

Sabor:

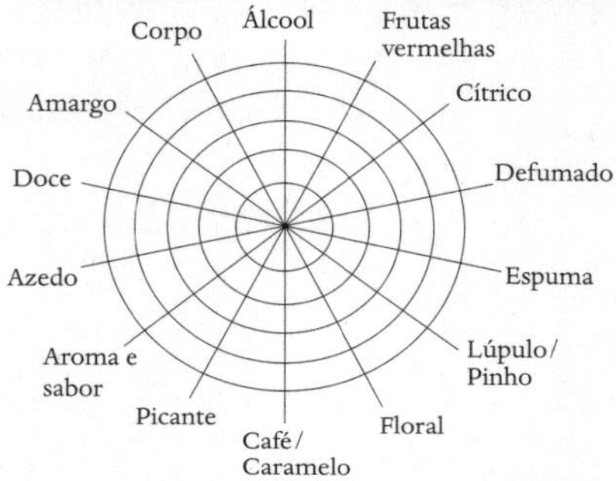

4

O PARADOXO DA VISÃO ETÍLICA

A beleza está nos olhos de quem bebe?

Rótulo em questão: Flying Dog Horn Dog Barley Wine*

No momento em que você colocar as mãos numa garrafa da Horn Dog Barley Wine, da cervejaria Flying Dog, ela já estará envelhecendo há pelos menos três meses. Guarde algumas para o próximo ano, e elas ficarão ainda melhores. Mas, se quiser ver mudanças drásticas em minutos, olhe ao redor do bar enquanto estiver bebendo uma delas. Todo mundo vai ficar mais atraente a cada gole.

Todo mundo já viu isso acontecer. Na verdade, tenho certeza de que muitos de vocês já viveram isso. Você sabe do que estou falando. Seu "amigo" vai a um bar – vamos chamá-lo de Joe – e se queixa a noite toda: "Não existe nenhuma mulher bonita por aqui. É melhor a gente ir para casa". Sabendo que Joe está sem namorada há algum tempo, você sugere algumas possibilidades. "Nem pensar!", ele

---

* *"Horn dog"*, em inglês, significa "sexualmente excitado". (N. da T.)

responde. Mas o tempo passa, vocês tomam mais algumas cervejas e, lá pelo fim da noite, a perspectiva de Joe parece ter mudado. A mesma mulher – vamos chamá-la Joanne – que ele (com total falta de sensibilidade) achou uma "baranga" algumas horas atrás agora lhe parece bastante atraente. Ele diz que ela é um "tesão", e em pouco tempo os dois saem juntos do bar.

Esse fenômeno pelo qual a percepção de beleza muda é conhecido como "visão etílica" ou "paradoxo do dez às duas". Como é que uma pessoa que merecia um dois às dez horas se torna merecedora de um dez às duas da manhã? Uma coisa é óbvia: quando Joe saiu do bar com ela, devia estar com a famosa "visão etílica". No entanto, o que aconteceu física e fenomenologicamente? Uma explicação é que Joe simplesmente "baixou seus padrões". Embora isso possa acontecer, e frequentemente aconteça, não acho que esse tenha sido o caso de Joe. Ele não está pensando: "Bem, ela é feia, mas não vou sair daqui sozinho". Ao contrário, agora ele está encantado com ela. Parece acreditar que ela é atraente. Não precisa baixar seus padrões. Se ela tivesse provocado esse estado nele de cara, poderia ter sido um caso de amor à primeira vista.

Para analisarmos melhor o caso de Joe, vamos considerar outro caso de mudança de percepção e atitude. Em *Consciousness Explained*, Daniel Dennett descreve um fenômeno semelhante em relação ao sabor da cerveja. O sabor da cerveja é um gosto adquirido, ele observa. As pessoas em geral não gostam dele de cara; elas se educam ou de alguma forma passam a gostar do sabor. Mas *que* sabor? O sabor do primeiro gole? Dennett imagina algumas maneiras pelas quais o bebedor de cerveja possa se explicar:

> Ninguém poderia gostar *daquele* sabor [um bebedor experiente de cerveja pode contestar]. A cerveja tem um sabor diferente para o bebedor experiente. Se continuasse com o mesmo sabor do primeiro gole, eu jamais continuaria bebendo cerveja! Ou, em outras palavras, se meu primeiro gole de cerveja tivesse o mesmo sabor que o gole mais recente, eu não precisaria ter aprendido a gostar! Teria adorado o primeiro gole tanto quanto este que acabei de saborear.
>
> Outros bebedores de cerveja podem dizer que a cerveja *tem* agora o mesmo sabor que sempre teve, só que agora eles *gostam dele*.

Podemos levantar as mesmas questões em relação à experiência de Joe. Joanne agora lhe parece muito diferente; por exemplo, seus cabelos são mais brilhantes, e o rosto, mais delicado. Ou ele vê exatamente a mesma imagem em que pôs os olhos pela primeira vez, mas, por alguma razão, passa a ter uma opinião diferente sobre o que vê? Ou seja, ela *parece* a mesma, mas agora ele gosta dessa aparência?

Qual dessas duas hipóteses é a melhor explicação para a experiência de Joe? Deixo para você a decifração do enigma. Mas me deixe oferecer uma terceira alternativa, para que você fique mais bem informado (e muito mais confuso). Dennett afirma que há um equívoco em perguntas do tipo "Foi a aparência dela ou o gosto dele que mudou?" O problema, segundo Dennett, é que não existe isso de "como ela parecia às dez horas" e "como ela parecia às duas da manhã". Não existe nenhuma "imagem" ou "representação" separada e distinta da opinião de Joe sobre aquilo de que ele gosta.

A teoria da consciência de Dennett é o que ele chama de *modelo de múltiplas camadas*. Ele nega que exista um centro da experiência ou "teatro cartesiano" onde o fluxo da experiência consciente se desenrole sob o "nosso" olhar. "Não experimentamos diretamente o que acontece em nossa retina, em nossos ouvidos, na superfície de nossa pele", ele argumenta. Ao contrário, qualquer experiência, de "saborear uma cerveja" a "olhar dentro dos grandes olhos negros de Joanne", é realizada no cérebro por "processos paralelos de múltiplas camadas de interpretação e elaboração dos estímulos sensoriais", e está sujeita a uma contínua "revisão editorial". Não existe "edição final" nem o "fantasma na máquina"* que permita ver um mítico produto final que possa ser chamado de "como ela parecia às dez horas" ou "como ela o impressionou às duas da manhã". O que existe são simplesmente muitos fluxos de dados independentes e hábitos de reação.

* *Ghost in the machine*, expressão cunhada pelo filósofo Gilbert Ryle ao discutir a doutrina segundo a qual viveríamos uma "vida dupla" – a vida "física" e a vida "mental", ou imaterial. (N. da T.)

A teoria da consciência de Dennett é anti-intuitiva. Ele acredita que a visão da mente do tipo teatro cartesiano está tão arraigada em nós que não conseguimos compreender facilmente essa alternativa, e creio que seriam necessários alguns copos de cerveja para tratar adequadamente essa questão aqui. Você pode concluir: "Bem, vou beber umas quatro ou cinco Horn Dogs e observar atentamente a experiência por minha conta". Mas Dennett argumentaria que isso também não resolve. O problema de entender a mente através de conceitos subjetivos é que as aparências enganam. É como tentar entender um projetor de cinema pensando em como ele é quando se assiste a um filme. Essa experiência levaria a acreditar que o projetor está emitindo um único fluxo de imagens em movimento. Só estudando o projetor e o filme será possível perceber que o filme é uma série de imagens fixas tremulando em sucessão. Da mesma forma, Dennett afirma que não se pode entender a experiência consciente apenas examinando a experiência vivida. É preciso analisar como o cérebro, os sentidos e o sistema nervoso central funcionam. E, infelizmente, quatro ou cinco Horn Dog Barley Wines não vão ajudar na investigação.

O que você acha?

- Qual a melhor explicação para a atitude de Joe em relação ao fato de Joanne ter mudado? Depois de várias cervejas, ele a vê de modo diferente, a avalia de modo diferente, ambas as coisas ou nenhuma delas?
- Você concorda com Dennett que não existe essa coisa de "como Joanne parece a Joe às dez horas"?
- Existem importantes diferenças entre a percepção que Joe tem de Joanne e o gosto da cerveja adquirido pelo bebedor?
- Pense que uma pessoa pode parecer mais bonita depois que você a conhecer melhor – quando a "beleza interior" começar a brilhar. (Ou, ao contrário, quando sua personalidade pode fazê-la parecer menos atraente.) De que maneira nossa análise desses casos pode diferir da do bebedor?

Você sabia?

- Uma diferença entre a mudança de opinião de Joe e a mudança que o bebedor de cerveja sente no gosto da cerveja é que, para o bebedor de cerveja, a mudança é permanente. Joe, ao contrário, provavelmente voltará à impressão original em relação a Joanne na manhã do dia seguinte, quando a bebedeira tiver passado.
- Nossa introspecção sobre consciência parece sugerir que, quando olhamos para uma pessoa, vemos uma imagem bastante estável do seu rosto e do seu corpo. Mas vários estudos mostraram que os olhos de uma pessoa na verdade se movimentam rapidamente, fazendo cerca de cinco fixações por segundo. A aparente estabilidade do campo visual se deve à edição do cérebro.
- A Horn Dog Barley Wine ganhou a medalha de ouro no Great American Beer Festival de 2009. Além disso, a Flying Dog Brewing Company ganhou o prêmio de Cervejaria de Médio Porte do Ano.
- Se a arte do rótulo da Flying Dog parece vagamente familiar, é porque foi feita por Ralph Steadman, que criou as ilustrações para *Medo e delírio em Las Vegas*, de Hunter S. Thompson. Foi Thompson que apresentou Steadman a George Stranahan, um dos proprietários da Flying Dog.

Leitura recomendada

- Dennett, Daniel. *Consciousness explained*. Boston: Little Brown, 1991.
- Etcoff, Nancy. *A lei do mais belo: a ciência da beleza*. Rio de Janeiro: Objetiva, 1999.

Notas de degustação: *Flying Dog Horn Dog Barley Wine*

Estilo: American Barley Wine **Nota:** 1 2 3 4 5

Aparência:

Aroma:

Corpo:

Sabor:

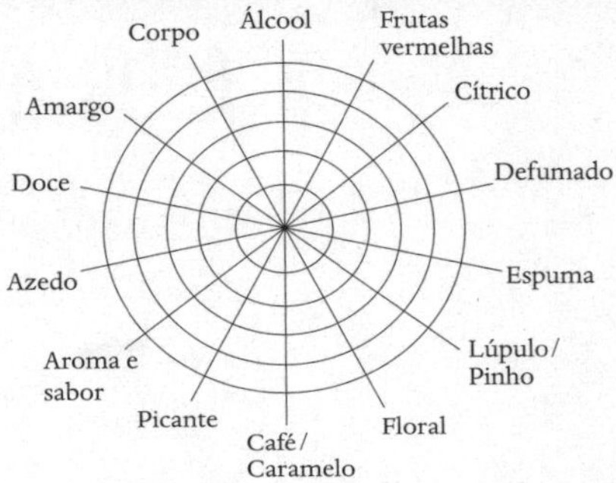

5

A APOSTA DE PASCAL

Você ousaria apostar contra Deus?

Rótulo em questão: Harp Irish Lager

Como este problema envolve uma aposta feita num pub irlandês, vamos acompanhá-lo com um copo de Harp Irish Lager. Se for apostar numa cerveja num pub irlandês, você descobrirá que é duro superar esta – a Lager mais vendida no norte da Irlanda.

Muitos filósofos tentaram provar a existência de Deus. Mas o filósofo e matemático francês Blaise Pascal (1623-1662) negou que isso seja possível. Ele comparou a probabilidade de Deus existir com a que se tem quando se joga uma moeda. Talvez dê cara (Deus existe) e talvez dê coroa (Deus não existe), mas não podemos saber o resultado de antemão. Apesar desse pessimismo, Pascal se considerava um "crente" e desenvolveu um argumento que julgava capaz de fazer você acreditar na existência Dele – se é que já não acredita.

Em vez de tentar provar a existência de Deus, Pascal concentrou-se em saber se era mais *racional acreditar* que Deus existe do que desacreditar. Seu argumento se apoia na ideia de que algumas escolhas podem ser mais racionais que outras, mesmo quando a pessoa está sujeita a condições de incerteza.

Trata-se de uma ideia que os jogadores sabem ser verdadeira. Suponha, por exemplo, que você esteja num pub irlandês com um amigo que é um jogador inveterado. Ele gosta de apostar em qualquer coisa, e essa noite quer apostar qual cerveja será mais pedida nos próximos quinze minutos. Como vocês estão num pub irlandês, as concorrentes são óbvias. Por enquanto, Harp e Guinness estão empatadas. Entretanto, você não sabe qual das duas vai vencer. Como prefere apostar só quando tiver boas chances, você diz a seu amigo que não vai entrar nessa competição. Então ele melhora a aposta:

"Escolha a cerveja que você quiser. Se escolher a Harp e ganhar, eu lhe pagarei toda a comida e a bebida desta noite, mais o táxi para casa. Mas, se escolher a Harp e perder, você só me paga uma rodada. Entretanto, se escolher a Guinness e ganhar, eu lhe pago uma rodada. Mas, se escolher a Guinness e perder, você me paga toda a comida e a bebida da noite, mais o táxi para casa".

Pensando bem, desde que ele não tenha nenhuma informação privilegiada, nem tente burlar o resultado de alguma maneira, trata-se de uma aposta bastante favorável – se você escolher a Harp. Se apostar nela, você terá pouco a perder e muito a ganhar. Mas, se apostar na Guinness, terá muito a perder e pouco a ganhar. Portanto, a escolha da Harp é uma aposta segura.

Pascal pensava que acreditar em Deus era uma aposta semelhante levada ao *extremo absoluto*. Podemos explicar isso da seguinte maneira:

Escolha a opção que quiser. Você pode apostar que Deus existe ou que não existe. Se você acreditar que Deus existe e estiver certo, ganhará a vida eterna no paraíso. Mas, se acreditar em Deus e ele não existir, você terá perdido alguns domingos na igreja. Entretanto, se você acreditar que Deus não existe e estiver certo, o que você vai ganhar? Pouco mais que alguns domingos para assistir a uma partida de futebol, beber cerveja etc. Mas, se acreditar que Deus não existe e estiver errado, a danação eterna o aguarda!

Pascal considera que essa é a aposta segura extrema. Por que alguém apostaria contra a existência de Deus quando isso significa ter muito a ganhar arriscando muito pouco? Nenhum jogador racional apostaria contra a existência de Deus nesse esquema de risco/recompensa. No entanto, todos somos obrigados a apostar. Todos vamos morrer como crentes ou descrentes. Portanto, precisamos fazer uma escolha. E, segundo Pascal, só há uma escolha razoável: a escolha de Deus.

Trata-se de um forte argumento? Isso vai depender da racionalidade das premissas iniciais de Pascal. Precisamos considerar alguns pontos. Primeiro, Pascal presume que, se Deus existe, ele é o Deus do cristianismo, que oferece recompensas ou punições, dependendo da crença Nele. Partindo dessa premissa, o argumento é bastante eficaz. Mas, sem ela o argumento enfrenta um sério obstáculo. E se existir um Deus e ele não for o Deus cristão? Suponha que ele seja Zeus ou qualquer outro deus que odeie quem acredite em outra divindade. Nesse caso, a simples crença no Deus cristão seria suficiente para levar você ao inferno.

Outra preocupação é que o argumento de Pascal "comercializa" a crença religiosa. Todo o argumento baseia-se no desejo egoísta de obter o maior benefício pessoal. Temos que nos perguntar se Deus vai se impressionar com esse egoísmo. Será que ele vai recompensar com o paraíso quem tiver essa visão individualista? Mas tenha em mente que nada do que Pascal disse o compromete com a ideia de que Deus vai recompensar alguém simplesmente por acreditar. A crença em Deus pode não ser suficiente para alcançar a salvação, mas Pascal achava que ela era certamente necessária. É um ponto de partida no caminho religioso, e o objetivo de Pascal é fazer você dar a partida.

O que você acha?

- Pascal conseguiu provar que é mais racional acreditar em Deus do que não acreditar?
- Se Deus existe, o que você considera necessário para a salvação? Crer em Deus é suficiente?
- Vamos supor que até aqui você acredite que a existência de Deus seja bastante improvável. Entretanto, graças ao argumento de Pascal, você se convence de que acreditar em Deus é uma aposta

melhor do que não acreditar. Então, agora você *quer* acreditar. Depende apenas de você decidir acreditar agora? Você pode se tornar um crente imediatamente? Ou primeiro você vai ter que obter alguma evidência ou experiência que mude sua maneira de pensar sobre a probabilidade da existência de Deus?

Você sabia?

- Os *vikings* têm ideias próprias sobre o paraíso. Segundo a mitologia nórdica, no Valhalla vive uma cabra gigante, de cujos úberes brota um suprimento infinito de cerveja. Quem apostaria contra isso?
- Pascal achava impossível alguém *decidir* acreditar em Deus só porque percebe que "compensa" acreditar. Entretanto, ele pensava que a pessoa podia praticar atos que, com o tempo, a levassem a acreditar. Simplesmente "agindo" como crente (indo à missa, bebendo água benta etc.), as pessoas quase sempre se tornam verdadeiros fiéis. Afinal, é assim que as crianças ingressam na fé.
- Pascal inventou uma das primeiras máquinas de calcular do mundo, chamada pascalina, que podia realizar o trabalho de seis contadores. Uma linguagem de programação de computador leva seu nome, assim como o triângulo de Pascal, que não é uma figura geométrica de três lados, mas uma disposição geométrica de números (coeficientes binomiais) na forma de um triângulo.
- A Harp Irish Lager foi produzida pela primeira vez em 1960 pela cervejaria The Great Northern, em Dundalk, em função da preferência cada vez maior dos bebedores de cerveja da Irlanda e da Grã-Bretanha pelas Lagers do continente.

Leitura recomendada

- CONNOR, James. *Pascal's wager: the man who played dice with God.* Nova York: HarperOne, 2009.
- PASCAL, Blaise. *Pensées*. Disponível em <www.gutenberg.org/etext/18269>.

Notas de degustação: *Harp Irish Lager*

Estilo: Premium American Lager **Nota:** 1 2 3 4 5

Aparência:

Aroma:

Corpo:

Sabor:

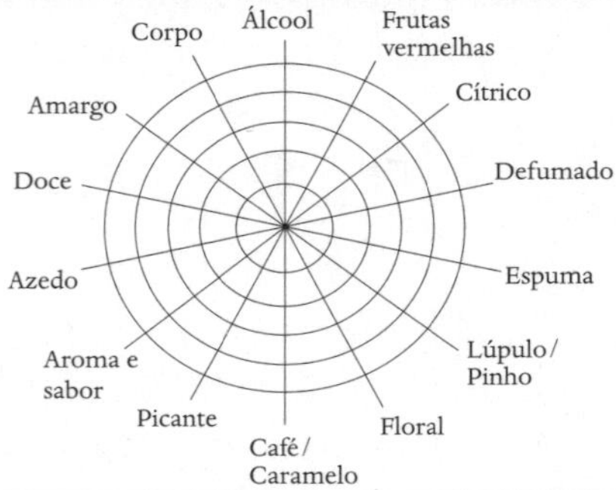

6

A MÁQUINA DA EXPERIÊNCIA

Você escolheria uma vida de prazer?

Rótulo em questão: Young's Double Chocolate Stout

Como esta questão filosófica é sobre o prazer, vamos servir uma cerveja realmente voluptuosa. A Young's Double Chocolate Stout é uma cerveja inglesa escura, fermentada com chocolate maltado, chocolate amargo e essência de chocolate. Ela é capaz de despertar o hedonista que existe em você.

O que você espera de uma cerveja? A resposta óbvia seria prazer. Mas vamos pensar nos bebedores de cervejas *light*. Como qualquer outra pessoa, eles querem que a cerveja tenha sabor, mas evidentemente estão dispostos a sacrificar um pouco do sabor em troca de menos calorias. Mas também existem os caçadores de ofertas, que escolhem qualquer pacote de doze garrafas que esteja em promoção. Assim sendo, as pessoas procuram muitas coisas: uma cintura mais fina, uma carteira mais gorda, um sabor melhor ou a imagem vendida pela propaganda. Mas alguns filósofos, chamados hedonistas, argumentariam que as aparências enganam. O que todo mundo realmente deseja é uma coisa só: prazer. Segundo os hedonistas, prazer, ou felicidade (que para eles são a mesma coisa), é a única coisa que todo mundo deseja – inclusive os que procuram cerveja *light* e preços baixos. Apesar da perda de prazer a curto prazo, eles acreditam que serão mais felizes a longo prazo se perderem alguns quilos e / ou mantiverem a carteira cheia.

Os hedonistas estão certos? Prazer, ou felicidade, é a única coisa que realmente nos importa? Robert Nozick (1938-2002), filósofo de Harvard, conduziu um experimento mental destinado a mostrar que a visão hedonista da natureza humana é falsa:

> Suponha que exista uma máquina capaz de lhe oferecer qualquer experiência que você deseje. Os neuropsicólogos poderiam estimular seu cérebro a ponto de levar você a pensar e sentir que está escrevendo um ótimo romance, fazendo um amigo ou bebendo a melhor cerveja de sua vida. Durante todo o tempo, você estará flutuando em um tanque, com eletrodos ligados ao cérebro.

Se você permitisse que o ligassem à máquina da experiência, ela lhe garantiria muito mais prazer do que você teria na sua vida "normal".

Afinal, a máquina da experiência pode ser programada para realizar seus sonhos mais loucos. Você poderia ser um astro do basquete e quebrar todos os recordes de Michael Jordan, namorar modelos famosas e beber Double Chocolate Stouts a noite toda sem acordar com dor de cabeça. O único problema, naturalmente, é que não seria "real".

Suponha que a loja de máquinas da experiência do *shopping center* da sua cidade esteja oferecendo um teste gratuito de duas horas. Você aceitaria a oferta? Se você está em dúvida, considere as respostas a algumas perguntas frequentes sobre a máquina da experiência:

P: *A máquina da experiência é segura?*

R: A máquina da experiência é totalmente segura. Os estudos feitos mostraram que ela é na verdade muito mais segura do que viver no "mundo real". Como você estará flutuando calmamente num tanque individual, não estará sujeito aos riscos cotidianos, como doenças contagiosas, acidentes de trânsito ou manhãs de ressaca. Na verdade, os "membros vitalícios" têm uma expectativa média de vida superior a 95 anos!

P: *Saber que a coisa não é real não tira o prazer da experiência?*

R: O melhor da máquina é que você não vai saber que a experiência não é real. Nossa tecnologia patenteada permite apagar todas as suas memórias relativas à nossa empresa e à nossa tecnologia. Temos condições de lhe oferecer uma experiência que parece absolutamente autêntica.

P: *Vou sentir falta de meus amigos e minha família?*

R: De maneira alguma. Podemos programar sua experiência de modo a incluir quem você quiser: amigos, família, até mesmo celebridades! (É claro que essas pessoas não vão interagir com você "realmente", mas vai parecer que isso está acontecendo.)

P: Minha família e meus amigos não vão sentir a minha falta?

R: Se você escolher um pacote muito prolongado, eles com certeza vão sentir a sua falta. Se essa é a sua preocupação, recomendamos o Plano Amigos e Família. Com esse pacote, sua família e seus amigos podem se conectar à máquina no mesmo dia. Embora cada um embarque numa experiência programada individualmente, vocês continuarão acreditando que estão vivendo a experiência juntos. Portanto, nada de ressentimentos!

P: *Vou poder tomar decisões?*

R: Certamente que não. Por exemplo, se você escolher ter a experiência de um campeão mundial de xadrez, evidentemente não podemos lhe permitir tomar decisões – você perderia terrivelmente. A beleza da máquina da experiência é que ela lhe permite tomar decisões melhores do que as que você normalmente tomaria, e, no entanto, vai parecer que as decisões são suas.

P: *Quanto tempo dura a experiência?*

R: Você pode contratar qualquer período de tempo. Pode escolher um dia, um mês, um ano. Mas, naturalmente, o produto mais popular é o plano vitalício. Afinal, quando se trata de experiências prazerosas, mais é sempre melhor!

Pronto para aderir? Se você for como eu, provavelmente vai querer experimentar a máquina pelo menos por algumas horas.

Por que não experimentar algumas coisas que jamais teríamos a oportunidade de viver? A questão mais interessante é se você gostaria de ficar ligado à máquina da experiência por um longo período – por vários anos ou mesmo pela vida toda. Observe que, se os hedonistas estiverem certos, não deve ser uma decisão difícil. Como a vida toda na máquina da experiência lhe ofereceria muito mais prazer do que a "vida real" (e muito mais prazer do que um pacote mais curto), *é claro* que você deveria contratar o plano vitalício. Mas Nozick criou esse experimento mental precisamente porque acha que a maioria das pessoas escolheria a vida "normal", com todas as suas frustrações, aborrecimentos, solidão etc., em vez da vida de máximo prazer que a máquina poderia lhes oferecer. Ele está certo? Ou você escolheria viver no paraíso artificial da máquina da experiência?

Verdade seja dita

A passagem citada do livro de Robert Nozick, *Anarquia, estado e utopia*, não faz nenhuma menção a cervejas. O que ele disse é que a pessoa pode escolher "ler um livro interessante". Mas, falando sério, Robert, quem usaria a máquina da experiência para ler livros? Salta uma Double Chocolate Stout!

O que você acha?

- Nozick está certo de pensar que as pessoas escolheriam uma vida "normal" em vez de uma vida na máquina da experiência? Se assim for, isso provaria que o prazer não é nosso único desejo?
- Você se ligaria à máquina da experiência por um dia? E que tal um ano?
- Se você não escolher a máquina da experiência por toda a vida, apesar da promessa de mais prazer, o que mais lhe falta? Pense no seguinte: (a) Você é capaz de construir amizades e relacionamentos

amorosos verdadeiros? (b) Você é capaz de conquistar alguma coisa significativa? (c) Você quer fazer suas próprias escolhas ou apenas sentir que as está fazendo?

Você sabia?

- Segundo um antigo provérbio egípcio, "A boca de um homem perfeitamente feliz está cheia de cerveja".
- Com uma única exceção, Robert Nozick nunca repetiu um curso durante 33 anos como professor de Harvard. Ele sempre se interessou por muitas áreas da filosofia e fez contribuições importantes para a filosofia política, a epistemologia, a teoria da escolha racional, a filosofia da mente e a ética.
- Um estudo da Universidade de Michigan descobriu que o chocolate faz o cérebro liberar opiáceos, substâncias químicas que produzem uma sensação de prazer. (A morfina e a heroína são opiáceos.) Portanto, o chocolate tem uma leve capacidade de amainar a dor e nos dar um pouco de euforia, um efeito que acredito ser aumentado quando misturado a uma Stout inglesa.
- Segundo os cientistas do Georgetown University Medical Center, o chocolate (especialmente o chocolate escuro usado na Young's Double Chocolate Stout) traz benefícios claros para a saúde. Sua pesquisa indica que o chocolate diminui o crescimento do câncer de cólon em 50%.

Leitura recomendada

- CHAN, Steven M. & VITRANO, Christine (eds.). *Happiness: classic and contemporary readings in philosophy.* Oxford: Oxford University Press, 2007.
- WHITE, Nicholas. *Breve história da felicidade.* São Paulo: Loyola, 2009.

Notas de degustação: *Young's Double Chocolate Stout*

Estilo: Sweet Stout **Nota:** 1 2 3 4 5

Aparência:

Aroma:

Corpo:

Sabor:

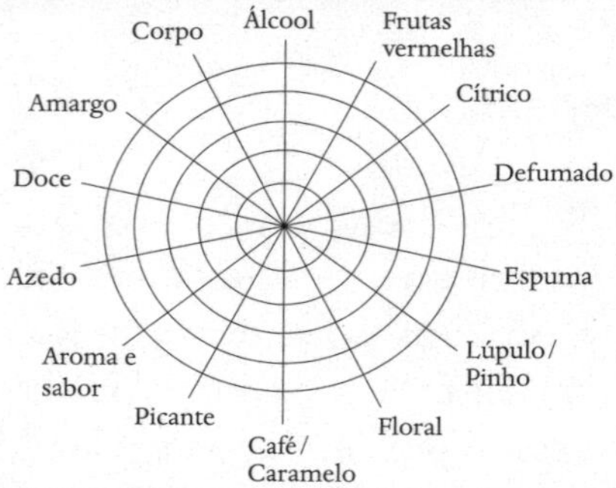

7

A LANÇA DE LUCRÉCIO

Existe um bar no fim do universo?

Rótulo em questão: Unibroue La Fin du Monde

"La fin du monde", em francês, significa "o fim do mundo" ou, neste caso, o fim do universo. É também uma magnífica cerveja de tripla fermentação, no estilo trapista, produzida pela cervejaria Unibroue, de Quebec. Ganhou por cinco vezes a medalha de ouro no festival de cerveja do Chicago Beverage Tasting Institute, e é uma ótima cerveja para acompanhar pratos refinados, queijos delicados e sobremesas.

Este é um dos primeiros problemas filosóficos que conheci. Eu devia ter uns 6 ou 7 anos quando um amigo dos meus pais me disse: "Imagine que você esteja viajando num foguete e indo para os confins do espaço. Você acha que vai chegar ao fim da viagem?" A resposta, eu pensei, era bastante óbvia. O universo tinha que ser infinito, porque, se tivesse fim, o que haveria além dele? Mais universo, naturalmente!

Essa questão foi explorada por um filósofo romano chamado Lucrécio (c. 99 a.C.-c. 55 d.C.). Ele o formulou mais ou menos da seguinte maneira: Se o universo tem um fim, alguém poderia arremessar uma lança contra ele. Se a lança passar facilmente por ele, então não existe fim. Se, por outro lado, a lança bater e voltar, é porque deve ter sido parada por algo – uma espécie de "muro cósmico". Esse muro ou fronteira deve ter certa espessura (ou seja, deve se estender espaço adentro), e, portanto, a superfície na qual a lança bateu e voltou não era o fim do universo. Lucrécio afirmou que, seja onde for estabelecido o fim do universo, pode-se sempre perguntar: "O que aconteceria se eu arremessasse minha lança contra ele?" Dessa maneira, ele concluiu que o universo não tem fim. Ele deve ser infinito.

É muito bom saber que meu ser infantil chegou à mesma conclusão que o grande filósofo Lucrécio. Mas agora percebo que, embora eu *pudesse* estar certo, o assunto é um pouco mais complicado. Hoje, a questão do tamanho e da forma do universo foi amplamente tratada pela ciência. E os cosmólogos levantaram várias possibilidades.

Eis uma hipótese que contraria as conclusões de Lucrécio. Desde que as teorias da relatividade de Einstein foram apresentadas, no início do século XX, os cientistas passaram a entender a gravidade não mais como uma "força invisível de atração", mas como uma "curva do espaço-tempo". A ideia básica é que a Lua, por exemplo, não gira em torno da Terra porque está sendo "atraída" para

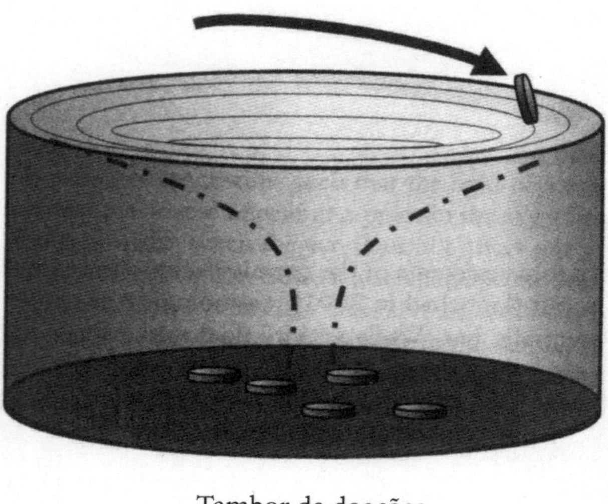

Tambor de doações

nós. Ela se move no que seria uma linha reta (os objetos sempre tomam o caminho de menor resistência), exceto pelo fato de que o espaço onde ela se move é curvo. Se é difícil imaginar isso, pense no seguinte: você já viu algum desses grandes tambores de aço (geralmente usados para receber doações nos museus), cujo interior é um grande funil? A moeda lançada rola pela borda externa e lentamente vai descendo pelo funil, girando cada vez mais rápido, até finalmente cair no buraco do centro. Ela gira muitas vezes porque o espaço é curvo. Um fenômeno similar ocorre entre a Lua e outros satélites que giram em volta da Terra. A diferença é que eles não se movem por uma superfície de metal. Ao contrário, é o *continuum* espaço-tempo que é curvo ao redor da massa da Terra.

A hipótese de Einstein de que o espaço pode ser curvo foi surpreendente. Mas foi verificada experimentalmente em maio de 1919 e muitas vezes desde então. Se aplicarmos esse conhecimento ao experimento mental de Lucrécio, podemos supor que, quando alguém arremessar a lança, ela não vai se mover direto para fora, porque a gravidade faz com que o espaço de nosso universo seja essencialmente curvo. Se ele arremessar a lança com força suficiente, tudo o que vai conseguir é colocá-la em órbita na periferia do universo!

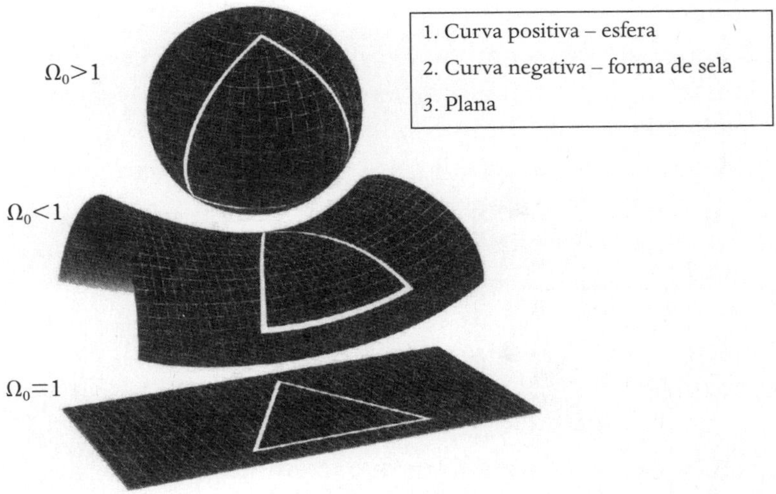

Possíveis formas do universo

Hoje, com as medidas da radiação cósmica de fundo feitas pela sonda espacial WMAP (lançada em 2001), os astrônomos acreditam que o universo seja essencialmente plano. Embora a gravidade curve o espaço localmente (ao redor de estrelas, planetas etc.), o universo tem uma arquitetura essencialmente plana. Arremesse sua lança com força suficiente, e ela jamais voltará.

Mais ainda nos resta perguntar: aonde ela vai? Será que vai chegar a um fim? Segundo o físico Lawrence Krauss, um universo plano será infinito na extensão espacial, de modo que a lança de Lucrécio continuaria viajando para sempre no espaço infinito. Portanto, pelas evidências que temos hoje, parece que Lucrécio tinha razão: o universo não tem fim.

Embora Lucrécio tenha antecipado com sucesso a conclusão da física moderna, um universo infinito continua sendo um enigma. O conceito de infinito é muito difícil para a nossa mente. Por exemplo, sabemos com certeza que o universo está se expandindo. Mas, se o universo já é infinito, para onde ele está indo? A ideia de expansão não supõe que exista algo além do nosso universo? E, se assim for, o que aconteceria se arremessássemos uma lança contra ele?

O que você acha?

- O universo deve ser infinito como supôs Lucrécio?
- Se o universo é limitado, devemos dizer que ele está cercado pelo "nada"? Podemos compreender essa ideia?
- É ilegítimo ou, de certa forma, contraditório imaginar que uma lança possa ser arremessada no nada absoluto?
- Se o universo é de fato infinito, será que ele contém um número infinito de bares?

Você sabia?

- Alguns cientistas sugeriram que, além do nosso universo (se ele for limitado), existem outros universos limitados. Você pode imaginar nosso universo como uma bolha de sabão em um mar de espuma infinito. Tudo o que existe (para nós) está dentro da nossa bolha. Entretanto, nossa bolha pode estar cercada por outras bolhas (mais universos limitados). Mas, mais uma vez, podemos perguntar se a espuma é infinita ou tem um fim.

- O experimento do eclipse realizado por Einstein em 1919 mostrou que a massa do Sol causou a curvatura do espaço-tempo, de modo que a luz de uma estrela que é vista durante um eclipse solar apareceria em um ponto do céu onde não a vemos regularmente à noite, quando o sol não afeta nossa visão.
- A gravidade não só molda o espaço-tempo, mas também molda a nossa cerveja. "Gravidade terminal" ou "gravidade final" refere-se a uma medida feita pelos cervejeiros da proporção entre a densidade de uma amostra e a densidade da água. A "gravidade original" é a densidade anterior à fermentação, e a "gravidade terminal" é a densidade depois da fermentação.
- Existe, de fato, um Pub at the End of the Universe [Pub no Fim do Universo]. Você pode encontrá-lo no seguinte endereço: 4107 SE 26th Street, Portland, Oregon 97202, Estados Unidos.

Leitura recomendada

- GREENE, Brian. *O tecido do cosmo*. São Paulo: Companhia das Letras, 2005.
- LUCRÉCIO. *On the nature of things*. Disponível em <http://classics.mit.edu/Carus?nature_things>.

Notas de degustação: *Unibroue La Fin du Monde*

Estilo: Tripel **Nota:** 1 2 3 4 5

Aparência:

Aroma:

Corpo:

Sabor:

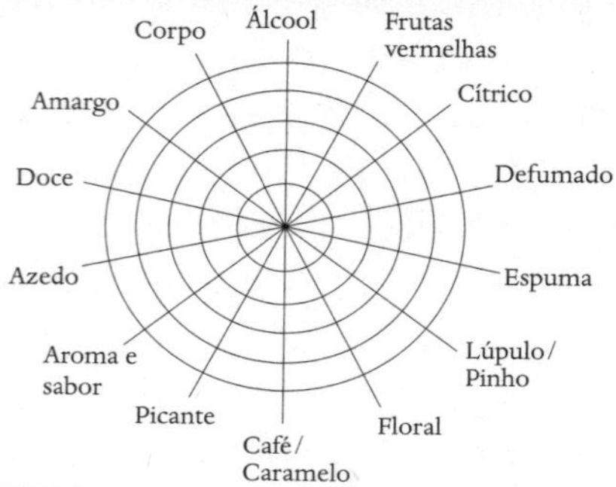

8

O DILEMA DA ONIPOTÊNCIA

Deus pode construir um barril tão pesado que nem Ele possa levantar?

Rótulo em questão: Belhaven Wee Heavy*

Existe alguma coisa mais cansativa do que passar a noite erguendo copos de cerveja – especialmente quando são copos da Belhaven Wee Heavy? Bem, suponho que existam tarefas mais trabalhosas, mas raramente um trabalho difícil será tão gratificante. Isso nos faz pensar quanta cerveja Deus poderia beber em uma noite – se estivesse a fim de fazer isso.

As pessoas costumam discordar sobre a maneira como veem Deus. Alguns, por exemplo, afirmam que Deus jamais beberia cerveja. Outros não conseguem aceitar que Deus se privaria desse luxo e acham que Ele deve estar saboreando algumas cervejas verdadeiramente celestiais. Mas existe um ponto sobre o qual todos concordam: se Deus existe, deve ser onipotente ou todo-poderoso. Pode fazer o que quiser. Mas

* *"Heavy"*, em inglês, significa "pesado". (N. da T.)

essa ideia parece esbarrar em algumas dificuldades filosóficas. Deus pode fazer absolutamente tudo? Se você acha que sim, como, então, responderia à seguinte pergunta: Deus todo-poderoso pode construir um barril de cerveja tão pesado que nem Ele possa levantar?

Você percebe o problema? Se Deus é todo-poderoso, então poderíamos supor que Ele com certeza poderia construir esse barril. Afinal, Ele pode fazer qualquer coisa. Mas, no momento em que se diz que Deus pode fazer esse barril, somos forçados a admitir que Ele não pode fazer qualquer coisa, porque não pode erguer o barril. E então temos que admitir que existe algo que Ele não possa fazer. Esse raciocínio nos deixa "entre o barril e a espada".

Esse problema é chamado *dilema da onipotência*. Parece haver apenas duas possibilidades, e ambas levam à conclusão de que Deus não pode ser onipotente.

Existe uma maneira de escapar ao dilema da onipotência? Um dos caminhos mais promissores é argumentar que o dilema surge de uma compreensão errônea do conceito de onipotência. Chegamos a essa situação embaraçosa porque partimos de uma determinada concepção segundo a qual onipotência é a capacidade de fazer qualquer coisa, quando talvez devêssemos entender a onipotência como a capacidade de fazer qualquer coisa que seja factível.

Se entendermos onipotência nesse último sentido, então, embora Deus possa fazer qualquer coisa factível, algumas coisas podem não ser factíveis (ou seja, são absolutamente impossíveis). Se é quadrado, não pode ser redondo. A ideia de um quadrado redondo é em si contraditória, e sua criação é impossível – mesmo para Deus. Da mesma forma, podemos afirmar que Deus não pode criar um barril tão grande que não possa erguê-lo. A própria ideia de um barril tão grande que um ser onipotente não possa erguê-lo é contraditória, e, portanto, não factível – mesmo para Deus. No entanto, Deus continua sendo onipotente no segundo sentido. Embora não possa construir esse barril, Deus ainda pode criar qualquer barril que seja "criável".

Algumas pessoas acham essa solução bastante satisfatória, enquanto outras acreditam que ela coloca um limite inadequado (e até mesmo blasfemo) ao poder de Deus. Mas é razoável esperar ou mesmo desejar outra coisa?

O que você acha?

- Você acha que Deus pode fazer absolutamente qualquer coisa?
- Entender onipotência no segundo sentido da palavra resolve o dilema?
- Você consegue pensar em outras (ou melhores) maneiras de resolver o dilema?

Você sabia?

- A solução de Santo Agostinho para o dilema afirma que Deus não pode fazer qualquer coisa que deixe de fazer dele "Deus". Ou seja, Deus não pode contrariar a Sua natureza.
- Averróis (1126-1198) foi um dos primeiros estudiosos muçulmanos a apresentar o dilema da onipotência.
- Outra versão do dilema da onipotência nasce da pergunta: Deus pode criar uma cerveja tão amarga que nem Ele possa beber?
- Fundada em 1719, a Belhaven é a mais antiga e maior cervejaria da Escócia. Ela considera sua Belhaven Best "a cerveja das cervejas".

Leitura recomendada

- Mavrodes, George. "God's omnipotence". Em *The philosophical review* 73 (1964). Reimpresso em Cahn, Steven (ed.). *Exploring philosophy of religion*. Oxford: Oxford University Press, 2009.
- Plantinga, Alvin. *Does God have a nature?* Milwaukee: Marquette University Press, 1980.

Notas de degustação: *Belhaven Wee Heavy*

Estilo: Scotch Ale **Nota:** 1 2 3 4 5

Aparência:

Aroma:

Corpo:

Sabor:

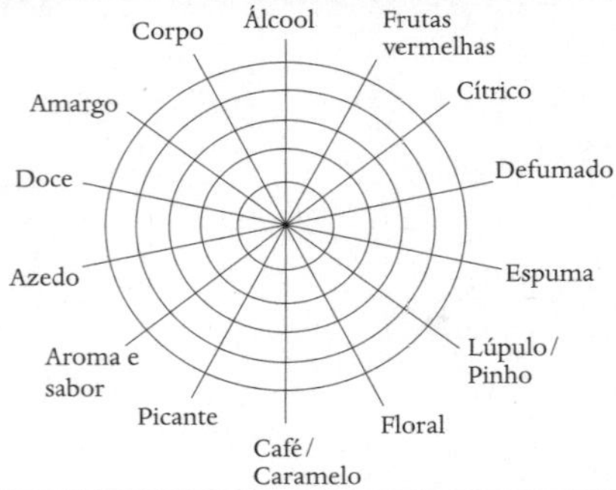

9

O QUE MARY NÃO SABIA SOBRE A CERVEJA

Será que ela poderia conhecer o seu sabor sem ter o sentido do paladar?

Rótulo em questão: Foster's Lager

Essa questão foi proposta pelo filósofo australiano Frank Jackson, e me pareceu a desculpa perfeita para abrir uma Foster's Lager – o "néctar âmbar" da Austrália. E, enquanto você a saboreia, tire um momento para apreciar as pequenas coisas – como suas papilas gustativas.

Imagine o caso de Mary, uma neurocientista. Dizer que Mary é a maior especialista na fisiologia do paladar é pouco. Mary, francamente, sabe tudo o que se pode saber sobre a fisiologia do paladar. Conhece todos os fatos físicos sobre pessoas e alimentos, no sentido mais amplo de "físico", que inclui a química e a neurofisiologia. Sabe até mesmo tudo o que se pode saber sobre as relações causais que ocorrem quando uma pessoa experimenta um determinado alimento ou bebida. Entretanto, Mary nasceu com uma estranha doença genética que a deixou sem as papilas gustativas e sem os receptores olfativos. Durante toda a sua vida, ela nunca sentiu o gosto ou o cheiro de nada.

Suponha que Mary esteja observando você beber um belo copo de Foster's Lager. Ela sabe perfeitamente o que está acontecendo (fisiologicamente) na sua boca, através de seus nervos e em seu cérebro. Mas, apesar de todo o seu conhecimento físico e fisiológico, há uma coisa que ela não sabe, certo? Ela desconhece a coisa mais importante de todas: o sabor da Foster's Lager!

O filósofo australiano Frank Jackson desenvolveu esse problema na tentativa de refutar o *materialismo*, a ideia de que o mundo é inteiramente material, e que entender tudo o que é material é entender absolutamente tudo o que existe. Embora Mary saiba tudo sobre o cérebro, sobre a cerveja e sobre as ligações entre eles, Jackson afirmou que Mary não entendia *tudo* o que acontece quando alguém bebe uma Foster's. O problema de Mary parecerá ainda mais evidente se imaginarmos que os médicos conseguiram enxertar papilas gustativas em sua língua e receptores olfativos em suas narinas. Para sua primeira experiência de sabor, os amigos de Mary lhe dão uma grande lata azul e dourada da Foster's Lager. Ela a abre e dá o primeiro gole. Segundo Jackson, Mary *aprende* algo novo: qual é o sabor da Foster's. Ela não dirá: "Sempre soube que ela tinha esse sabor". Ao contrário, Jackson afirmou que ela repentinamente obteria um novo conhecimento do mundo, e que, portanto, o materialismo deve ser falso.

Para a maioria das pessoas, isso deve parecer bastante óbvio. Se Mary nunca sentiu o gosto de nada, *é claro* que lhe faltava certo tipo de conhecimento. Mas a maioria das pessoas nunca levou a sério a ideia de que o materialismo é verdadeiro. Entre filósofos profissionais, que trabalham com essas questões, porém, o materialismo é de longe a visão dominante. Será que o caso de Mary provou que eles estão errados? Uma coisa é certa: os materialistas não estão preparados para admitir a derrota. Numerosas contestações foram feitas ao caso de Mary.

Alguns negaram que o que Mary adquiriu seja corretamente chamado de "conhecimento". David Lewis (1941-2001) argumentou que Mary adquiriu uma nova "capacidade" (a capacidade de sentir o gosto da Foster's Lager), mas não passou a "conhecer" algum fato novo. Mas Jackson discorda. Se estamos certos ao acreditar, como a maioria das pessoas (embora não possamos prová-lo), que o sabor da Foster's é praticamente o mesmo para você e para mim, então Mary não ganhou só uma capacidade, mas um conhecimento factual sobre a experiência de outros.

Daniel Dennett sugeriu que a análise de Jackson do caso de Mary dá por resolvida a questão, quando na verdade ela não está. Ou seja, supõe, mas não prova, que o materialismo seja falso. Porque, se Mary realmente conhece *todas* as propriedades materiais e processos que envolve beber uma Foster's, *e se* o materialismo é verdadeiro, então ela devia saber qual o sabor da Foster's mesmo antes de bebê-la. Porque se o materialismo é verdadeiro, então o sabor da Foster's é apenas uma "propriedade de ordem superior" de sua composição material (da mesma maneira que a umidade é uma propriedade de ordem superior da água), e alguém que sabe tudo sobre a matéria e suas relações seria capaz de distinguir as propriedades de ordem superior das propriedades de ordem inferior. Segundo Dennett, o principal obstáculo é a imaginação. Temos dificuldade de imaginar como seria ter o conhecimento *completo* que se acredita que Mary tenha. E porque não conseguimos imaginar isso, supomos erradamente que Mary não pode conhecer a experiência subjetiva de saborear uma cerveja.

Uma maneira de testar a hipótese de Dennett seria tentar enganar Mary. Vamos supor, por exemplo, que, quando ela se prepara para experimentar sua primeira cerveja, alguém encha a lata de Foster's com champanhe. Se Dennett estiver certo, ela não teria como saber desse pequeno truque usando apenas o paladar. Entretanto, como Mary na verdade não existe, é impossível realizar esse teste.

Verdade seja dita

Na hipótese de Frank Jackson, Mary era fisicamente normal, mas vivia presa em uma sala em preto e branco, sem contato com objetos coloridos. Mary nunca vira a cor vermelha, não conhecia a experiência do "vermelho". E, como no caso original de Jackson o que Mary não conhecia era a sensação das cores, Dennett sugeriu tentar enganá-la com uma banana azul (e não com uma lata de Foster's cheia de champanhe).

O que você acha?

- O caso de Mary conseguiu mostrar que o materialismo é falso?
- O sabor é meramente uma capacidade? Ou devemos pensar que ele também nos oferece um conhecimento importante sobre o mundo?
- Se tentássemos enganar Mary com champanhe, você acha que ela saberia a diferença?

Você sabia?

- Muitos anos depois da publicação de "O que Mary não sabia!", Frank Jackson se rendeu aos argumentos dos materialistas. Em 2003, ele escreveu: "Diante da opção de acompanhar a ciência ou a intuição, a maioria dos filósofos contemporâneos fica com a ciência. Embora um dia eu tenha discordado da maioria, capitulei, e hoje vejo que nessa questão interessante os argumentos da intuição contra o fisicalismo – argumentos que pareciam tão convincentes – estavam errados".
- Embora a Foster's Lager seja muito conhecida no mundo todo, sua venda é limitada na Austrália. Ela é produzida principalmente para exportação, ou em outros países mediante licença.
- As cervejas mais vendidas na Austrália são Coopers, Tooheys, KB Lager, Victoria Bitter e Carlton Draught.
- Uma pessoa tem em média 10.000 papilas gustativas, e cada uma delas é substituída em aproximadamente duas semanas. Perdemos algumas com a idade, e por volta dos 80 anos provavelmente só temos metade das papilas gustativas que tínhamos.

Leitura recomendada

- Jackson, Frank. "What Mary didn't know". Em *Journal of Philosophy* 83, 1986, pp. 291-295.
- Ludlow, Peter; Nagasawa, Yujin; Stoljar, Daniel (eds.). *There's something about Mary: Essays on phenomenal counciousness and Frank Jackson's knowledge argument.* Cambridge: MIT Press, 2004.

Notas de degustação: *Foster's Lager*

Estilo: Standard American Lager **Nota:** 1 2 3 4 5

Aparência:

Aroma:

Corpo:

Sabor:

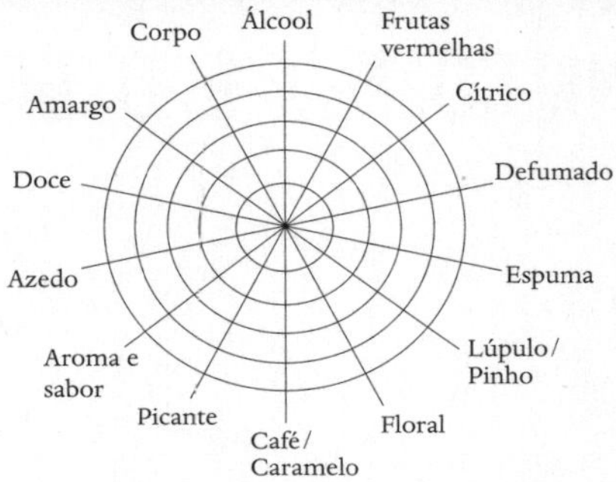

10

MALCOLM X E O BAR SÓ PARA BRANCOS

O que é raça?

Rótulo em questão: Avery White Rascal*

A White Rascal é uma autêntica cerveja belga de trigo, também conhecida como Witbier ou Bière Blanche. Como não é filtrada, a levedura se acumula no fundo da garrafa. É levemente temperada com coentro e casca de laranja Curaçao. E, diante dos temas desta questão, não é difícil imaginar por que a White Rascal foi escolhida.

O que é raça? Muitas pessoas pensam em raça puramente em termos biológicos. Assim como algumas pessoas são altas e outras baixas, algumas são negras, outras asiáticas, outras latinas etc. Para elas, raça é apenas uma questão de genética. Mas alguns filósofos têm questionado a ideia de que raça é puramente uma questão factual e biológica. Argumentam que a raça é uma construção social. Isso significa dizer

* "*White rascal*", em inglês, significa "velhaco branco". (N. da T.)

que, embora existam diferenças genéticas entre as pessoas, as raças são uma criação da sociedade ou da cultura. Desse ponto de vista, são inventadas, e não descobertas.

Um exemplo que lança alguma luz sobre essa visão "construtivista" de raça é o de Malcolm X, líder do movimento pelos direitos civis nos anos 1950 e 1960. Em seu famoso discurso "O voto ou a bala", Malcolm X falou sobre um de seus amigos negros que tentou "se passar" por africano:

> Um amigo meu que é muito negro colocou um turbante na cabeça e entrou em um bar só para brancos em Atlanta, antes que eles fossem considerados ilegais. Ele entrou, sentou-se no bar, pediu uma cerveja, e o serviram. E perguntou: "O que aconteceria se um negro entrasse aqui?" Lá estava ele, negro como a noite, mas, como tinha a cabeça coberta, o garçom olhou para ele e disse: "Nenhum negro ousaria entrar aqui".

A história é pertinente porque, por um lado, demonstra o forte preconceito que vigorava no Sul dos Estados Unidos à época, mas, por outro lado, mostra que esse preconceito tinha pouco a ver com a biologia. Com o turbante na cabeça, o amigo de Malcolm X parecia um africano e, como africano, podia comer onde quisesse. Mas, sem turbante, num passe de mágica ele se tornava um "negro", alvo de desprezo e discriminação.

Malcolm X usou essa história para mostrar quanto a "canalha branca" podia ser louca. Mas os construtivistas sociais afirmam que exemplos como esse ilustram sua tese de que as concepções de raça nunca foram uma questão puramente biológica.

Quantas raças existem, afinal? Se a raça for simplesmente um fato biológico, então pode-se esperar que a pergunta tenha uma resposta direta. Mas quando faço essa pergunta a meus alunos da universidade, geralmente recebo respostas diversas. Alguns respondem com confiança que são três, outros dizem cinco com a mesma segurança, e outros dizem que são muito mais. Em vez de discutir quem está com a razão, coloco uma pergunta mais simples: quantas cores de olhos existem? Novamente, alguém dirá três, e outros dirão quatro ou cinco. Alguém pode observar provavelmente que existem tantas cores de olhos quanto pessoas. Isso não significa dizer que não existe um "fato natural" a respeito da cor dos olhos de uma pessoa. Mas, quando reduzimos as muitas cores de olhos a algumas opções – digamos, castanhos, azuis e verdes –, tomamos uma decisão. Por exemplo, decidimos que cinza não conta, de modo que pessoas de olhos acinzentados serão empurradas para uma ou outra categoria. Os construtivistas acreditam que o mesmo ocorre com as raças. "Decidimos" quantas raças vamos reconhecer e como elas serão delineadas. Ao fazer isso, decidimos o que é considerado "igual" e "diferente". No exemplo de Malcolm X, o africano e o negro americano são considerados diferentes, quando também poderiam ser considerados iguais. Em algum momento, uma decisão teve que ser tomada a respeito de quem é considerado "negro".

Essa questão foi especialmente importante no comércio de escravos dos Estados Unidos. Como os "brancos" eram livres e os "negros" eram propriedade, foi necessário tomar uma decisão sobre os "mestiços". Se uma criança tinha pai branco e mãe negra, era preciso decidir qual era a condição racial da criança. Seria um branco livre ou um negro escravo? De uma perspectiva puramente biológica, não há como resolver a questão. Diversos fatores sociais e políticos levaram à "regra de uma gota". Se a criança tivesse uma única gota de "sangue negro", era considerada negra e privada de direitos humanos.

Por razões como essas, Charles Lawrence III, filósofo da Stanford University, argumentou que devíamos repensar a ideia de "raça" a partir da língua, instituindo algo como o verbo "racializar". Assim, não pertencemos a determinada raça, mas somos "racializados", ou seja, categorizados em um dos compartimentos que a sociedade criou. E, em virtude dessas categorias criadas, alguns se beneficiaram enquanto outros sofreram.

Verdade seja dita

Em seu discurso "O voto e a bala", a história que Malcolm X conta envolve um restaurante só para brancos, e não um bar só para brancos.

O que você acha?

- A raça é puramente biológica, puramente uma construção social ou algo intermediário?
- Você pode dar um exemplo de algo (além da raça) que seja uma construção social?
- As construções sociais são necessariamente negativas e danosas? Por quê? Ou por que não?
- A "raça" deve desempenhar um papel em nossas decisões (por exemplo, amizades, casamento etc.)? Por quê? Ou por que não?
- A "raça" deve desempenhar um papel nas políticas governamentais? Em caso afirmativo, de que modo?

Você sabia?

- Malcolm X nasceu em 1925 com o nome de Malcolm Little. Ele mudou de nome porque "Little" foi o nome dado à sua família sob a escravidão. Ele escolheu X porque, em linguagem matemática, X é o desconhecido, como seu sobrenome africano.
- Só em 1968 todas as formas de segregação foram declaradas inconstitucionais pela Suprema Corte dos Estados Unidos.
- O censo dos Estados Unidos do ano 2000 registrou 63 categorias raciais.
- O logotipo da White Rascal Ale é um "diabo branco" – coincidentemente, uma frase que Malcolm X às vezes usava para descrever os brancos que perpetuavam a opressão e a segregação racial.

Leitura recomendada

- Maio, Marcos Chor. *Raça como questão: história, ciência e identidades no Brasil*. Rio de Janeiro: Fiocruz, 2010.
- Malcom x. *"The ballot or the bullet"*. Disponível em <www.historicaldocuments.com/BallotortheBulletMalcomX.htm>.

Notas de degustação: *Avery White Rascal*

Estilo: Witbier **Nota:** 1 2 3 4 5

Aparência:

Aroma:

Corpo:

Sabor:

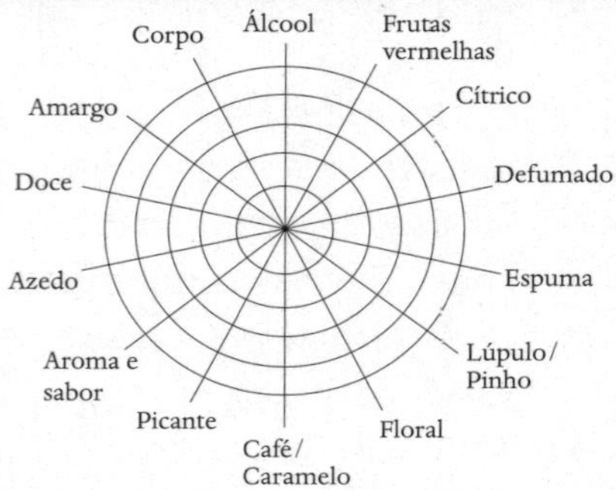

11

SABOR DESCOMPLICADO

Algumas cervejas são mesmo melhores que outras?

Rótulo em questão: Big Sky Moose Drool Brown Ale*

O que faria um alce babar? Seria o mesmo tipo de coisa que nos dá água na boca? Parece improvável. Não imagino um alce babando por uma *pizza* de *pepperoni* ou por batatas fritas com chili e queijo. Cada um na sua, suponho. Entretanto, ouvi dizer que os alces gostam de cerveja, e que sua favorita seria a Molson. Outra seria a Big Sky Moose Drool Brown Ale, que vem sendo um elo de união entre nossas espécies desde 1995.

Se você gosta de cerveja, provavelmente não terei que convencê-lo de que, enquanto algumas cervejas são maravilhosas, outras são uma porcaria. Mas, quando dizemos que uma cerveja é excelente, estamos realmente dizendo algo sobre a própria cerveja ou apenas manifestando nossa preferência? Em outras palavras, algumas cervejas são *objetivamente* melhores que outras, ou tudo é uma questão de *gosto subjetivo*?

* "*Moose drool*", em inglês, significa "baba de alce". (N. da T.)

Os filósofos manifestaram diferentes opiniões sobre o assunto. O filósofo grego Pitágoras tem uma frase famosa: "O homem é a medida de todas as coisas". Ele acreditava que nada era simplesmente grande ou pequeno, quente ou frio, próximo ou distante. Descrevemos os objetos dessa maneira devido à sua relação conosco. Da mesma forma, poderíamos dizer que nenhuma cerveja é simplesmente deliciosa, maravilhosa ou excepcional, exceto em relação a nossas papilas gustativas. Não podemos esperar que um alce saiba a diferença entre uma excelente cerveja preta e outra medíocre, assim como ele não teria a expectativa de que fôssemos capazes de discernir entre um dente-de-leão bom e outro ruim. Segundo Pitágoras, todas as coisas são relativas. Às vezes elas são relativas para uma espécie, e outras vezes são relativas para uma pessoa em particular.

Muitos filósofos seguiram os passos de Pitágoras, defendendo uma visão *subjetivista* da cerveja. Segundo esse ponto de vista, dizer "esta cerveja é excelente" é de fato diferente de dizer "gosto desta cerveja". Tudo se resume ao estado mental subjetivo. Esta é a opinião de Virgil Aldrich, filósofo americano do século XX que estudou a estética:

> O brilho delicado de uma cerveja excelente é muito semelhante, se não idêntico, ao sentimento que ela desperta nele [...] Ele parece consumar seu ser emocional na cerveja. Ele a envolve em seus sentimentos, e assim empresta a ela uma boa parte de sua atração.

A maioria das pessoas, espero, está inclinada a adotar essa visão subjetiva. Sem dúvida, o prazer proporcionado por uma cerveja é crucial para que possamos chamá-la de boa. Ludwig Wittgenstein parece concordar com isso quando observa: "Importaria se, em vez de dizer 'Isto é adorável', eu dissesse apenas 'Ah!' e sorrisse, ou apenas esfregasse a barriga?"

Mas quando fazemos um julgamento sobre uma "cerveja excelente", quase sempre estamos dizendo muito mais do que simplesmente "gosto disso". Como afirmou o grande filósofo alemão Immanuel Kant (1724-1804), nosso julgamento sobre a cerveja geralmente tem uma qualidade normativa:

> Quando [alguém] coloca uma cerveja em um pedestal e diz que ela é "excelente", exige o mesmo prazer dos outros. Julga não apenas por si, mas

> por todos os homens, e então fala de sua qualidade como se fosse uma propriedade da própria cerveja. [...] Não que ele espere que os outros concordem com ele nesse juízo por ter encontrado essa concordância em algumas ocasiões, mas *exige* essa concordância da parte deles. Ele os culpa se tiverem um juízo diferente.

Kant assumiu uma visão *objetivista* do julgamento da qualidade da cerveja. Ele afirmou que existe algo nessas cervejas que as torna excelentes. Assim, sua excelência independe do julgamento de qualquer pessoa – e com certeza independe da aprovação da maioria. Essa análise tem a feliz consequência de nos poupar da conclusão de que a Bud Light é a melhor cerveja de todos os tempos, só porque a maioria das pessoas parece preferi-la. O objetivismo indica que em matéria de cerveja, como na maioria das outras coisas, não devemos ouvir a maioria. Ao contrário, devemos ouvir os que *conhecem*.

Mas quem é a autoridade em cerveja? O subjetivista afirma que cada um é a sua própria autoridade. Se você gosta dela, então ela é boa. Você nunca pode estar errado. O objetivista, ao contrário, reconhece que podem existir especialistas. Porque, se existe alguma coisa em certas cervejas que as torna excelentes, então algumas pessoas podem ser mais capazes de reconhecer essas características de excelência. Essa capacidade pode nascer de um talento natural, mas na maioria dos casos é aprendida e desenvolvida. O sabor da cerveja é, afinal, um *gosto adquirido*. Dificilmente alguém gosta de cerveja no primeiro gole. Portanto, não seria surpresa que o *bom gosto* em matéria de cerveja também seja adquirido. Parece razoável supor que é preciso experimentar uma grande variedade de cervejas, prestar atenção a seu aroma sutil, seu sabor e sua textura. E, francamente, a maioria dos bebedores de cerveja nunca explorou o mundo da cerveja dessa maneira. Nos Estados Unidos, pelo menos, a maioria se limita a algumas marcas industriais de Lagers aguadas. As pessoas experimentam uma Stout ou uma Strong Ale de vez em quando e não gostam – ponto final. Mas, se tivessem desistido da cerveja assim tão facilmente, ainda estariam bebendo refrigerante.

Quando se trata da opinião de bebedores de cerveja experientes e observadores, o objetivista afirma que encontraremos um acordo bastante grande. Embora o acordo entre os especialistas dê plausibilidade à "excelência objetiva" das cervejas, devemos ter em mente que acordo é uma coisa e objetividade, outra muito diferente. O objetivista precisa de uma explicação do que faz uma cerveja excelente – além do fato de gostar dela. A visão de Kant sobre o assunto é muito complexa para ser explicada adequadamente aqui, mas podemos dizer que uma cerveja excelente deve invocar o *exercício harmonioso de imaginação e entendimento*. Nessa análise, uma cerveja excelente não invoca simplesmente sentimentos de prazer; ela envolve o intelecto. (Ao contrário da opinião geral, a cerveja é a bebida do homem pensante.) Para julgar uma cerveja com competência, é preciso entendê-la. Precisamos ser capazes de identificar uma grande variedade de aromas, sabores e texturas que divergem, se misturam ou se harmonizam em nossa língua. Assim, "cervejas excelentes" tendem a ser as mais complexas e cheias de nuances sutis. O palato pode reconhecer centenas de sabores distintos dentre os vários tipos de cerveja, e esse entendimento vem se somar ao prazer e alterar a natureza da experiência. As texturas, os aromas e os sabores principais estão identificados na roda de sabores criada pela American Society of Brewing Chemists, ilustrada na página ao lado.

Em defesa do subjetivismo, podemos argumentar que uma lata de cerveja tem todos os sabores e complexidades do mundo, mas isso não faz dela uma boa cerveja. "Rançoso" pode ser um sabor complexo e interessante, mas não significa que seja desejável numa cerveja – ou em qualquer outro lugar. Uma cerveja só pode ser considerada "excelente" se gostarmos de bebê-la, e isso, afirma o subjetivista, sempre se resume à preferência individual.

Verdade seja dita

Desta vez realmente exagerei. Primeiro, as citações de Aldrich e Kant foram modificadas. As declarações foram feitas originalmente em referência à beleza dos objetos, e não à cerveja. Durante todo o livro, tomei cuidado para que minhas pequenas mentiras e meus exageros não afetassem significativamente as visões dos filósofos, mas esta

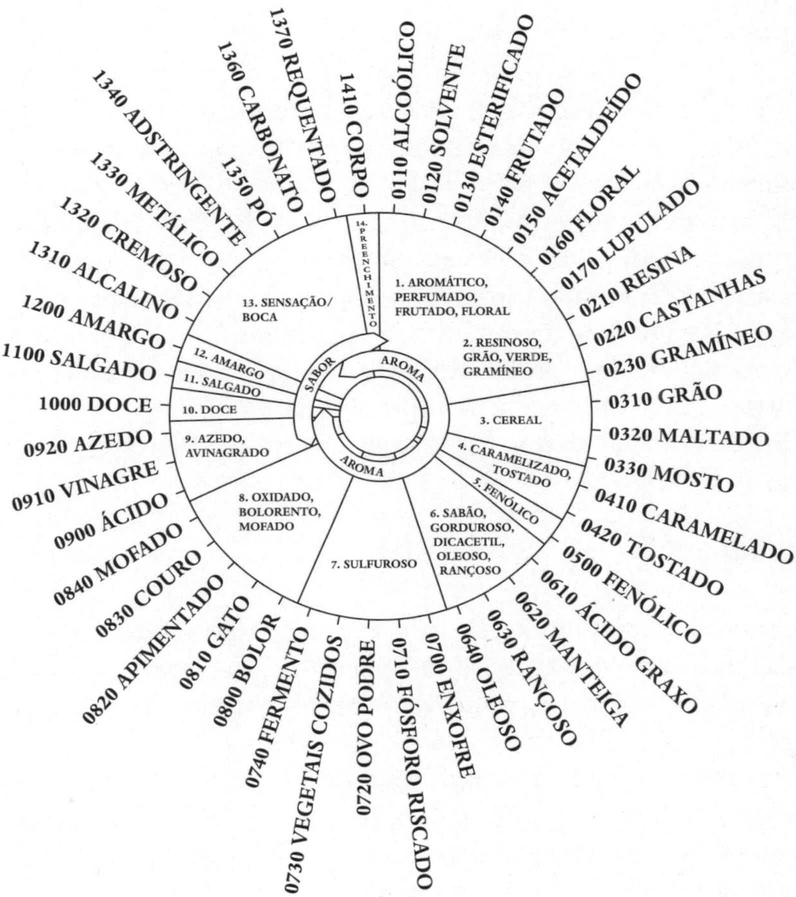

foi uma exceção. Kant, em particular, ficaria ofendido pela maneira como tratei sua teoria. Ele deixou muito claro que suas opiniões sobre a beleza não tinham a intenção de ser aplicadas a coisas como o gosto da bebida ou da comida, que ele acreditava ser muito mais (se não totalmente) subjetivo. Entretanto, acho filosoficamente interessante imaginar como uma teoria kantiana poderia ser aplicada a uma excelente cerveja.

O que você acha?

- Quando você descreve uma cerveja como "excelente", está dizendo algo sobre a cerveja ou apenas nos contando algo sobre você mesmo?
- Se seu amigo experimentou muitas cervejas diferentes, mas continua preferindo as cervejas baratas produzidas industrialmente, ele está cometendo um erro? Em caso afirmativo, trata-se de um erro cognitivo ou de um erro de sentimento?
- Uma pessoa pode realmente avaliar uma cerveja se não consegue discernir e identificar seus vários sabores?
- Em sua opinião, o que torna uma cerveja excelente?

Você sabia?

- Embora a Bud Light tenha sido a cerveja mais vendida no mundo durante anos, em 2008 ela foi superada pela Lager Snow, da China, que se beneficiou muito do sempre crescente mercado chinês de cerveja.
- Um aspecto fundamental da teoria de Kant sobre a avaliação estética foi que abordamos o belo com "desinteresse". Ou seja, não sentimos a necessidade de possuir o objeto belo, mas apenas desejamos apreciá-lo. (Diga isso a alguns colecionadores de arte.) Essa é uma das razões pelas quais é problemático aplicar a teoria estética de Kant ao campo da cerveja.
- A *Crítica da faculdade do juízo*, obra de Kant na qual ele desenvolve sua teoria do juízo estético, foi recebida com algum entusiasmo durante o período romântico, mas depois foi ignorada até o início do século XX. Alguns de seus primeiros críticos chegaram a argumentar que a obra era um sinal da senilidade do velho filósofo. Hoje ela é uma das obras seminais sobre a estética.
- A roda de sabores acima foi criada por Morten Meilgaard nos anos 1970 e depois adotada pela European Brewery Convention, pela American Society of Brewing Chemists e pela Master Brewers Association of the Americas.

Leitura recomendada

- Batrin, Margaret P.; Fisher, John; Moore, Ronald; Silvers, Anita. *Puzzles about art: an aesthetics casebook.* Nova York: St. Martins, 1989.
- Kant, Immanuel. *Crítica da faculdade do juízo.* 2ª ed. Rio de Janeiro: Forense Universitária, 1995.

Notas de degustação: *Big Sky Moose Drool Brown Ale*

Estilo: Brown Ale **Nota:** 1 2 3 4 5

Aparência:

Aroma:

Corpo:

Sabor:

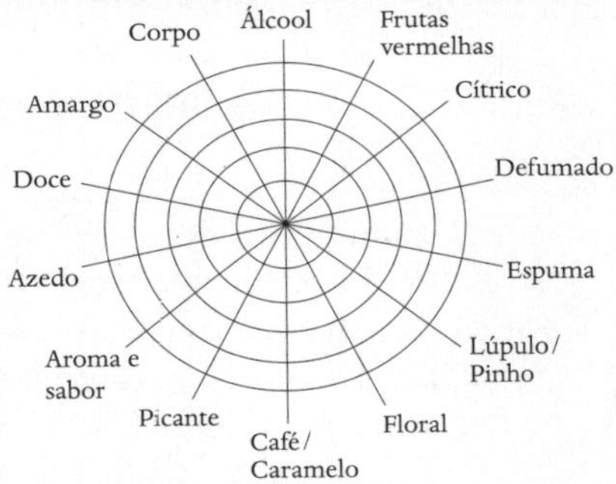

12

O PARADOXO DA CLARIVIDÊNCIA

Se Deus sempre sabe que cerveja você vai pedir, você ainda é livre?

Rótulo em questão: Aktien Hell*

A recomendação desta questão filosófica é que você simplesmente escolha a cerveja que Deus sempre soube que você escolheria. Vamos reconhecer: você não pode surpreender um Deus onisciente. Se isso o faz ficar aí sentado no bar, parado como o asno de Buridan, então peça uma Hell da cervejaria alemã Aktien. Porque se Deus anteviu o inferno em seu futuro, é melhor que ele chegue na forma de uma boa Lager alemã.

Muitas pessoas concebem Deus como um *ser onisciente*. Acreditam que Deus sabe *tudo*, inclusive o futuro. Mas muitas dessas mesmas pessoas também acreditam que os seres humanos são dotados de livre-arbítrio. Afirmam que escolhemos livremente nossos atos. *Decidimos* acreditar em Deus ou não, escolhemos evitar o pecado ou não, e escolhemos um copo ou uma garrafa de cerveja. O caminho que

---

* "*Hell*", em inglês, significa "inferno". (N. da T.)

tomamos é de nossa responsabilidade. O problema – ao que parece – é que, se Deus sabe o que você vai fazer antes que o faça, então parece que você deve realizar o ato que Deus previu. E, se você *deve* escolher o ato que Deus previu, como essa escolha pode ser *livre*?

Para resolver essa questão, vamos analisar um exemplo. Suponha que você esteja pensando em que cerveja pedir. O bar oferece muitas opções, que você finalmente reduz a duas. Você tem certeza de que uma New Belgium Fat Tire Amber Ale o satisfaria plenamente, mas eles também têm a Aktien Hell, que você nunca provou. A essa altura você não sabe com certeza o que fazer. Deve optar pela segurança ou pela novidade? Você se sente numa encruzilhada. Existem (ou pelo menos parecem existir) dois caminhos, e cabe a você determinar qual seguir.

Mas, se supomos que existe um Deus onisciente com o poder da clarividência, certamente Deus já sabe o que você fará. Na verdade, Ele já o sabia antes de você nascer. E se *o que* Deus sabe é que você vai pedir uma Hell (e só a Hell) precisamente às dezenove horas, não deveríamos dizer que pedir uma Fat Tire não está ao alcance de seu poder de decisão? Porque, se estivesse, significaria que Deus estaria errado, e com certeza Deus não pode estar errado. (Porque se Deus errar é porque ele não sabia, não é?) Então, parece que você está em uma estrada de mão única que vai dar na Hell. Você teve a *ilusão* de ter opções, a *ilusão* de ter livre-arbítrio, mas na verdade só tem um caminho a seguir – o caminho que Deus sempre conheceu.

Diante disso, parece que a onisciência divina e o livre-arbítrio são incompatíveis. *Ou* Deus tem clarividência *ou* as pessoas têm livre-arbítrio. Muita gente acha a ideia de renunciar a uma das duas coisas totalmente inaceitável. Supor que Deus não sabe o futuro é limitar drasticamente a onisciência de Deus. No entanto, supor que as pessoas não possuem livre-arbítrio significaria destruir nossa crença na responsabilidade moral. Imagine as consequências! Se você está mesmo em uma estrada de mão única para pedir uma Hell, então alguns de nós também podem estar numa estrada de mão única em direção ao pecado, seguido pelo inferno. Mas se seus pecados foram inevitáveis, como é que Deus (ou qualquer outra pessoa) pode culpá-lo por eles? Você fez a única coisa que podia fazer.

Existe uma maneira de conciliar clarividência divina e liberdade humana? Uma possibilidade requer uma visão diferente de onisciência. Ficamos presos nesse paradoxo porque presumimos que onisciência é a capacidade de saber absolutamente tudo, quando talvez devêssemos entender a onisciência de Deus como a capacidade de saber tudo o que é *cognoscível*. Existem no universo coisas que são incognoscíveis por princípio, como o que um ser livre vai fazer em seguida.

Outra opção é uma mudança na compreensão da existência de Deus em relação ao tempo. Quando pensamos que Deus "antevê" nossos atos, estamos imaginando que Deus existe no tempo (por exemplo, no dia 4 de maio de 1963), e daí Ele prevê as coisas que ainda não aconteceram. Mas na verdade, como criador do tempo, Ele existe fora ou além do tempo. Boécio afirmou que Deus conhece tudo o que existe em Seu "presente eterno". Portanto, devemos considerar que Deus *conhece* todas as coisas, mas não *antevê* nada.

O que você acha?

- Como conciliar a clarividência divina com o livre-arbítrio humano? Eles podem ser conciliados?
- É impróprio e limitador supor que Deus não pode prever os atos humanos?
- Se você tiver que abdicar da crença na clarividência divina ou da crença no livre-arbítrio, qual você escolheria? Por quê?
- Boécio oferece uma solução satisfatória ao problema da clarividência divina? Caso contrário, por quê?

Você sabia?

- Os calvinistas são cristãos que apoiam a ideia de que tudo está preordenado por Deus. E, portanto, que os seres humanos não têm livre-arbítrio.
- Muitos filósofos questionaram a ideia de que possuímos livre-arbítrio independentemente da clarividência divina. Sua visão está ligada à tese do "determinismo causal", que sustenta que todos os fatos, inclusive os atos humanos, requerem causas anteriores. Para saber mais sobre o assunto, veja os capítulos 22 e 29 ("O supercientista de Laplace" e "O enigma do tempo").
- No início deste capítulo, mencionei o "asno de Buridan". Trata-se de um experimento mental em que um asno é colocado entre um fardo de feno e uma vasilha de água. Desejando os dois igualmente, ele se vê imobilizado.
- A cervejaria Aktien foi fundada em 1308, em Kaufbeuren, na Bavária, o que faz dela uma das cervejarias mais antigas do mundo. Sua cerveja Hell é produzida no estilo da Helles alemã. Em alemão, "helles" significa "clara" ou "luminosa". "Lager", por outro lado, significa "armazenagem". Portanto, enquanto uma Aktien Hell se refere a uma Lager em quase todas as partes do mundo, na Alemanha não peça ao garçom uma "Lagerbier". Em vez disso, peça uma Helles Bier (Lager clara) ou uma Dunkel Bier (uma Lager ou Ale escura).

Leitura recomendada

- Beilby, James; Eddy, Paul (eds.). *Divine foreknowledge: four views.* Downers Grove: Intravarsity, 2001.
- Boécio. *A consolação da filosofia.* São Paulo: WMF Martins Fontes, 2011.

Notas de degustação: *Aktien Hell*

Estilo: Munich Helles **Nota:** 1 2 3 4 5

Aparência:

Aroma:

Corpo:

Sabor:

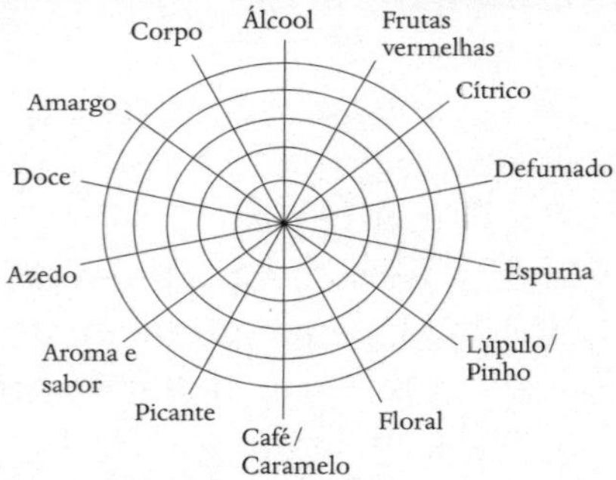

13

BUDA E A AUSÊNCIA DO EU

Você é a mesma pessoa depois de beber o primeiro gole?

Rótulo em questão: Kingfisher Premium Lager Beer*

Nossa próxima questão apresenta Sidarta Gautama (conhecido como Buda), o grande sábio indiano fundador do budismo. Em sua homenagem, vamos beber uma Kingfisher Premium Lager Beer, a cerveja mais consumida na Índia. Na garrafa da Kingfisher se vê a imagem do martim-pescador, uma ave de cores vibrantes conhecida por duas qualidades de Buda: percepção aguçada como navalha e mira perfeita.

Você se lembra da primeira vez que bebeu uma Kingfisher Premium Lager Beer? Em caso afirmativo, tente lembrar que tipo de pessoa você era na época. Qual era a sua aparência? Quais eram seus interesses? Se você nunca bebeu uma Kingfisher, pode lembrar-se da época em que bebeu sua primeira cerveja indiana, ou pelo menos sua primeira India Pale Ale. Tenho certeza de que,

* "*Kingfisher*", em inglês, significa "martim-pescador". (N. da T.)

para muitos leitores, isso foi há muito tempo – talvez meses, anos ou até décadas.

Em prol da argumentação, suponha que foi há cinco anos ou mais. Você é a "mesma" pessoa hoje? Embora sem dúvida você tenha mudado em certos aspectos, é concepção geral que continuamos essencialmente a mesma pessoa durante toda a vida. Isso ocorre porque acreditamos que existe um eu ou uma alma única, permanente, que persevera durante as transformações da vida e, quem sabe, para além dela.

Sidarta Gautama (c. 563-483 a.C.), conhecido como Buda (título que significa "iluminado"), negava a existência do eu ou da alma. Ele sustentava que a ideia de algo permanente, imutável e autossuficiente que é a essência do eu é uma noção falsa – um conceito que não corresponde à realidade. Chamada *doutrina de anatta* (doutrina do não eu), essa visão é o componente fundamental da filosofia de Buda. Ele acreditava que, se olharmos fundo na natureza das coisas, descobriremos que tudo é impermanente e interdependente. Nada continua igual e nada é autossuficiente.

Podemos perceber facilmente essa ideia em nosso corpo. Os cientistas dizem que, a cada minuto, milhões de células dentro do nosso corpo morrem e milhões de outras nascem. Em dez anos, a maioria das células será substituída. Assim, se usarmos o corpo como critério de identidade, não somos a mesma pessoa que éramos há dez anos. Nosso corpo é inteiramente "novo". E de onde vem esse novo corpo? Ele é formado do alimento que ingerimos, do ar que respiramos, da luz solar que absorvemos e, naturalmente, das cervejas que bebemos. Portanto, nosso corpo é, em certa medida, lúpulo e cevada maltada, que, por sua vez, são inseparáveis da luz do sol, da chuva, dos minerais da terra etc. Assim sendo, nosso corpo não é de forma alguma permanente, independente ou autossuficiente. Ao contrário, está constantemente mudando e se relacionando com o resto do universo.

Buda acreditava que o mesmo raciocínio se aplica à mente e à consciência. Nosso estado mental muda constantemente – nunca é o mesmo de um momento para outro. Um pensamento surge e desencadeia vários outros. Os desejos vêm e vão como as marés. Novas lembranças se formam, e as velhas são esquecidas. E considerar esses estados como simplesmente "nossos" é um engano. Por exemplo, nosso pensamento sobre a Kingfisher Lager nunca teria existido se não fosse a cervejaria Kingfisher e os mestres cervejeiros que criaram a receita dessa Premium Lager, e eles jamais teriam chegado a essa receita se não fosse a influência dos grandes mestres cervejeiros da Baviera. Mesmo o martim-pescador que inspirou a marca ajudou a criar nossa ideia da cerveja Kingfisher. Nossos desejos, crenças e emoções não seriam exatamente como são se não fosse nossa herança histórica e social, nossa família, nossos professores, amigos etc. Nossas crenças e desejos são de muitas maneiras uma *continuação* de suas crenças e desejos, da mesma forma que nossos genes são uma continuação dos genes de nossos pais (e, portanto, uma continuação dos genes de todos os nossos ancestrais). Se usarmos a consciência como critério de identidade, mais uma vez não encontraremos nada de permanente, independente e autossuficiente.

Mas não haveria alguma coisa além de todos os elementos mutáveis – um eu ou uma alma que *controla* esse corpo mutável e *vivencia* essa corrente de pensamentos e sensações? Embora não ache que possamos rejeitar a ideia, Buda argumentou que não temos razão para acreditar nela. Se refletirmos sobre nossa experiência num dado momento, nunca encontraremos um eu. Podemos observar um pensamento, mas nunca o pensador que gerou o pensamento. Podemos observar nossos desejos, mas nunca o eu que está tendo esses desejos. Daí Buda concluiu que a ideia do eu é apenas uma ficção construída. Muitos filósofos, ao contrário, acreditavam que era necessário que houvesse um controlador desses estados mentais. Afirmavam que *alguém* tem que ter o pensamento. Mas Buda não via razão para essa suposição. Ao contrário, sugeriu que é mais coerente com nossa experiência simplesmente supor que é o pensamento que pensa, é o desejo que deseja, é a realização que realiza, e assim por diante.

Você pode se perguntar se realmente importa se existe ou não um eu permanente. Talvez seja apenas uma especulação filosófica sem propósito. Mas Buda afirmou que entender o *anatta* é crucial para a conduta ética e a iluminação espiritual. A noção de eu, ele argumentava, é perigosa e tem efeitos desastrosos. Provoca pensamentos de egoísmo, ambição e arrogância, que por sua vez levam à traição, ao roubo, ao assassinato e à guerra. À crença de que o eu produz apego e desejos físicos e mentais, que, segundo Buda, são a fonte de todo sofrimento e o principal obstáculo à libertação ou ao *nirvana*.

Por essas razões, Buda ensinou seus discípulos a se manterem vigilantes contra a ilusão do eu. Como ele explicou a seu filho Rahula:

> Seja qual for o corpo, Rahula, seja qual for o sentimento, a percepção, a construção mental ou a consciência, passados, futuros ou presentes, internos ou externos, grosseiros ou sutis, maus ou nobres, remotos ou próximos, devem ser encarados com a sabedoria correta: "Isso não é meu, isso não sou eu, isso não é o meu eu" – então, vendo a coisa como ela realmente é, você estará livre.

Portanto, *anatta* não é apenas uma teoria. Aquilo que você pensa sobre o eu pode afetar a maneira como você encara a vida.

Verdade seja dita

Buda certamente concordaria que somos compostos de uma parte de lúpulo e cevada. Entretanto, ele recomendava que nos abstivéssemos de qualquer coisa intoxicante, inclusive das boas cervejas indianas, porque elas costumam ser um obstáculo a uma "mente aguçada", necessária para alcançar a iluminação.

O que você acha?

- O eu é uma falsa noção, sem nenhuma correspondência com a realidade?
- A ideia de eu é um pressuposto necessário? Na medida em que existe pensamento, devemos supor que existe um "pensador"?
- Você consegue pensar em algo, em sua experiência do mundo, que pareça ser autossuficiente?

Você sabia?

- Os budistas usam a palavra "vazio" para definir a ideia de que todos os fenômenos não possuem um eu. Buda ensinou que nada é permanente ou autossuficiente, nem mesmo a cerveja indiana.

Nesse sentido, sua Kingfisher Lager está vazia mesmo quando seu copo está cheio.

- David Hume também argumentou que não existe evidência de um eu. Em seu *Tratado da natureza humana*, ele escreveu:

> Quando entro mais intimamente no que chamo eu, sempre me deparo com uma percepção ou outra, de calor ou frio, de luz ou sombra, de amor ou ódio, de dor ou prazer. Nunca me pego sem nenhuma percepção e nunca consigo observar qualquer coisa que não seja uma percepção.

- O mais novo produto da Kingfisher é uma cerveja *premium* chamada Kingfisher Red. Fermentada no estilo dos monges medievais europeus, ela tem um sabor de madeira de carvalho e pode ser servida gelada ou em temperatura ambiente.

Leitura recomendada

- Armstrong, Karen. *Buda*. Rio de Janeiro: Objetiva, 2001.
- Rahula, Walpola. *O ensinamento de Buda*. Lisboa: Estampa, 2003.

Notas de degustação: *Kingfisher Premium Lager Beer*

Estilo: Premium American Lager **Nota:** 1 2 3 4 5

Aparência:

Aroma:

Corpo:

Sabor:

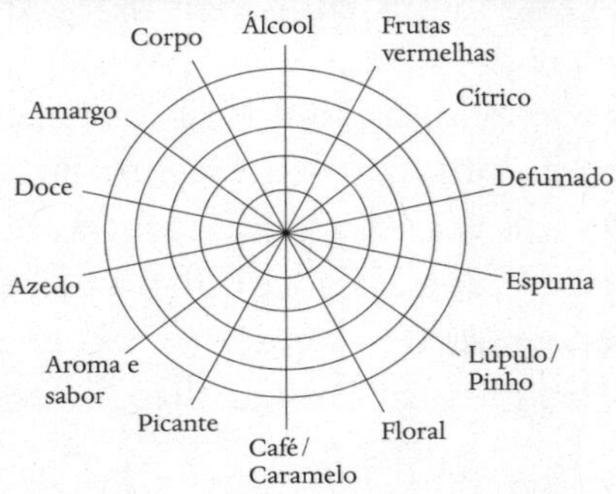

14

OS HOMENS CEGOS E O BLACK AND TAN

Todas as religiões podem ser verdadeiras?

Rótulo em questão: Bass Ale

Vamos usar a Bass Ale para fazer um black and tan.* Comece enchendo metade do copo com Bass Ale. Depois, pegue uma colher e coloque-a ao contrário sobre a Bass. (Você pode curvar o cabo da colher para que a parte curva fique mais próxima da Bass.) Em seguida, vá vertendo uma Guinness Extra Stout sobre a colher, de modo que ela não respingue e não se misture à Bass. Complete o copo com a Guinness. O resultado deve ser um drinque de três camadas: a Bass, âmbar, no fundo, a Guinness, escura, no meio, e um colarinho de espuma por cima.

Em relação às religiões existentes no mundo, muita gente só enxerga conflito: o judaísmo em conflito com o cristianismo, que por sua vez está em conflito com o islamismo. E ainda há os hindus, os taoístas, os budistas e assim por diante – cada um com suas crenças sobre o que é verdadeiro. Geralmente, quando duas histórias entram em conflito, é seguro dizer que as duas não podem

---

* Mistura de uma cerveja escura com uma cerveja âmbar. (N. da T.)

estar certas. Alguém deve estar errado. Assim sendo, à primeira vista, parece que qualquer pessoa que tenha um pensamento crítico sobre religião deve fazer uma escolha: ou concluímos que todas as religiões estão certas ou tentamos determinar qual delas é a verdadeira religião (ou, pelo menos, a que chega mais perto da verdade).

John Hick, filósofo contemporâneo da religião, defende uma terceira posição: a de que todas as principais religiões do mundo são verdadeiras. O interessante sobre a teoria de Hick é que ele não nega que essas religiões façam afirmações conflitantes e às vezes contrárias. Em vez disso, ele afirma que as alegações conflitantes sobre a realidade podem ser igual e incomensuravelmente verdadeiras.

Em apoio à sua posição, Hick cita o exemplo dos "três homens cegos e o black and tan".

> Imagine três homens cegos partilhando um black and tan pela primeira vez na vida. O primeiro dá alguns goles no colarinho de espuma. Como nunca provou uma cerveja, conclui que um black and tan é mais ou menos como um café com leite. O segundo, um experiente bebedor de cerveja, bebe a camada de Guinness e conclui que, sem dúvida, um black and tan é uma boa Stout irlandesa. O terceiro bebe o restante do copo e conclui que os outros dois estavam enganados. "Com certeza não é um drinque de café", ele diz, "nem uma Stout. É com certeza uma Amber Ale".

A moral da história é que, embora cada um ofereça um relato diferente, os três descrevem uma experiência verdadeira. Hick argumenta que podemos pensar na religião da mesma maneira. Embora uma determinada religião possa estar errada ao pensar que representa a única verdade e nada mais que a verdade, todas falam com sinceridade e com precisão quando descrevem sua experiência do divino.

Outros relatos conflitantes são resultado de variações da cultura, da experiência e do ambiente. Hick oferece o exemplo do "coelho-pato" mostrado no logotipo da cervejaria artesanal Duck Rabbit, da Carolina do Norte.

O rótulo mostra um pato (virado para a esquerda) ou um coelho (virado para a direita)? Sua resposta provavelmente vai refletir sua experiência passada, sua educação e suas tradições culturais. Por exemplo, se você vive em uma região em que não há coelhos, mas os patos são abundantes (ou um alimento tradicional), provavelmente vai ver um pato na figura. Mas se você vive em uma região em que não existem patos, mas existem muitos coelhos, a figura lhe parecerá a de um coelho. Portanto, se duas pessoas veem essa imagem e fazem descrições conflitantes, o que podemos dizer? Hick afirma que ambas estão certas. Ambas relatam honestamente a verdade sobre o que viram – embora nenhuma delas diga toda a verdade (que as duas viram uma deliciosa cerveja Ale escura).

Hick oferece uma terceira analogia para a experiência religiosa, dessa vez com base na cartografia. Olhe cuidadosamente os três mapas a seguir. Os três são representações precisas do mundo, ou seja, representam o globo tridimensional (redondo) sobre uma superfície bidimensional (plana). A projeção de Mercator é excelente para a navegação, mas distorce e aumenta radicalmente o tamanho dos países da Eurásia e da América do Norte. (Observe que a Groenlândia parece ser do mesmo tamanho da África, quando a massa de terra da África é na verdade catorze vezes maior.) A projeção de Gall-Peters representa corretamente o tamanho da América do Sul e da África, mas também distorce radicalmente a forma da Eurásia e da América do Norte. A projeção de Robinson é um meio-termo entre as outras duas. A visão é mais global, e as altas latitudes estão menos distorcidas em tamanho, só que mais distorcidas em forma. A razão de tudo isso é que, embora os três mapas ofereçam imagens conflitantes das duas principais características dos continentes (tamanho e forma), são igualmente (ou incomensuravelmente) verdadeiros. Cada um é "verdadeiro" na tentativa de representar três dimensões em duas. Mas, embora cada mapa seja verdadeiro, nenhum deles deve ser considerado totalmente verdadeiro ou mais verdadeiro que os outros.

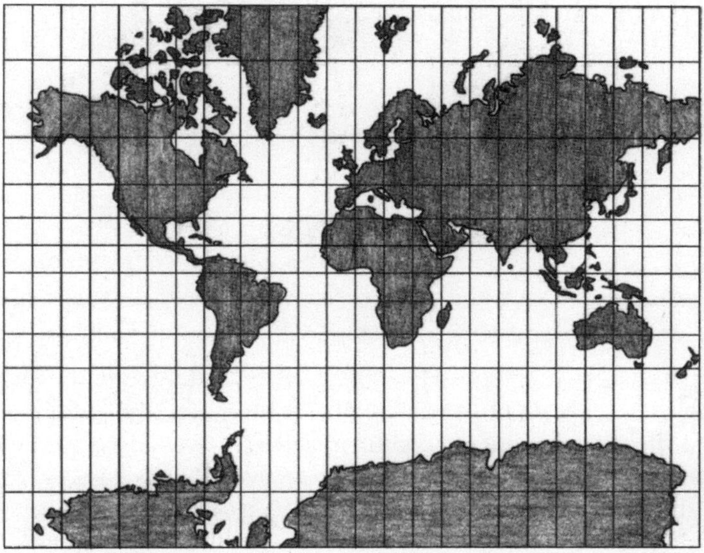

Projeção de Mercator

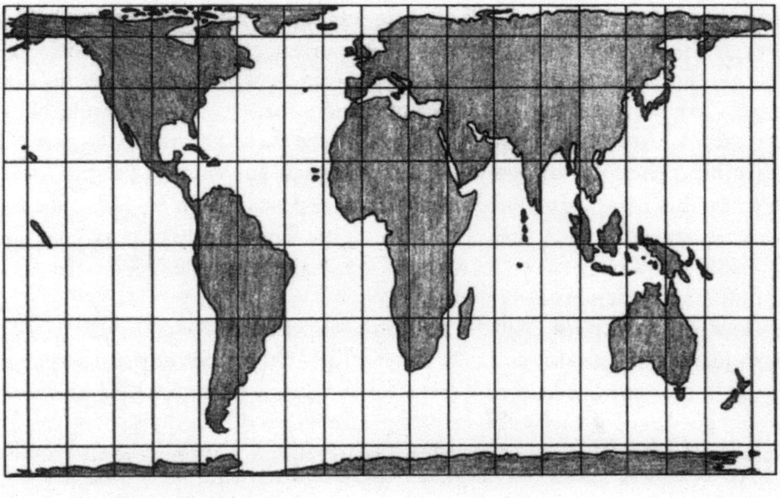

Projeção de Gall-Peters

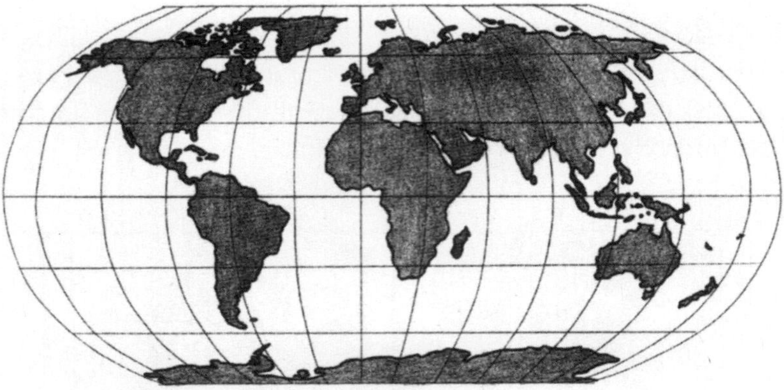

Projeção de Robinson

Hick acredita que devemos pensar nas grandes religiões mundiais da mesma maneira. Assim como os cartógrafos baseiam suas representações em interações reais com a superfície da Terra, Hick afirma que todas as principais religiões baseiam suas conclusões em encontros reais com o divino, seja ele representado pelos profetas judaicos, por Mahavira, Buda, Jesus, Maomé etc. Mas todas as principais religiões afirmam que Deus (ou a Realidade Absoluta) é infinito. Deus é multidimensional, e, portanto, não pode ser adequadamente descrito através de nossa linguagem e nossos conceitos tridimensionais. Assim sendo, como os cartógrafos, inevitavelmente distorcemos a verdade. Cada religião descreve/distorce o Supremo da sua maneira, mas isso não deve ser confundido com erro (assim como não podemos dizer que a projeção de Mercator está errada). Cada uma é válida e pode ser usada para "navegar" pela vida espiritual.

Verdade seja dita

A história dos três homens cegos aqui narrada não é absolutamente autêntica. John Hick jamais usou esse exemplo para explicar seu argumento. Na verdade, usou uma fábula semelhante – a clássica história dos cegos que encontram um elefante. Hick usou o exemplo do pato-coelho, mas não no contexto do rótulo da cervejaria Duck-Rabbit.

O que você acha?

- É possível que todas as religiões sejam verdadeiras? Caso contrário, em que a religião difere significativamente do exemplo dos mapas?
- Qual é a diferença relevante entre o exemplo do black and tan e o exemplo cartográfico? Qual deles você acha que descreve melhor os relatos conflitantes das religiões mundiais?
- Suponha que Hick esteja certo e que todas as principais religiões sejam verdadeiras. Isso não significa que qualquer religião que se considere a única verdadeira está cometendo um erro fundamental? Que grande erro (ou quantos erros) uma religião deve cometer para que não a consideremos mais "verdadeira"?
- Em que pontos as principais religiões concordam? Em que pontos elas diferem? Em que pontos é impossível duas religiões diferirem e ainda assim continuarem sendo verdadeiras?

Você sabia?

- A posição de quem acredita que muitas religiões diferentes podem ser verdadeiras chama-se "pluralismo religioso".
- Outro exemplo que Hick usou para mostrar como alegações ou experiências conflitantes podem ser verdadeiras diz respeito à natureza da luz. Os físicos descobriram que, em certas condições experimentais, a luz se comporta como se fosse constituída de partículas – minúsculos feixes de energia. Mas, sob outras condições, a luz se comporta como se fosse constituída de ondas. Então, onde está a verdade: nas ondas ou nas partículas? Em geral, a resposta dada pelos físicos hoje é: "ambas!"
- Mohandas K. Gandhi foi um pluralista religioso. Embora fosse um devoto e praticante do hinduísmo, ele acreditava que todas as principais religiões eram caminhos diferentes para o mesmo pico espiritual.
- O coelho-pato ganhou notoriedade filosófica depois que apareceu na obra de Ludwig Wittgenstein, *Investigações filosóficas*.
- Existem muitas variações do black and tan. Por exemplo, pode-se experimentar um black and blue (Guinness sobre Blue Moon

Belgian White), um black and sam (Guinness sobre Sam Adams Boston Lager) ou um black eye (Guinness sobre Black Eye Ale).

Leitura recomendada

- Griffin, David Ray (ed.). *Deep religious pluralism*. Louisville: John Knox, 2005.
- Hick, John. *Teologia cristã e pluralismo religioso: o arco-íris das religiões*. São Paulo: Attar, 2005.

Notas de degustação: *Bass Ale*

Estilo: English Pale Ale **Nota:** 1 2 3 4 5

Aparência:

Aroma:

Corpo:

Sabor:

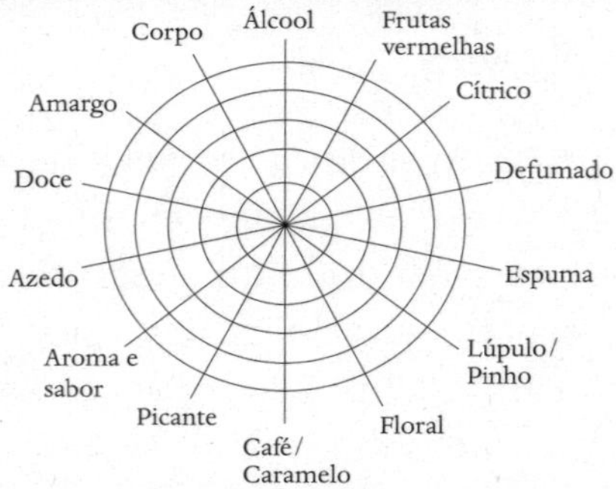

15

O PARADOXO DO MENTIROSO

Você é capaz de reconhecer a verdade?

Rótulo em questão: Roy Pitz Truly Honest Ale*

A verdade pode ser fugidia. Por isso, curta este problema filosófico com uma Truly Honest Ale da cervejaria Roy Pitz. Eles afirmam produzir essa cerveja com quatro diferentes maltes especiais e ingredientes de primeira classe, e eu acredito neles de corpo e alma. Mas tenha em mente que eles também afirmam ser a "cervejaria mais pura dos Estados Unidos". Sei...

Esta frase é falsa.

Como entender a frase acima? Se você é um leitor crédulo, pode estar inclinado a tomá-la como verdade. Mas note que, se você a considerar verdadeira, então ela deve ser falsa, porque é isso que a frase diz. Mas uma simples declaração não pode ser verdadeira *e* falsa. Então, o que ela é?

---

* "*Truly honest*", em inglês, significa "verdadeiramente honesto". (N. da T.)

Se você não for tão crédulo (ou não gosta da conclusão acima), pode supor que a sentença é falsa. Mas, se a considerar falsa, então ela será verdadeira, porque "falsa" é exatamente o que a frase alega ser. Mais uma vez, devemos perguntar: o que ela é de *verdade*? Verdadeira ou falsa?

Talvez a maneira mais fácil de escapar desse paradoxo seja descartar a frase por ser absurda (isto é, nem verdadeira nem falsa). Mas assim que essa rota de fuga foi descoberta, os filósofos arranjaram uma maneira de fechá-la. Por exemplo, como deveríamos entender a seguinte frase: "Esta frase é falsa ou absurda"?

Se a considerarmos absurda, então ela deve ser verdadeira (porque é verdade que ela é "falsa ou absurda"). Mas uma frase absurda *não pode* ser verdadeira, e de novo nos vemos caindo em contradição.

Chamado de "paradoxo do mentiroso", este problema vem quebrando cabeças desde a antiguidade. Mas há uma nova (embora um pouco mais fraca) versão, que construí a partir de uma citação do ator Mark Ruffalo. Parece que certa vez ele disse a um repórter: "Nada do que se diz num bar é verdade!"

Vamos supor que o sr. Ruffalo tenha dito isso quando estava num bar. Então, se sua afirmação é verdadeira, teria que ser simultaneamente falsa. Se, por outro lado, considerarmos sua afirmação falsa, isso só confirma a verdade da sua frase – porque será mais uma declaração falsa feita num bar!

O paradoxo do mentiroso apareceu pela primeira vez na literatura filosófica no século IV a.C., nos textos do filósofo grego Eubúlides de Mileto. O paradoxo tinha diversas variantes já na Antiguidade. Uma das versões mais divertidas é o "dilema do crocodilo", que se segue.

"Um crocodilo rouba uma criança e diz ao pai: 'Vou devolver seu filho se você adivinhar se vou fazer isso ou não'. Então, o pai responde: 'Você não vai me devolver a criança'."

Vamos supor que o pai tenha adivinhado corretamente. Então, cumprindo a promessa, o crocodilo devolve a criança. Entretanto, se o crocodilo devolver a criança, significaria que o pai não tinha adivinhado corretamente, e, portanto, o crocodilo não seria obrigado a devolvê-la.

Se você pretende confundir e impressionar seus amigos com esses paradoxos, da próxima vez que estiver num bar tente o "dilema da rodada". Quando os copos estiverem vazios, diga a seus amigos: "Vou pagar a todos uma rodada se vocês adivinharem se vou fazer isso ou não". Esperando ganhar a aposta, seus amigos provavelmente dirão: "Sim, você vai pagar". Nesse caso, você lhes informa que, infelizmente, eles não adivinharam corretamente. E, como não adivinharam corretamente, cumprindo sua promessa, você não pode lhes pagar a próxima rodada. Mais tarde, você pode tentar o mesmo truque. Dessa vez, eles devem dar a resposta contrária: "Não, você não vai nos pagar uma rodada!" E você responde: "Errado! Eu ia pagar a rodada, mas, como sou um homem de palavra, não posso fazer isso, já que vocês não adivinharam corretamente. Portanto, quem vai pagar?" De qualquer modo, você escapa de pagar outra rodada – mas posso lhe garantir que seus amigos vão ficar mais chateados do que impressionados com seu talento lógico.

O que você acha?

- O paradoxo do mentiroso tem solução? Qual?
- Se o crocodilo fica com a criança, ele manteve a palavra, quebrou a promessa ou ambas as coisas?
- Uma afirmação absurda é aquela que é ininteligível e, portanto, nem verdadeira nem falsa. A frase "Esta frase é falsa" é uma afirmação absurda? Por quê? Ou por que não?

Você sabia?

- Eubúlides foi um contemporâneo de Aristóteles, a quem criticou ferozmente.
- O paradoxo do mentiroso serve para muito mais do que apenas confundir seus amigos de bar. Ele tem ajudado os filósofos a aprimorar suas teorias sobre a verdade.
- O argumento de que toda afirmação deve ser verdadeira ou falsa é chamado "princípio da bivalência". Entre os filósofos contemporâneos que contribuíram para as discussões sobre o paradoxo do mentiroso estão Saul Kripke, Peter Woodruff, Jon Barwise e John Etchemendy.

- A prevalência de "cervejas desonestas" ao longo dos séculos deu origem a muitas normas relativas à sua venda e produção. Até o mais antigo dos códigos escritos, o Código de Hamurábi, continha uma seção que fixava o preço justo da cerveja. Talvez a tentativa mais famosa de preservar a honestidade da cerveja tenha sido a Reinheitsgebot [lei da pureza da cerveja], promulgada em 1516 por Guilherme IV da Bavária. Estipulava que a cerveja não podia conter nada mais do que cevada maltada, lúpulo e água (mais tarde, foram feitas mudanças para incluir o lêvedo e o trigo). Os cervejeiros alemães obedecem à Reinheitsgebot até hoje.

Leitura recomendada

- Barwise, Jon; Etchemendy, John. *The liar.* Oxford: Oxford University Press, 1987.
- Oliver, Garret. "The beer matrix: reality vs. facsimile in brewing". Em Hales, Steven D. (ed.). *Beer and philosophy: the unexamined beer isn't worth drinking.* Oxford: Blackwell, 2007.

Notas de degustação: *Roy Pitz Truly Honest Ale*

Estilo: Amber Ale **Nota:** 1 2 3 4 5

Aparência:

Aroma:

Corpo:

Sabor:

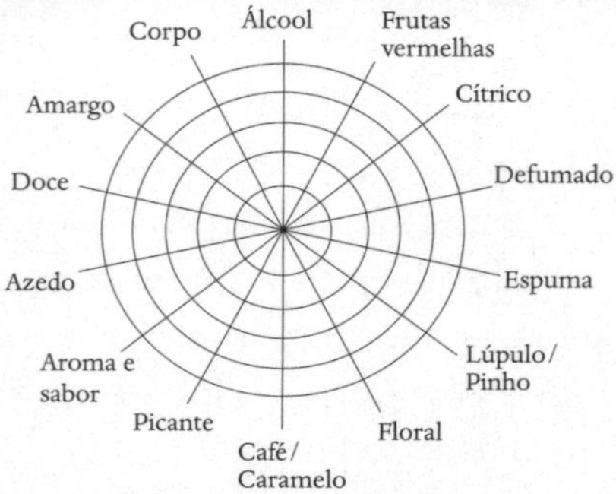

16

O BARRIL DE PALEY

Existe o tal design inteligente?

Rótulo em questão: Newcastle Brown Ale*

Esta questão filosófica chegou até nós através de William Paley, clérigo inglês do século XVIII. Portanto, vamos brindar aos ingleses por tudo o que fizeram pelo mundo da filosofia e pelo mundo da cerveja com uma Newcastle Brown Ale. Também conhecida como "garrafa do cão", "leite materno" e "drinque dos deuses", a Newcastle é a eterna favorita dos filósofos de botequim.

William Paley (1743-1805) nunca pretendeu provar a existência de Deus. Ele ofereceu um argumento para mostrar que Deus era a "melhor explicação" para o mundo natural. E, como as pessoas racionais devem acreditar no que julgam ser a melhor explicação para os fenômenos, elas devem acreditar em Deus – argumentou ele.

---

* Newcastle é uma cidade da Inglaterra. (N. da T.)

Seu argumento é essencialmente o seguinte:

Suponha que você esteja caminhando pelo campo e tropece numa pedra. Você pode se perguntar como a pedra foi parar ali, e uma explicação natural provavelmente seria, por tudo o que sabemos, que a pedra devia estar ali desde sempre. Mas suponha que, em vez de tropeçar numa pedra, você tope com um barril da Newcastle Brown Ale. Nesse caso, a ideia de que ele poderia estar ali desde sempre é totalmente implausível. Ao ver o barril, você sem dúvida suporia que ele foi fabricado. Ele deve ter tido um criador que o fabricou de acordo com um projeto específico.

O que torna o barril tão diferente da pedra a ponto de exigir um criador inteligente?, conjecturou Paley. Resposta: a complexidade e o propósito. Vamos considerar primeiro a complexidade de um barril. Ele é arquitetonicamente complexo, feito de tiras de madeira presas com ganchos de ferro, e depois fica ainda mais elaborado com o cabo, o suporte e todo o aparato da torneira.

Agora vamos considerar seu propósito. Mesmo que não tenha nenhuma familiaridade com a cerveja ou os barris, você não levará muito tempo para perceber que um movimento da torneira vai liberar o líquido castanho que está no seu interior. Isso sem dúvida o fará concluir que esse aparelho serve para alguma coisa – provavelmente para armazenar e distribuir esse líquido intrigante.

A complexidade das várias partes que se adaptam para permitir uma função específica nos leva a concluir que essa "coisa" não estava ali desde sempre, e evidentemente não surgiu da atuação ocasional de forças naturais. A melhor explicação (na verdade, a única explicação plausível) é que ela é produto de um ser inteligente, que o construiu de acordo com um projeto específico.

Se estamos inclinados a pensar que deve existir um criador inteligente do barril, então, argumentou Paley, devemos supor que exista um criador inteligente do mundo natural, porque existem muitas coisas na natureza ainda mais complexas e intencionais que um barril de cerveja (embora poucas mais prazerosas). Vamos imaginar, por exemplo, o coração humano. Nosso coração tem um propósito importante: bombear sangue para todo o corpo na pressão correta para nos manter vivos por muito tempo. Se nosso coração parasse de bombear, ou se bombeasse numa pressão muito alta ou muito baixa, morreríamos. E vamos pensar na sua complexidade. Imagine, por exemplo, que você estude engenharia mecânica na universidade. Como projeto de encerramento de curso, você tem a opção de construir um barril de cerveja ou um coração artificial que funcione perfeitamente. Qual seria o projeto mais fácil? Sem dúvida, o do barril. Portanto, devido à sua complexidade e intencionalidade, parece que o coração humano exige mais um criador inteligente que um barril de Newcastle. E o mesmo é verdade para a maioria das coisas existentes na natureza, como os olhos de uma coruja, as guelras de um peixe ou os cones florais do lúpulo proveniente de East Kent, na Inglaterra.

O *design* inteligente é a melhor explicação para o mundo natural? Muita gente acha que sim. No entanto, desde a teoria da evolução, de Charles Darwin, muitos biólogos passaram a acreditar que a "atuação ocasional de forças naturais" oferece uma explicação melhor para a complexidade e o propósito da natureza. Segundo eles, não há necessidade de um criador inteligente. A essência da teoria de Darwin pode ser captada em dois mecanismos principais: a *descendência com modificação* (a prole difere dos pais) e a *seleção natural* (a prole mais adaptada ao ambiente viverá mais e gerará mais filhos). No caso dos olhos da coruja, por exemplo, a descendência com modificação implica que cada corujinha terá olhos levemente diferentes dos de seus pais, assim como dos de seus irmãos. Portanto, algumas serão capazes de enxergar mais longe que outras, algumas terão melhor visão noturna etc. A seleção natural implica que, se uma boa visão à distância e noturna permite que uma coruja viva mais e portanto gere mais filhotes, então as corujas com visão melhor terão maior possibilidade de transmitir seus genes favoráveis às futuras gerações. A teoria indica que esses mecanismos, atuando ao longo de centenas de milhões de anos, permitiram que alguns organismos simples, em diferentes nichos ambientais, evoluíssem numa diversidade de criaturas complexas (com órgãos com funções específicas) que encontramos na natureza hoje.

Verdade seja dita

O exemplo original de Paley envolvia encontrar um relógio no campo, e não um barril da Newcastle Brown Ale. Mas estou certo de que isso só se deve ao fato de que ninguém jamais deixaria um barril de Newcastle largado num campo.

O que você acha?

- Qual a melhor explicação para a complexidade das formas de vida: a evolução ou o *design* inteligente?
- Paley estava certo ao acreditar que a complexidade e o propósito são as duas características principais que evocam o *design* inteligente?
- Se você não acredita na teoria da evolução, acredita na "descendência com modificação" e na "seleção natural"? (E, se reconhece esses mecanismos, em que exatamente consiste a sua descrença?)

Você sabia?

- Segundo uma pesquisa da CBS realizada em 2005, a maioria dos americanos não acreditava na evolução. Na verdade, 51% acreditavam que Deus criou os homens em sua forma presente, enquanto outros 30% acreditavam que, embora os seres humanos tenham evoluído, Deus guiou o processo (ou seja, a evolução ocorre através de um plano inteligente).
- Richard Dawkins oferece um contra-argumento a Paley em seu livro *O relojoeiro cego.*
- O logotipo da estrela azul da Newcastle foi criado em 1928 – um ano depois do lançamento da cerveja. As cinco pontas da estrela representam as cinco cervejarias fundadoras da Newcastle.
- A origem do apelido da Newcastle, "The Dog" [O cão], vem do eufemismo inglês "Vou passear com o cachorro", que na verdade quer dizer "Vou até o pub".

Leitura recomendada

- Darwin, Charles. *A origem das espécies*. São Paulo: Escala, 2012.
- Paley, William. "Natural Theology". Reproduzido em Cahn, Steven (ed.). *Exploring philosophy of religion: an introductory anthology*. Oxford: Oxford University Press, 2009, pp. 74-77.

Notas de degustação: *Newcastle Brown Ale*

Estilo: Brown Ale **Nota:** 1 2 3 4 5

Aparência:

Aroma:

Corpo:

Sabor:

17

A BORBOLETA DE CHUANG-TSÉ

Será que você está sonhando neste exato momento?

Rótulo em questão: Great Divide Espresso Oak Aged Yeti

Você já teve dúvidas de estar desperto ou sonhando? Se isso já aconteceu, a cervejaria Great Divide, do Colorado, tem o antídoto. Sua Oak Aged Yeti é preparada com uma infusão de café *espresso* bem forte. É ótima para os notívagos. Ou encha uma caneca e sirva com *waffles* no café da manhã.

Você consegue perceber quando está sonhando ou acordado? É possível que toda a sua vida seja um sonho? Embora a maioria das pessoas não leve essa questão a sério, o filósofo chinês Chuang-tsé (369-286 a.C.) acreditava que as respostas a essas perguntas não são tão óbvias quanto parecem. Ele escreveu:

> Certa vez, eu, Chuang-tsé, sonhei que era uma borboleta e esvoaçava de um lado para outro por campos de lúpulo e cevada. Para todos os efeitos, eu era uma borboleta. Tinha consciência apenas de seguir meu destino

> de borboleta, respirando o aroma dos lúpulos, lambendo a cevada com minha longa língua enrolada, e não tinha consciência de minha vida como homem. De repente, acordei, e lá estava eu de novo. Agora não sei se eu era um homem sonhando que era uma borboleta ou se agora sou uma borboleta sonhando que sou um homem.

Chuang-tsé não sabia no que acreditar. Mas aposto que você não partilha suas dúvidas. Aposto que você está certo de estar acordado neste momento, e que a cerveja à sua frente é uma cerveja real, e não apenas uma invenção de sua mente adormecida. Mas o que lhe dá tanta certeza?

Você pode argumentar que o fato de estar bebendo uma Espresso Yeti fortemente cafeinada lhe garante que está acordado. Ah, mas há um problema. Talvez você esteja sonhando que está bebendo uma Espresso Yeti. Talvez, quando acordar, você perceba que não existe nenhuma Espresso Oak Aged Yeti. Então vai parecer muito idiota acreditar que alguém colocou um *espresso* na cerveja e depois lhe deu o nome do homem das neves.*

Outra linha de ataque é argumentar que a experiência é vívida demais para ser um sonho. Enquanto bebe um gole da Yeti, absorve o sabor de café e chocolate maltado e sente as pequenas bolhas dançando em sua língua, é fácil supor que tudo isso seja real. Mas isso é presumir que os sonhos *não podem* ser tão vívidos. Você tem certeza? Chuang-tsé aparentemente achou seu sonho com a borboleta bastante vívido. E, se você pensar bem, aposto que já teve sonhos que pareciam tão vívidos e reais que o enganaram completamente. Portanto, como saber se sua experiência durante os últimos minutos não foi um desses sonhos particularmente vívidos?

Você também pode argumentar que a experiência é muito metódica, muito previsível ou longa demais para ser um sonho. É verdade, às vezes, os sonhos são loucos e imprevisíveis, mas às vezes não são muito triviais? E você tem certeza de há quanto tempo está durando esse sonho (ou realidade)? Talvez um dia inteiro tenha se

* Yeti é o nome de uma criatura fantástica que viveria no Himalaia, também chamada de Abominável Homem das Neves. (N. da T.)

passado em alguns minutos de sonho. Ou talvez só os últimos minutos tenham sido um sonho, e o resto do dia seja real. (Pode ser que você estivesse tão cansado que nem uma Espresso Yeti tenha conseguido mantê-lo acordado.)

Outra alternativa é se beliscar. Pelo menos, assim diz a "sabedoria popular". Mas essa ideia também parece falha. Supõe-se que não sentimos dor num sonho (ou a dor inevitavelmente vai nos acordar), mas muitas pessoas relataram ter tido sensações físicas durante o sonho – inclusive dor. Portanto, se você se beliscar e a experiência continuar, você não tem provas suficientes de estar acordado. Pode tentar pedir a seus amigos que atestem seu estado, mas, por razões óbvias, isso também não vai funcionar. Porque se você estiver sonhando, eles não são *realmente* seus amigos. São apenas invenções de sua imaginação. O que eles lhe disserem não terá credibilidade antes que você determine se está de fato acordado.

Acho que você poderia esperar para ver se acorda. Se a experiência continuar por mais seis ou oito horas, isso vai confirmar que você não está sonhando? Bem, se Chuang-tsé estiver certo, nem isso vai ajudá-lo. Porque toda a sua vida pode ser um sonho. Talvez esse tempo em que viveu sua vida como borboleta (ou mosca de bar) seja o único em que você esteve verdadeiramente acordado. Ou talvez tanto suas experiências humanas quanto de borboleta sejam sonhos (sonhos dentro de um sonho), e você não vai acordar por muito tempo!

Verdade seja dita

A versão de Chuang-tsé desse sonho estranhamente não faz referência a campos de lúpulos e cevada.

O que você acha?

- Existe uma chance razoável de que você esteja sonhando neste exato momento?

- Você pode ser um Yeti perambulando por alguma montanha do Himalaia, sonhando que é um ser humano?
- Existem sinais claros que possamos usar para distinguir sonho de realidade?
- Existe uma possibilidade de que toda a sua vida seja uma sonho?

Você sabia?

- Chuang-tsé foi um filósofo da tradição taoísta, assim como Lao-tsé. Para conhecer outro problema taoísta, veja o capítulo 46, "A caneca vazia de Lao-tsé".
- Quando lhe foi oferecido o cargo de primeiro-ministro do estado de Chu, Chuang-tsé o recusou para preservar sua liberdade.
- Chuang-tsé foi pioneiro do movimento ambientalista. Exortava as pessoas a viverem em harmonia com a natureza e criticava os que tentavam controlá-la ou conquistá-la.
- As cervejas da Great Divide foram premiadas em dezesseis Festivais Americanos da Cerveja e quatro edições da Copa Mundial da Cerveja. A Great Divide também foi classificada em oitavo lugar na lista As Melhores Cervejas do Mundo de 2010 pelo site Ratebeer.com, e em sétimo lugar na lista As Melhores Cervejarias do Planeta Terra de 2009, organizada pela Beer Advocate.

Leitura recomendada

- Liu, Jeeloo. *An introduction to chinese philosophy: from ancient philosophy to chinese buddhism.* Oxford: Blackwell, 2006.
- Tzu, Chuang. *Ensinamentos essenciais.* São Paulo: Cultrix, 2000.

Notas de degustação: *Great Divide Espresso Oak Aged Yeti*

Estilo: Imperial Stout **Nota:** 1 2 3 4 5

Aparência:

Aroma:

Corpo:

Sabor:

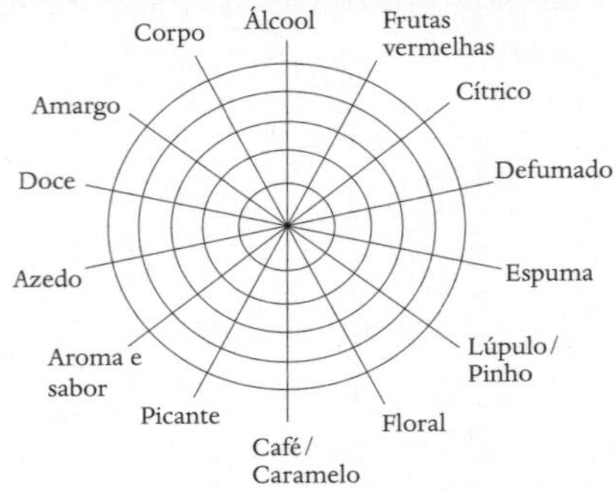

18

A DÚVIDA DE DESCARTES

O que você sabe com absoluta certeza?

Rótulo em questão: Dogfish Head Raison D'Être

"Raison d'être" é uma expressão francesa que significa "razão de existir". E a razão pela qual a Raison D'Être foi escolhida para este capítulo ficará bastante óbvia quando você chegar ao fim dele. Enquanto isso, desfrute o gosto singular desta Ale cor de mogno da cervejaria Dogfish Head,* de Delaware, nos Estados Unidos. Ela é feita de açúcar de beterraba, uvas frescas e um "sentido de propósito".

Dos milhões de crenças que você tem, quais são totalmente certas a ponto de não haver chance de você estar enganado sobre elas? Reflita por um momento sobre isso. Crie mentalmente uma lista de suas crenças absolutamente certas.

Já que você não teve tempo suficiente para fazer uma lista *completa*, agora reflita mais um momento sobre o tamanho que ela po-

* *"Dogfish"*, em inglês, significa "esqualo", uma espécie de tubarão. (N. da T.)

deria ter. Conteria algumas crenças, dezenas, centenas ou milhares? Fiz essa pergunta a muitas pessoas ao longo dos anos, e a maioria me disse que uma lista completa seria bastante longa – no mínimo centenas ou milhares. Sua lista de crenças "absolutamente certas" costuma incluir coisas como:

Estou nesta sala.
Estou bebendo uma cerveja.
Sou homem/mulher.

A cerveja é úmida.
Meu copo é transparente.
Paris fica na França.

A Terra é redonda.
A água é H_2O.
Tenho duas mãos.

Se essas são coisas das quais temos certeza, a lista poderia se expandir indefinidamente. Porque se você está absolutamente certo de que está bebendo uma cerveja, é provável que também tenha certeza de que existem cervejarias, de que Dogfish Head é um nome bastante estranho para uma cervejaria, e assim por diante.

Portanto, você provavelmente teria uma lista mental muito longa. Mas observe que é fácil *pensar* que está absolutamente certo. Uma coisa bastante diferente é *estar realmente certo* – *saber* que não há a menor chance de que sua crença seja falsa. Como filósofos, queremos saber o que *realmente é*, e não o que apenas *parece ser*. Portanto, devemos perguntar: você está *realmente* certo? Não existe nenhuma chance de estar enganado sobre essas crenças?

O grande filósofo francês René Descartes (1598-1650) tratou dessas questões e também supôs saber com absoluta certeza algumas coisas. Mas depois submeteu suas crenças ao que ficou famoso como seu "método da dúvida". Descartes explicitou que, se uma crença está absolutamente certa, deve ser impenetrável à dúvida. Ou seja, ele não poderia ser capaz de imaginar uma situação que tornaria a crença falsa ou oferecer o mais leve motivo para dúvidas.

Já vimos uma possível fonte de dúvida em "A borboleta de Chuang-tsé" (capítulo 17) – a possibilidade de que você possa estar sonhando neste exato momento. Descartes foi atormentado por uma preocupação semelhante. Entretanto, percebeu que, mesmo que estivesse sonhando, certas crenças continuariam sendo verdadeiras. Acordado ou adormecido, três garrafas de cerveja mais três outras garrafas de cerveja somam seis cervejas. E uma vez que os aros de seus óculos são redondos, não podem ter cantos etc. Portanto – ele percebeu –, a matemática, a lógica e a geometria são impermeáveis à dúvida mesmo que estejamos sonhando.

Mas se nos esforçarmos para duvidar até mesmo dessas crenças, teremos mais problemas à frente. Não é possível que você seja vítima de um engano intencional? Descartes resumiu essa ideia com a pior hipótese: "o demônio malévolo".

> Devo então supor [...] algum demônio malévolo não menos poderoso que desonesto empregou todas as suas energias para enganar-me. Devo considerar que os céus, a terra, as cores, as figuras, os sons, até mesmo a cerveja que estou bebendo no momento, nada mais são do que ilusões e sonhos de que esse demônio se valeu para engendrar armadilhas à minha credulidade.

Para entender melhor a profundidade dos truques do demônio, você pode imaginá-lo como um "cientista louco" que ligou você a eletrodos que estimulam seu cérebro. Dessa forma, ele é capaz de fazê-lo ver, ouvir, sentir, provar e cheirar o que quiser. Pode implantar falsas lembranças e pensamentos errôneos em sua mente. E fazê-lo errar até mesmo os cálculos mais simples, como somar garrafas de cerveja ou contar os lados de um quadrado. Mas é pior ainda, porque você não pode garantir que tem um cérebro (ou mesmo um corpo), já que isso também pode ser parte da ilusão. É possível que o demônio malévolo execute seu truque através de alguma forma de hipnose ou telepatia. Você pode se tornar um espírito incorpóreo que foi levado a acreditar neste mundo material.

Se permitirmos a possibilidade da existência de tal demônio malévolo (e parece que não temos como excluí-lo, já que a falta de provas de sua existência atesta sua engenhosidade), então não existe nada que possamos saber com certeza? Pense um pouco nisso antes de continuar lendo.

E o que dizer de sua existência? É possível que você tenha sido levado a pensar que existe, quando de fato não existe? Descartes concluiu que não podia estar errado sobre sua existência, porque, para ser enganada, uma pessoa primeiramente precisa existir. Com essa conclusão, Descartes proferiu talvez a frase mais famosa da filosofia ocidental: "Penso, logo existo".

Essa foi a rocha de Descartes – o princípio irremovível de certeza sobre o qual ele construiu todo o resto da sua filosofia.

Verdade seja dita

Descartes não se referiu ao fato de estar bebendo uma cerveja quando escreveu a famosa passagem sobre o "demônio".

O que você acha?

- Se nosso objetivo é a certeza absoluta, devemos aceitar que há pelo menos uma pequena chance de que estejamos sendo enganados por um demônio malévolo?
- Você está absolutamente certo de sua existência? Em caso afirmativo, o que você sabe sobre esse "você" que existe – se é que existe alguma coisa?
- Existem outras coisas sobre as quais você está absolutamente certo? Se existem, quais são?
- Descartes estava certo ao supor que, estando acordado ou dormindo, três cervejas mais três são seis?

Você sabia?

- René Descartes manteve durante toda a vida o hábito de não sair da cama antes do meio-dia. (Quando estudante, convenceu seus professores a deixá-lo "estudar na cama" pela manhã.) Quando estava com uns 50 anos, foi convidado a ensinar sua filosofia à rainha Cristina da Suécia. A rainha gostava de ter aulas às cinco horas da manhã, e, depois de alguns meses nesse regime, Descartes pegou um forte resfriado e morreu.
- Descartes acreditava que podíamos saber muitas coisas com total certeza – desde que conseguíssemos provar a existência de Deus.

Mais tarde, em suas *Meditações sobre filosofia primeira*, apresentou um argumento que acreditava que oferecesse essa prova, embora muitos acadêmicos o julguem deficiente.

- Eis uma piada clássica sobre Descartes: René Descartes está em um bar saboreando uma cerveja quando o garçom se aproxima e lhe pergunta se deseja mais uma. Descartes responde: "Não, penso",* e desaparece.
- A cervejaria Dogfish Head leva o nome de uma pequena propriedade na costa do Maine onde Sam Calagione, seu fundador, costumava passar as férias quando era criança. Segundo uma lenda local, o nome surgiu porque o pescador de lagostas local conseguia pescar mais esqualos do que lagostas.
- O lema da cervejaria Dogfish Head é: "Cervejas excepcionais para pessoas excepcionais". Ela se especializa em cervejas "extremas", feitas com ingredientes incomuns. Uma lista parcial desses ingredientes inclui açúcar de beterraba, xarope de bordo (*maple syrup*), gengibre cristalizado, bagas de junípero, grãos de baunilha, tomilho, mel, pimenta-da-jamaica, chicória, damasco, abóbora, canela, café, amora-preta e noz-moscada.

Leitura recomendada

- Descartes, René. *Meditações sobre filosofia primeira.* Campinas: Unicamp, 2004.
- Unger, Peter. *Ignorance.* Oxford: Oxford University Press, 1975.

* No original, a resposta é *"I think not"*, que também pode ser traduzida como "Não penso", numa alusão à sua famosa frase: "Penso, logo existo". (N. da T.)

Notas de degustação: *Dogfish Head Raison d'Être*

Estilo: Belgian Strong Dark Ale **Nota:** 1 2 3 4 5

Aparência:

Aroma:

Corpo:

Sabor:

19

O COMANDO DE DEUS

Dizer que algo é certo o torna correto?

Rótulo em questão: Shmaltz He'brew Origin Pomegranate Ale

Como nasceu a moralidade? Tudo começou com uma ordem divina, ou Deus simplesmente nos deu um "alerta" do que era certo ou errado? Enquanto você pensa na origem da moralidade, vamos provar uma He'brew Origin com infusão de romãs da cervejaria Shmaltz, de San Francisco. É uma das "cervejas escolhidas".

O que torna alguns atos corretos e outros errados? Segundo uma teoria popular, é a *vontade* ou o *comando* de Deus que cria o certo e o errado. Segundo essa visão, alguns atos são corretos *porque* Deus nos manda praticá-los, ou porque Ele simplesmente deseja/prefere que nós os pratiquemos. Por outro lado, os atos são errados porque Deus os proíbe, ou deseja/prefere que nós os evitemos. Essa teoria da moralidade chama-se *teoria do comando divino*. Se ela estiver correta, então o filósofo francês Jean-Paul Sartre tinha razão de dizer que se

Deus não existisse, tudo seria permitido. Porque sem Deus simplesmente não haveria "certo" ou "errado".

O objetivo deste problema não é considerar se Deus existe ou não, mas examinar se a teoria do comando divino explica adequadamente a origem da moralidade. Portanto, vamos supor (pelo menos em benefício da discussão) que Deus existe. Será que o fato de Deus dizer que um ato é errado o torna errado?

Suponhamos que Deus fosse formular um novo mandamento e o entregasse a algum cervejeiro profético em uma pedra com as seguintes palavras: "Bebam apenas cervejas com infusão de romã às quintas-feiras".

O profeta elucida essa ordem dizendo que é permitido beber todas as outras cervejas todos os dias, mas às quintas-feiras só devemos beber cervejas misturadas com suco de romã. Alguns leitores podem ficar ofendidos, porque Deus jamais estipularia um mandamento tão tolo. Mas essa é precisamente a questão. As ordens de Deus precisam estar apoiadas em boas razões para tornar o ato correspondente moral ou imoral, ou a ordem é suficiente por si só? Se a ordem divina for suficiente por si só, então ela não precisará ser razoável.

Mas vamos usar o exemplo de uma ordem mais sensata. Suponhamos que Deus ordene (ou pelo menos deseje) que os donos de bares deixem de roubar as gorjetas dos garçons. Embora a ordem venha de Deus, algumas pessoas curiosas com certeza vão se perguntar por que Deus daria uma ordem tão inconveniente. Podemos dividir as possibilidades em duas amplas categorias. Ou Deus ordenou isso por uma boa razão ou não teve nenhuma boa razão para ordenar isso. Observe que as duas categorias são mutuamente excludentes e exaustivas. Ou Deus teve boas razões ou não teve – não existe uma terceira alternativa. Isso nos leva a um problema que é conhecido como *dilema da teoria do comando divino.*

Um dilema ocorre quando só temos duas opções e ambas são ruins (neste caso, ruim para a nossa teoria). O proponente da teoria do comando divino deve assumir um lado. Mas vamos para a esquerda ou para a direita? O crítico sugere que, qualquer que seja o caminho escolhido, ele vai nos colocar em dificuldade.

Muitas pessoas inicialmente tentam evitar o lado esquerdo, ou "chifre", do dilema. Porque, *se não existem boas razões* que justifiquem

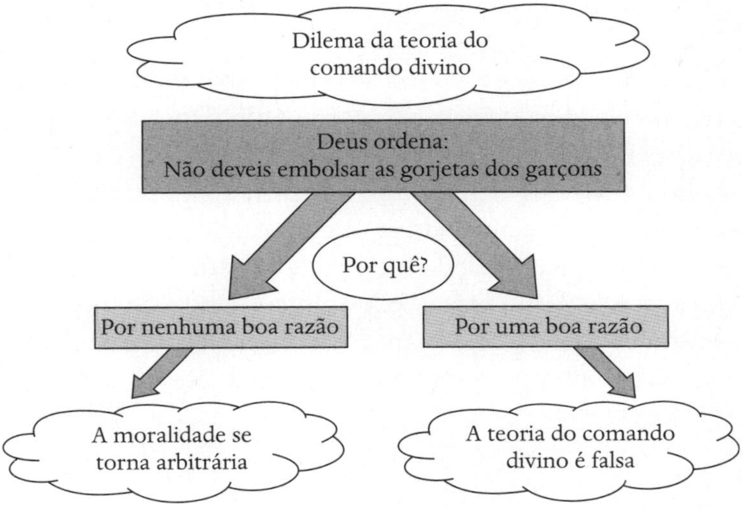

as ordens divinas, então essas ordens são completamente arbitrárias – nada além de caprichos. Deus poderia facilmente ordenar que matássemos todos os *poodles* franceses, ou que bebêssemos cerveja com infusão de romã às quintas-feiras. Nesse caso, podemos obedecer às ordens divinas por medo da punição, mas não teremos nenhuma razão para *respeitar* essas ordens. Por isso, muitas pessoas acham essa alternativa totalmente insatisfatória.

Se vamos para a direita, porém, a moralidade ganha a importância livre de arbitrariedade que achamos que ela deve ter. O único problema é que a teoria do comando divino se revela falsa. Porque, nesse caso, o ato não é errado *porque* Deus assim ordenou. Ao contrário, Deus assim ordenou *porque* ele é errado (ou seja, porque existem boas razões contra a sua prática). Embora o Senhor atue de maneiras misteriosas (pelo menos é o que dizem), neste caso acho que podemos compreender as razões de Deus. Parece bastante provável que Deus não deseje que o dono do bar roube as gorjetas dos garçons porque isso seria *injusto*. Os garçons dão duro para ganhar as gorjetas, e ele estaria obtendo uma vantagem às custas deles. Portanto, a injustiça do roubo é que torna o ato errado aos olhos de Deus (e dos nossos), e não o fato de Deus dizer que é errado – colocando a teoria do comando divino numa situação difícil.

O que você acha?

- O dilema mostra que a teoria do comando divino é um argumento insustentável da origem da moralidade? Em caso negativo, por que não?
- Trata-se de um verdadeiro dilema, com apenas duas opções, ou existe uma terceira alternativa que foi esquecida?
- Suponha que duas sociedades acreditem em Deus. Entretanto, a sociedade A acredita que a teoria do comando divino é verdadeira, e a sociedade B acredita que a teoria do comando divino é falsa. De que maneira a vida moral dos cidadãos de cada sociedade seria diferente?

Você sabia?

- Cada lado ou opção de um dilema é chamado de "chifre". Isso ocorre porque um dilema é como um touro com dois grandes chifres afiados. Você pode ir para a esquerda ou para a direita, mas, seja qual for o caminho, você será chifrado.

- O dilema do comando divino é semelhante a um argumento apresentado por Platão em *Diálogos: Apologia de Sócrates, Eutífron, Críton, Fédon*. Nesse texto, ele discute se certas coisas são sagradas porque os deuses as amam ou se os deuses as amam porque elas são sagradas. Algumas ordens atribuídas a Deus na Torá (ou no Velho Testamento) parecem não se apoiar em "boas razões". Isso inclina certos literalistas a adotar o chifre esquerdo do dilema. Por exemplo, em Levíticos 19:19, Deus ordena: "Não semearás no teu campo grãos de espécies diferentes, nem usarás roupas tecidas de duas espécies de fios".
- Dentro da tradição judaico-cristã, Deus parece ter uma queda por romãs. O cântico de Salomão 7:12 diz: "Levantemo-nos de manhã para ir às vinhas, vejamos se florescem as vides, se estão abertas as suas flores, e se as romãzeiras já estão em flor; ali te darei o meu amor". E em Deuteronômio 8:8 a "terra de leite e mel" é descrita como a "terra de trigo e cevada, de vides figueiras e romãzeiras, terra de azeite e mel".

- A cervejaria Shmaltz é a menor, mais importante e mais premiada cervejaria judaica dos Estados Unidos. Sua linha He'brew inclui: Genesis Ale, Messiah Bold, Rejuvenator Date Infused Doppelbock e Jewbelation Bar Mitzvah.

Leitura recomendada

- Arthur, John. "Religion, morality, and conscience". Em Arthur, John (ed.). *Morality and moral controversies*. 4ª ed. Upper Saddle River: Prentice Hall, 1996.
- Platão. *Diálogos: Apologia de Sócrates, Eutífron, Críton, Fédon*. 4ª ed. São Paulo: Hemus, 2002.

Notas de degustação: *Shmaltz He'brew Origin Pomegranate Ale*

Estilo: Strong Ale com romã **Nota:** 1 2 3 4 5

Aparência:

Aroma:

Corpo:

Sabor:

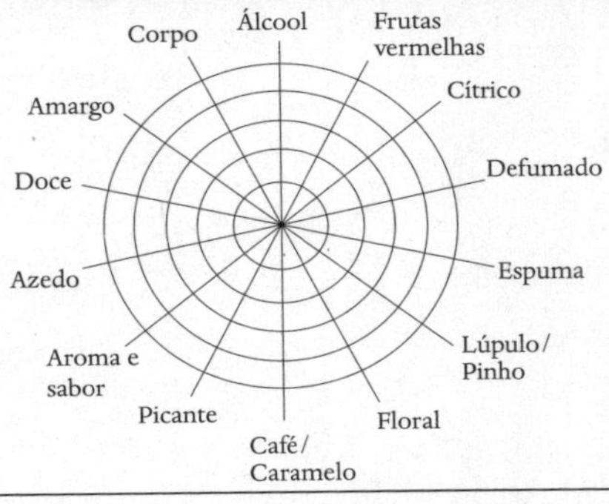

20

O LEITE DOS BÊBADOS

Os prazeres intelectuais são melhores que os prazeres corporais?

Rótulo em questão: Samuel Smith Oatmeal Stout

Como este é outro problema filosófico sobre questões ligadas à busca do prazer, vamos acompanhá-lo de uma Samuel Smith Oatmeal Stout, apenas pelo incrível prazer que ela proporciona. Mas não permita que sua textura encorpada e seu sabor delicioso o enganem. Como ela tem apenas 5% de teor alcoólico, você poderá continuar desfrutando de suas "faculdades superiores".

John Stuart Mill afirmou que o prazer era o único bem verdadeiro, e que tudo que uma pessoa deseja é buscá-lo, como meio ou como parte da felicidade. Seus detratores argumentaram que essa visão hedonista era degradante, atacando-o com um argumento que ficou conhecido como "objeção suína":

> Se o prazer é o único bem, então deveríamos viver como porcos. Afinal, os porcos são ótimos em perseguir o prazer, e parece que nada mais lhes importa. Aquecer-se ao sol, rolar na lama, comer montes de comida,

fazer muito sexo, e a vida suína está completa. Mas tal doutrina coloca o ser humano sob uma luz degradante. Somos melhores que porcos e não devemos viver como eles. Existe muito mais numa boa vida humana que o mero prazer.

Um segundo argumento paralelo é o seguinte:

Se o prazer é o único bem, deveríamos ser bêbados. Afinal, os bêbados felizes (vamos ignorar os bêbados furiosos) são ótimos em perseguir o prazer, e parece que nada mais lhes importa. Beber algumas cervejas, passar horas no bar, comer uma boa comida, transar de vez em quando, e a vida do bêbado lhe parece completa. Se tivéssemos recursos ilimitados (e pudéssemos escapar dos efeitos colaterais indesejáveis, como ressacas e doenças hepáticas), então, segundo esse argumento, deveríamos todos nos tornar bêbados. Mas tal doutrina coloca o ser humano sob uma luz degradante. Somos melhores que os bêbados e não devemos viver como eles. Existe muito mais numa boa vida humana que o mero prazer de encher a cara.

Mill concordava que não devemos viver como porcos nem como bêbados (ou porcos bêbados). Mas, sendo um hedonista, não podia dizer que existe muito mais na vida que o mero prazer. Portanto, argumentou que nosso estilo de vida devia seguir um curso diferente, porque somos capazes de desfrutar prazeres que os bêbados e os porcos não são. Podemos filosofar, desfrutar da poesia, ter interesse em conversar e em desenvolver nossos talentos. Em suma, certos "prazeres intelectuais" estão disponíveis a nós, e não a eles.

A ideia de que os prazeres são de dois tipos, intelectuais ou corporais, não era nova. O predecessor filosófico de Mill, Jeremy Bentham, já havia reconhecido essa questão bastante óbvia. Mas Bentham afirmou que a pessoa devia sempre escolher a opção que oferece a maior *quantidade* de prazer – seja ele corporal ou intelectual. O que importava era a quantidade do prazer, não o tipo. Mas Mill discordava disso, e acrescentou um novo capítulo ao manual utilitarista. Afirmou que os prazeres intelectuais são inerentemente melhores que os corporais, e muito melhores em *qualidade*, a ponto de tornar a quantidade comparativamente pouco importante.

Mill defendeu a superioridade qualitativa dos prazeres intelectuais invocando um critério do veredicto de "juízes competentes". Argumentou que poderemos dizer que um prazer é de maior qualidade se todos os juízes competentes (aqueles que conhecem profundamente os dois tipos de prazer) o preferirem – independentemente de qualquer obrigação de fazer isso. Além disso, Mill sustentou que todos ou quase todos os juízes competentes preferem os prazeres intelectuais. E os preferem por uma larga margem, a ponto de jamais os trocarem por qualquer quantidade de prazeres corporais.

Para provar seu argumento, Mill nos pede para considerar uma troca. Suponha, por exemplo, que um gênio pudesse transformá-lo num porco, com todos os prazeres de uma vida suína: a comida, o sexo, os poços de lama e os dias ensolarados. Você estaria disposto a abdicar de seus prazeres intelectuais por essa vida suína cheia de prazeres? Poucos fariam essa troca. Naturalmente, isso poderia demonstrar apenas nosso preconceito contra os porcos. Portanto, vamos tentar outro exemplo. Suponha que o gênio pudesse transformá-lo em bêbado completo, mas um bêbado impermeável a ressacas e doenças hepáticas. Além disso, você teria comida, abrigo e bebida grátis em todos os bares da cidade. Você faria essa troca? Mais uma vez, Mill acha que poucos a fariam. E conclui:

> É melhor ser um ser humano insatisfeito que um porco satisfeito; ser um Sócrates insatisfeito que um bêbado satisfeito. E se o bêbado e o porco têm uma opinião diferente, é porque eles só conhecem o seu lado da questão. A outra parte da comparação conhece os dois lados.

Mill acreditava que esses experimentos mentais mostravam claramente a superioridade dos prazeres intelectuais. São prazeres tão superiores, ele pensava, que um juiz competente jamais os trocaria pela máxima quantidade de prazeres corporais. Mas Mill provou realmente seu ponto de vista? Observe que ele só nos deu um lado da comparação. Então vamos considerar o seguinte: imagine que o gênio pudesse lhe dar uma vida plena de prazeres intelectuais. Você seria mais inteligente que Albert Einstein e Bertrand Russel juntos. Mas haveria uma condição: você jamais seria capaz de experimentar os prazeres corporais. Para lhe dar essa capacidade intelectual, seu cérebro seria removido e substituído por uma solução nutriente que o manteria vivo. Você continuaria capaz de conversar, escrever, fazer equações etc. através de uma interface de computador. Entretanto, você jamais voltaria a provar uma cerveja, apreciar um lindo pôr do sol, fazer sexo ou saborear uma boa comida. Você trocaria seus prazeres corporais por essa vida plena de prazeres intelectuais? Acho que não. Então devemos nos perguntar: os prazeres intelectuais são melhores que os corporais?

> *Verdade seja dita*
>
> A passagem original do texto de Mill sobre o utilitarismo compara Sócrates a um tolo, e não a um bêbado.

O que você acha?

- Você aceitaria alguma das ofertas do gênio? Nesse caso, você escolheria o porco, o bêbado ou o intelectual?
- Se você não aceitar nenhuma das ofertas do gênio, o que isso significar em relação à importância dos prazeres intelectuais *versus* prazeres corporais?
- A objeção "suína" conseguiu mostrar que o prazer não é o único bem?

Você sabia?

- John Stuart Mill foi educado pelo pai. Estudou grego desde os 3 anos, latim desde os 7, e por volta dos 20 já tinha escrito quase cinquenta artigos e resenhas.
- A cervejaria Samuel Smith, em Tadcaster, North Yorkshire, na Inglaterra, foi fundada em 1758. A água usada na produção de suas Ales e Stouts é extraída de um poço de 28 metros cavado nesse mesmo ano.

- O lêvedo usado no processo de fermentação da Samuel Smith é um dos mais antigos da Inglaterra e vem sendo usado sem interrupção há mais de um século.

Leitura recomendada

- Mill, John Stuart. *Utilitarismo.* Lisboa: Gradiva, 2005.
- West, Henry R. *Mill's utilitarism: a reader's guide.* Nova York: Continuum, 2007.

Notas de degustação: *Samuel Smith Oatmeal Stout*

Estilo: Oatmeal Stout **Nota:** 1 2 3 4 5

Aparência:

Aroma:

Corpo:

Sabor:

21

O MITO DE GIGES

Quem esvaziou a garrafa? Somos todos egoístas?

Rótulo em questão: Mythos Hellenic Lager Beer*

A Grécia tem uma rica mitologia, com abundância não apenas de deuses, deusas e semideuses, mas também de deliciosas cervejas. Diz-se que a Mythos Hellenic Lager Beer é um néctar dos deuses e tem o poder da invisibilidade. Coloque-a num copo e veja-a desaparecer diante de seus olhos!

Você não detesta quando um de seus supostos amigos bebe muito mais que a parte dele na garrafa? O que aconteceu com a justiça? Imagino que temos sorte de nem todo mundo ser tão egoísta. Ou não? Em *A república*, Platão (c. 428-348 a.C.) narra uma história que pode fazer você mudar de opinião. A história, conhecida como "O anel de Giges",

* *"Hellenic"*, em inglês, ou "helênico", em português, é o que se refere à Grécia Antiga. (N. da T.)

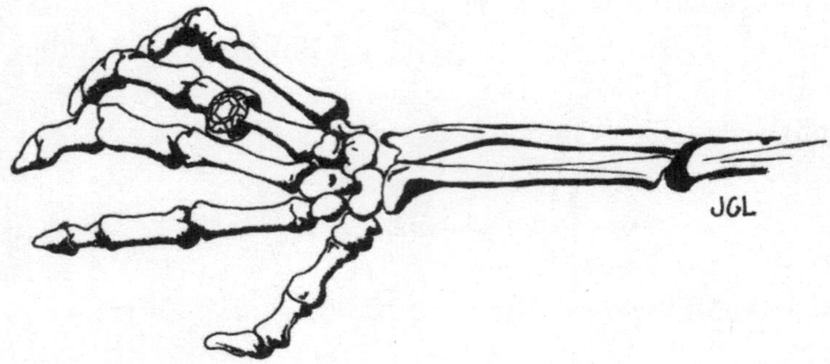

não reflete a opinião de Platão, mas de seu irmão mais velho, Glauco, que a usa para contestar a ideia geral do papel que a justiça e o egoísmo desempenham em nossa vida.

Glauco conta a história de um pastor chamado Giges, que cuidava dos rebanhos do rei. Um dia, enquanto estava na montanha, houve um imenso terremoto, e uma fenda gigantesca se abriu na terra. Espiando o buraco, Giges viu um enorme cavalo de bronze com aberturas dos dois lados. Quando desceu para ver melhor, observou que dentro do cavalo havia um esqueleto humano. Em seu dedo de osso havia um

anel de ouro, que Giges pegou para si. Dias depois, quando se realizou o encontro mensal dos pastores para relatar o estado dos rebanhos, Giges sentou-se a uma mesa com os outros e começou a brincar com o anel. Para sua surpresa, quando o girou no dedo, tornou-se invisível. Assim, viu os outros pastores falarem dele como se ele não estivesse na sala. Quando voltou o anel à posição original, repareceu. Depois dessa descoberta, ele logo conseguiu tornar-se mensageiro na corte do rei. Então, usou o anel para seduzir a rainha, assassinar o rei e tomar o trono.

A conclusão que Glauco tira da história é que nenhum de nós é realmente diferente de Giges. Ele sugere que se existissem dois anéis como esse, e um deles fosse dado a uma pessoa honesta e o outro a uma pessoa desonesta, ambas agiriam de maneira semelhante.

Ambas usariam o anel injustamente em seu benefício – esperando conseguir tudo o que desejavam. Roubariam garrafas de cerveja dos bares todas as noites, cuspiriam na bebida de seus inimigos e praticariam outros atos muito piores e numerosos demais para serem mencionados.

Glauco tem razão? Todo mundo tomaria o caminho da injustiça se soubesse que poderia escapar? Fiz essa pergunta a muitos dos meus alunos na universidade, e, na maior parte, eles concordaram com Glauco. Então perguntei: "Quem entre vocês poderia dizer honestamente que jamais usaria o anel para obter uma vantagem injusta?" Raramente encontrei mais que uns poucos alunos que pensassem assim. (E naturalmente os outros não acreditaram neles.) Muitos alunos se revelaram "egoístas psicológicos" – ou seja, pensavam que as pessoas sempre são motivadas por interesses egoístas. Pessoalmente, sou mais otimista. Acho que muitas pessoas se preocupam com a justiça, embora às vezes possam sucumbir a desejos egoístas. Mas é impossível provar que o egoísta psicológico esteja errado. Para cada exemplo que lhe oferecermos, mesmo que seja a vida da madre Teresa, ele sempre encontrará uma motivação egoísta oculta: "Ela só fez essas coisas porque se sentia bem", ou "Ela estava atrás da recompensa eterna", e assim por diante. A conclusão é que não há como provar uma coisa ou outra. Nunca podemos estar absolutamente certos de nossos motivos, muito menos dos motivos dos outros. Portanto, devemos escolher o relato que nos parecer mais razoável. A justiça é apenas uma fachada que usamos para esconder nosso egoísmo, ou é algo que algumas pessoas valorizam mais que a própria vida?

Verdade seja dita

A passagem citada baseia-se *vagamente* no discurso de Glauco em *A república*.

O que você acha?

- Se encontrasse um anel da invisibilidade, você o usaria para obter vantagens injustas?
- Você acredita que as pessoas às vezes se preocupam com a justiça em seu próprio benefício?

- Se uma pessoa tem prazer de ajudar os outros, essa atitude pode ser considerada egoísta?
- Existe alguma razão para nos preocuparmos com a justiça em benefício próprio – a não ser as recompensas materiais? Em caso afirmativo, que razão é essa?

Você sabia?

- Platão foi discípulo de Sócrates e mestre de Aristóteles.
- O verdadeiro nome de Platão era Aristócles. "Platão" era um apelido que significava literalmente "largo". Os estudiosos acreditam que esse apelido lhe foi dado devido a seus ombros largos ou à largura de sua testa.
- Sócrates e Platão acreditavam que a justiça *sempre* beneficia mais uma pessoa que a injustiça. Para saber mais sobre isso, veja o capítulo 34, "A virtude de Sócrates".
- A cervejaria Mythos, da Grécia, não fabrica apenas a Mythos Lager. Também produz e distribui as cervejas alemãs Kaiser e Henninger, assim como uma Lager grega chamada Golden.

Leitura recomendada

- PLATÃO. *A república*. 2ª ed. São Paulo: Escala, 2007.
- PRESS, Gerald A. *Plato: a guide for the perplexed*. Nova York: Continuum, 2007.

Notas de degustação: *Mythos Hellenic Lager Beer*

Estilo: Standard American Lager **Nota:** 1 2 3 4 5

Aparência:

Aroma:

Corpo:

Sabor:

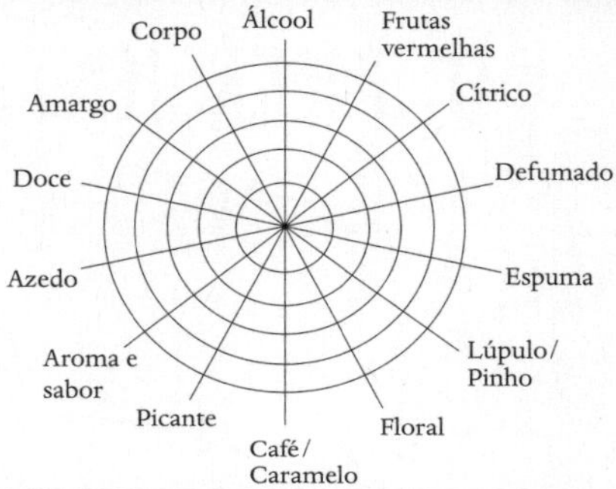

22

O SUPERCIENTISTA DE LAPLACE

Sua próxima rodada é totalmente previsível?

Rótulo em questão: surpreenda-me

"Surpreenda-me" não é o nome de alguma nova cerveja artesanal. Estou fazendo um desafio. Surpreenda-me. Surpreenda-se. Tente ser totalmente imprevisível quando escolher uma cerveja. Você acha que pode? Cuidado, esta questão tem o efeito muito previsível de fazer você repensar em sua resposta.

É possível prever o futuro? De muitas maneiras, já fazemos isso. Acenda um fósforo junto a uma folha de papel e sabemos que ela vai queimar. Podemos prever com precisão que o sol vai nascer às 6h17 amanhã e que a água vai congelar a 0°C, enquanto a cerveja não. Apesar dos poderes sempre crescentes de previsão, a vida ainda está cheia de surpresas. Algumas coisas são inerentemente imprevisíveis.

Ao longo dos séculos, muitos filósofos afirmaram que não devíamos nos deixar enganar pela aparente imprevisibilidade da vida. Os acontecimentos surpreendentes, eles argumentavam, são aqueles cujas causas ainda não são conhecidas. Quando plenamente compreendidos, eles se tornarão tão previsíveis quanto as marés. Pierre Simone Laplace (1749-1827), filósofo, cientista e matemático francês, era dessa opinião. Em seu *Ensaio filosófico sobre as probabilidades*, Laplace afirmou que o tipo certo de pessoa com o tipo certo de conhecimento poderia prever qualquer coisa que ainda fosse acontecer.

Como um dos principais objetivos da ciência é a previsão, vamos chamar essa pessoa hipotética com grande capacidade de previsão de "supercientista". O que seria necessário para ser um supercientista? Laplace afirma que três coisas seriam necessárias:

1. uma capacidade ilimitada de cálculo;
2. perfeito conhecimento das leis da física;
3. completo conhecimento do estado do mundo em um determinado momento.

Naturalmente, nunca existiu, e provavelmente nunca existirá, um supercientista autêntico. Mas para Laplace a história do mundo é apenas a "representação" das leis da física. Se alguém conhece o estado do mundo num dado momento, então, com a necessária capacidade de cálculo, podem-se aplicar as leis da física a esse estado, de modo a deduzir o próximo estado, e o seguinte, e os seguintes, por toda a eternidade.

A tese de Laplace é um tanto perturbadora. Em geral, gostamos de pensar que pelo menos nossas ações não são tão previsíveis. Tendemos a supor que o comportamento humano (ao contrário do movimento das rochas, das bolas de brilhar e das Amber Ales) resulta de nosso "livre-arbítrio". Quando entramos num bar, parece que ele foi escolhido não como resultado inevitável das leis da física. Mas Laplace nos convida a questionar essa suposição. Afinal, somos criaturas físicas e vivemos em um mundo físico. Mesmo na época de Laplace estava ficando claro que os movimentos do corpo humano resultam de sinais bioquímicos gerados em nosso cérebro e enviados a nossos braços, pernas, tronco etc. através do sistema nervoso central. São processos físicos, e portanto, governados pelas leis da física. O corpo humano não está isento das leis que regem tudo o mais.

Naturalmente, temos crenças, desejos e motivos, mas numerosas pesquisas biológicas parecem indicar que esses fenômenos mentais são causados pela (ou idênticos à) atividade do nosso cérebro – o estímulo das várias redes neurais e assim por diante. E, na qualidade de processos físicos, essas redes também estão sujeitas às leis da física. Pense, por exemplo,em um experimento concebido por Benjamin Libet na Universidade de San Francisco. Ele conectou sujeitos humanos a um aparelho de eletroencefalograma, de modo a monitorar sua atividade cerebral. Então pediu a eles que observassem um relógio e relatassem o exato momento em que "decidissem" realizar um simples movimento, como mover um dedo. Ele descobriu que o desejo ou a "decisão" consciente de mover um dedo costumava ocorrer cerca de 500 milésimos de segundo *depois* que uma atividade neural significativa ocorria nas regiões motoras do cérebro. Ou seja, a decisão consciente parece ocorrer só depois que o cérebro começa a se preparar para executar uma ação. Muitos experimentos como esse concluíram que nossa decisão consciente não causa realmente a ação, meramente "relata" o que já ocorreu.

Mesmo que o experimento de Libet não garanta essa drástica conclusão e nossas decisões conscientes sejam a causa de nossos atos, ainda devemos nos perguntar se existe outra causa que explique como, por que e quando decidimos o que decidimos. Se, por exemplo, às 20h22 você decide me surpreender pedindo uma Samuel Adams Old Fezziwig Ale, Laplace argumentaria que deve existir uma causa para uma escolha tão incomum. Ela não pode ter ocorrido fora dos limites das leis da física. Certamente, ela resulta de estados antecedentes de nosso cérebro – inclusive os causados pela tinta sobre esta página quando você leu a palavra "surpreenda-me" no início deste capítulo. Nesse caso, sua escolha de cerveja foi tão previsível quanto o movimento dos planetas (ou o sabor de uma cerveja produzida em massa), e um supercientista autêntico saberia disso antes de você nascer.

O que você acha?

- Um supercientista poderia prever tudo – inclusive nossos atos?
- As ações humanas são totalmente governadas pelas leis da física? Por quê? Ou por que não?

- O que a palavra "livre-arbítrio" significa para você?
- A posição de Laplace envolve um "determinismo causal", ou seja, a visão de que: (a) todo acontecimento tem uma causa; e (b) causas anteriores determinam cada acontecimento em todos os seus detalhes (cada acontecimento se desenrola exatamente como deve). Você acha que o determinismo causal é verdadeiro? Por quê? Ou por que não?

Você sabia?

- Como membro da Academia Francesa de Ciências, Pierre Simone Laplace ajudou a inventar o sistema métrico e os padrões de pesos e medidas.
- O "determinismo causal" de Laplace é uma ideia partilhada por filósofos como o barão d'Holbach e Robert Blatchford. E foi vigorosamente rejeitado por filósofos como Jean-Paul Sartre e Peter van Inwagen.
- Embora o mundo pareça ser totalmente determinista, no nível quântico os acontecimentos parecem ser meramente probabilísticos.

Leitura recomendada

- Honderich, Ted. *How free are you? The determinism problem.* Oxford: Oxford University Press, 2002.
- Laplace, Pierre Simon. *Philosophical essay on probabilities.* Nova York: Springer-Verlag, 1995.

Notas de degustação:

Estilo: **Nota:** 1 2 3 4 5

Aparência:

Aroma:

Corpo:

Sabor:

23

A CERVEJA PERFEITA DE GAUNILO

Se existisse a verdadeira perfeição, ela não teria que existir?

Rótulo em questão: Chimay Bleue "Grande Réserve"

Como este capítulo examina o pensamento de dois grandes teólogos cristãos, Santo Anselmo e o monge beneditino Gaunilo, é perfeitamente adequado que a cerveja venha de uma das excepcionais cervejarias trapistas. A cervejaria Chimay, da Bélgica, é uma das melhores dessa tradição. Foi fundada pelos monges trapistas da Abadia de Scourmont, em 1862, e produz uma das "mais perfeitas" Ales do mundo.

O famoso argumento ontológico sobre a existência de Deus apresentado por Santo Anselmo (1033-1109) é uma das peças de raciocínio mais desconcertantes da história da filosofia. A essência do argumento é que podemos saber que Deus existe (na realidade) simplesmente entendendo a ideia de Deus que temos na mente. Assim exposto, parece um argumento ridículo. Como o fato de ter uma ideia de algo implica que essa coisa exista? O raciocínio de Anselmo foi o seguinte:

1. Deus é, por definição, o maior ser concebível.
2. Um ser é maior se existe na realidade, e não meramente na imaginação.
3. Portanto, o maior ser concebível (Deus) deve existir na realidade, e não apenas na imaginação.

Anselmo acreditava ter colocado os ateus numa sinuca, pois eles precisariam ao menos *conceber* a ideia de Deus para dizer que ele não existe. Ou seja, deveriam dizer algo como: "Sim, sei do que você está falando – o maior ser já concebido. Certo. Mas o maior ser concebível na realidade não existe. É como Papai Noel – existe na imaginação da criança, mas não no mundo real".

"Ah!", Anselmo poderia retrucar. "Seu problema é que você não está pensando no maior ser concebível. *Eu* estou pensando em um Deus que existe na imaginação *e* na realidade. Você está pensando em um Deus que *só* existe na imaginação. Portanto, meu Deus é melhor que o seu. Assim sendo, por definição, você não está pensando em Deus. Para ser o 'maior ser concebível', Deus *deve* existir!"

Geralmente, quando as pessoas ouvem o argumento de Anselmo pela primeira vez, percebem alguma coisa estranha. O argumento não pode estar correto. Mas, se ele é falacioso, onde exatamente está o erro?

Um dos contemporâneos de Anselmo, um monge beneditino chamado Gaunilo, achou ter encontrado a resposta. Argumentou que Anselmo estava errado ao pensar que ele ou qualquer outra pessoa podia conceber "o maior ser concebível". Anselmo respondeu dizendo que é claro que não podia conceber Deus em toda a sua incomensurável glória, mas o argumento não dependia disso. Seria suficiente entender que Deus deve ter necessariamente certas características. (Se não entendermos as características essenciais de Deus, como podemos nos considerar crentes?) Podemos saber, por exemplo, que o maior ser concebível deve ser todo-poderoso, porque se Ele não o for, então ainda será possível conceber o maior ser. Também podemos saber que Deus deve ser onisciente, porque senão o maior ser também poderia ser concebido. E podemos saber que Deus deve existir na realidade, porque senão o maior ser ainda poderia ser concebido.

Destemido, Gaunilo fez uma segunda crítica ao argumento, usando dessa vez uma estratégia conhecida como *reductio ad absurdum*. Em essência, ele tentou mostrar que a linha de raciocínio de Anselmo nos leva a conclusões evidentemente absurdas. Uma dessa conclusões é que existe uma cerveja perfeita. O raciocínio de Gaunilo foi o seguinte:

> Imagine por um momento um copo da mais perfeita cerveja. Ela é, como não poderia deixar de ser, incrivelmente deliciosa – a ponto de nenhuma outra cerveja poder se comparar a ela. E como uma cerveja fica melhor gelada, essa cerveja sempre se mantém a uma temperatura perfeita, não importa o lugar nem o tempo que se demore para bebê-la. E dado que uma cerveja é sempre melhor se existir na realidade, e não apenas na imaginação, então (como a cerveja é absolutamente perfeita) ela *deve* existir na realidade!

Ninguém, retrucou Gaunilo, se convenceria da existência de uma cerveja perfeita com esse argumento capenga. Ele afirmou, porém, que o raciocínio é exatamente o mesmo do argumento ontológico de Anselmo.

Por mais delicioso que o contra-argumento de Gaunilo pudesse ser, Anselmo não o aceitou. Retrucou que a existência é uma característica *necessária* de Deus. Assim como ter 600 mililitros é uma característica necessária de uma garrafa de cerveja comum. Deus *tem de* existir para ser o maior ser concebível, assim como a capacidade de comportar 600 mililitros é uma característica necessária da garrafa comum. Segundo ele, porém, a existência é uma característica apenas *circunstancial* da cerveja (perfeita ou não). Nenhuma cerveja *tem de* existir. Qualquer cerveja pode existir ou não, da mesma forma que qualquer copo pode ser enchido de Chimay Bleue ou não.

Verdade seja dita

Gaunilo usou o exemplo de um *ilha perfeita* em sua resposta a Anselmo – não de uma *cerveja perfeita*. (Mas, naturalmente, você sabe que na verdade ele estava pensando como seria bom ter uma cerveja perfeita.)

O que você acha?

- O argumento ontológico de Anselmo prova a existência de Deus?
- Existem diferenças significativas entre o raciocínio de Anselmo sobre Deus e o raciocínio de Gaunilo sobre a cerveja perfeita?
- A existência é uma característica necessária ou circunstancial de Deus?
- A existência é uma característica necessária ou circunstancial da cerveja perfeita?

Você sabia?

- A ontologia se relaciona ao estudo e/ou à teoria da existência. O argumento de Anselmo é chamado de ontológico porque tenta provar a existência de Deus a partir da existência da ideia de Deus.
- Immanuel Kant afirmou que o problema com o argumento de Anselmo é que "existência" não é um predicado. Ou seja, podemos aplicar predicados (isto é, atributos como frio, âmbar e delicioso) a objetos, desde que possamos concebê-los como existentes, mas a existência em si não é um atributo de um objeto. É o que faz de um objeto um objeto.
- Os monges trapistas são um ramo da ordem beneditina. Também conhecida como Ordem dos Cistercienses da Estrita Observância, a ordem trapista é conhecida pela prática do silêncio (eles só falam quando necessário) e por suas maravilhosas cervejas.
- Santo Arnaldo é o santo padroeiro dos cervejeiros. Ele passou grande parte da vida ensinando aos camponeses os perigos de beber água (na Idade Média a água quase sempre estava contaminada) e sugerindo que eles bebessem cerveja. A ele também é atribuído o milagre da "caneca sem fundo". Conta-se que ele satisfez uma multidão cansada e sedenta com uma caneca de cerveja.
- Se vamos falar de cervejas perfeitas, devo mencionar a Westvleteren 12. É uma espécie de Santo Graal das cervejas. Ocupa o topo da lista das cem melhores cervejas da Ratebeer.com de 2010 (e esteve entre as três primeiras por muitos anos). Então,

por que ela não foi escolhida para o problema? É muito difícil de encontrar. Muito poucas garrafas são vendidas fora da Bélgica. Se encontrar uma, pode me mandar.

Leitura recomendada

- Rowe, William. *Introdução à filosofia da religião*. Lisboa: Verbo, 2011.
- St. Anselm. *Monologion and proslogion with the replies of Gaunilo and Anselm*. Indianapolis: Hackett, 1996.

Notas de degustação: *Chimay Bleue "Grande Réserve"*

Estilo: Belgian Strong Dark Ale **Nota:** 1 2 3 4 5

Aparência:

Aroma:

Corpo:

Sabor:

24

O PROBLEMA DA VERDADE MORAL

As crenças morais são sempre verdadeiras?

Rótulo em questão: Wasatch Polygamy Porter*

Há alguma coisa errada em ter duas esposas? Você com certeza não se limitaria a uma só cerveja. Mas, como qualquer homem casado poderá lhe dizer, manter um bom relacionamento com sua cerveja é infinitamente mais fácil do que com sua esposa – não importa que você tenha uma ou muitas. Reflita sobre isso enquanto saboreia uma Polygamy Porter, um dos melhores produtos de exportação de Utah.

Fazemos afirmações morais o tempo todo. Dizemos coisas como "A escravidão é um erro", "A censura é injusta" e "As cervejarias têm a obrigação de não carbonatar artificialmente sua cerveja". Mas você já parou para pensar sobre *o que* exatamente estamos fazendo quando afirmamos essas coisas? Com certeza estamos expressando nossa opinião moral, mas estamos dizendo a *verdade*? Em caso afirmativo, o que a *faz* verdadeira?

---

* "*Polygamy*", em inglês, significa "poligamia". (N. da T.)

Alguns filósofos argumentaram que as afirmações morais só podem ser verdadeiras quando ligadas à crença. Afirmam que a moralidade é *subjetiva*, sugerindo que a verdade das afirmações morais está ligada às crenças e aos valores do indivíduo que as faz. Segundo esse ponto de vista, se você pensa que a poligamia é errada, então ela *é* errada – para você. Mas se seu vizinho não vê problema na poligamia, então ela *não é* errada – para ele. Cada um faz um julgamento moral de acordo com seus padrões. E como não existe nenhum padrão mais verdadeiro ou mais elevado que os de cada um, ambos estão certos.

Outra corrente afirma que a moralidade é *cultural*, ou seja, se a cultura considera um ato "correto", ele passa a ser correto. E quando a maioria dentro de uma cultura considera um ato errado, ele se torna errado. Aqui, as expressões "moralmente certo" e "moralmente errado" são usadas como equivalentes a "aprovado pela cultura" e "desaprovado pela cultura". Para o *relativismo cultural*, não existe padrão mais alto que o consenso cultural. Assim sendo, como muitas culturas ocidentais desaprovam a poligamia, ela é errada – para nós. Entretanto, na Arábia Saudita, onde a poligamia é aceita, ela não é errada – para os sauditas. Segundo esse ponto de vista, as crenças do indivíduo são irrelevantes. Se você vive em Nova York, pouco importa o que você pensa da poligamia: como a cultura americana afirma que ela é errada, ela é errada.

Uma terceira posição afirma que as afirmações morais são *objetivas*. Isso equivale a dizer que saber se um ato é *realmente* certo ou errado depende da natureza do próprio ato. Segundo esse ponto de vista, a condição moral de um ato não tem nada a ver com o que você ou qualquer pessoa pense sobre ele. De acordo com esse objetivismo moral, existe um fato objetivo que não depende de nossa opinião, e nossa tarefa como filósofos é descobri-lo.

Você talvez pense que as afirmações morais se enquadram nas três categorias. Ou seja, algumas são subjetivas, outra são culturais e outras ainda são objetivas. Mas, se fosse esse o caso, o que torna algumas subjetivas e outras culturais ou objetivas? Não é estranho que as afirmações verdadeiras em outros campos não sejam assim "transcategóricas"? Por exemplo, quando se trata de leis da matemática ou da ciência (por exemplo, "2 + 3 = 5" ou "A Terra gira em torno do Sol"), tendemos a pensar que elas são objetivas *em todas as categorias*. Da mesma maneira, se alguém é subjetivista em relação ao gosto da comida (por exemplo, "Isso é delicioso" ou "Isso é horrível"), provavelmente pensa que todas as afirmações são subjetivas. Não é como se a delícia da pizza fosse subjetiva, mas a delícia do brócolis fosse objetiva. Todos os julgamentos sobre o que é ou não delicioso têm a mesma condição. Por conseguinte, quem pensa que as afirmações morais ocupam todas as três categorias vai precisar dizer *por que* é assim.

Finalmente, o debate sobre a verdade moral resume-se a uma questão de padrões. São as crenças e valores individuais que funcionam como padrões relevantes ou eles são superados pelas crenças e valores prevalentes de uma cultura? Ou existe algum padrão objetivo, independentemente de nossas crenças pessoais e culturais, a partir do qual possamos diferenciar o certo do errado?

A maneira como você responder a essas perguntas tem um enorme impacto sobre sua vida moral. Se você acha que a moralidade é subjetiva, então deve aceitar que nenhuma posição moral é melhor que outra. As opiniões de Adolf Hitler não devem ser consideradas, em última instância, nem melhores nem piores que as suas. Se ele aprova o genocídio e você se opõe a ele, você está agindo de acordo com suas crenças e valores, mas ele também, e não existe padrão superior a partir do qual julgar os dois pontos de vista. Se, por outro lado, você considera a moralidade cultural, então deve aceitar que sua cultura nunca pode estar errada. Pense na questão dos direitos civis. Como a luta de Martin Luther King pelos direitos civis contrariava a opinião da maioria americana da época, teremos que concluir que ele tinha uma posição moral incorreta. A segregação racial era correta *na época*, embora seja errada *hoje,* uma vez que a opinião da maioria dentro da cultura é que torna um ato correto ou errado.

Por essas razões, muitos filósofos acham que o subjetivismo e o relativismo cultural são doutrinas difíceis de engolir. O objetivismo moral, por outro lado, permite afirmar que Hitler e os segregacionistas raciais tinham uma posição moral imperfeita ou errada. A dificuldade, porém, é explicar a "verdade objetiva" que essa visão exige. As leis morais parecem não se enquadrar no molde de outras verdades objetivas, que costumam ser afirmações de fatos empíricos como "A Terra é redonda", "2 + 2 = 4" ou "A cerveja Pilsner é mais leve que a Porter". Dizer "O genocídio é errado" ou "A segregação racial é injusta" é expressar mais do que um fato empírico. É fazer um julgamento de valor. E os não objetivistas tentarão convencê-lo de que os valores, ao contrário dos fatos, não podem ser verdadeiros ou falsos.

O que você acha?

- Você acha que as afirmações morais são objetivas, subjetivas ou culturais? Em que você fundamenta sua posição?
- Se você acredita que as afirmações morais são objetivas, com base em que (ou por que padrão) você distingue o certo do errado?
- As posições morais de Hitler não eram piores nem melhores que as de ninguém? Como você justifica sua resposta?
- Considere as seguintes afirmações (não morais): "A cerveja Porter é deliciosa", "Deus existe", "É grosseiro falar com a boca cheia", "Saturno tem anéis, mas Marte não". São afirmações objetivas, subjetivas ou culturais? (Considere cada afirmação separadamente.)

Você sabia?

- Martin Luther King Jr. acreditava na verdade moral objetiva. Afirmava que a segregação racial era objetivamente errada, e que o certo era lutar pelos direitos civis – independentemente da opinião da maioria sobre o assunto.
- Entre os filósofos que rejeitam a ideia da verdade moral objetiva estão Protágoras, Friedrich Nietzsche e Jean-Paul Sartre.
- Duas das mais influentes teorias sobre a verdade moral objetiva são o utilitarismo e o kantismo. O utilitarismo, desenvolvido por Jeremy Bentham e John Stuart Mill, afirma que certo e errado devem ser entendidos em termos das consequências do ato – o prazer ou a dor causados. O kantismo, desenvolvido por Immanuel Kant, afirma que devemos observar o princípio em que o ato se baseia, e não suas consequências.
- Alguns dos *slogans* da Wasatch Polygamy Porter são: "Por que beber uma só?" e "Leve algumas para sua mulher".

Leitura recomendada

- King Jr., Martin Luther. "Letter from Birmingham jail". Disponível em <www.africa.upenn.edu/Articles_Gen/Letter_Birmingham.html>.
- Rachels, James. *Elementos de filosofia moral*. Lisboa: Gradiva, 2004.

Notas de degustação: *Wasatch Polygamy Porter*

Estilo: Porter **Nota:** 1 2 3 4 5

Aparência:

Aroma:

Corpo:

Sabor:

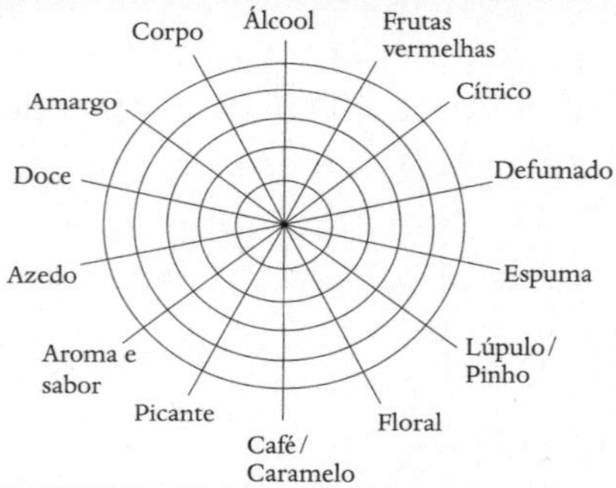

25

COMO UNIR CORPO E ALMA?

Onde levo meu degustador interno?

Rótulo em questão: Rogue Dead Guy Ale*

Será que os mortos bebem cerveja? Se bebem, devem ter a esperança de ser mais que um mero esqueleto – como o que estampa o rótulo da Rogue. Se existir vida após a morte, você vai querer levar seu "degustador interno" para o outro lado, porque será necessário algo mais do que simples ossos para apreciar as quatro variedades de malte e os dois tipos de lúpulo que resultam no sabor singular da Dead Guy Ale da cervejaria Rogue.

Segundo uma pesquisa Harris de 2003, 84% dos americanos acreditam que têm (ou são) uma alma que continuará existindo depois da morte do corpo. Mas, apesar da crença popular, a ideia de uma alma imaterial e eterna tem sido uma questão controversa entre os filósofos.

Um dos mais notáveis defensores da alma foi René Descartes (1596-1650). Como muita gente, Descartes aprendeu a acreditar em

* "*Dead guy*", em siglês, significa "sujeito morto". (N. da T.)

uma alma imortal desde a infância. Mas, na vida adulta, passou a crer que a existência da alma era apoiada por um raciocínio filosófico. A visão filosófica de Descartes sobre o assunto baseia-se em grande medida na observação de dois conjuntos muito diferentes de atributos. Por um lado, ele tinha um corpo que podia ser descrito em termos de tamanho, forma, localização etc. Mas, por outro lado, tinha um ser consciente com pensamentos, sensações, emoções etc. Esses aspectos não pareciam possuir qualquer das características que atribuímos à matéria. Por exemplo, quando Descartes pensava "Esta é uma Amber Ale excepcional", onde exatamente estava o pensamento? Qual o seu tamanho? Quanto ele pesava? Ou quando sentia o amargor do lúpulo, onde essa sensação estava localizada? Pensamentos, sensações, emoções e todos os conteúdos da consciência pareciam não ter localização, tamanho, forma, massa ou cor. Assim sendo, Descartes concluiu que deviam ser atributos de uma substância diferente da matéria – uma substância imaterial que ele chamou de "mente" ou "alma".

Como muita gente, Descartes supôs que corpo e alma interagem constantemente. Acontecimentos imateriais ocorridos dentro da alma (por exemplo, querer que um braço se mova) provocam acontecimentos materiais (como levar o braço a erguer o copo de cerveja). Da mesma maneira, acontecimentos materiais ocorridos dentro do corpo (como um pouco da Dead Guy Ale em nossa língua) provocam acontecimentos imateriais (como a sensação de prazer) dentro da mente ou alma. Mas a interação entre substâncias materiais e imateriais se revelou um enigma para Descartes e para todos os que adotaram essa visão desde então. *Como* algo imaterial pode provocar mudanças em algo material? E *como* algo material causa mudanças em algo imaterial?

A relação de causa e efeito entre duas coisas materiais é fácil de entender. Podemos ver e sentir que um objeto pode ser usado para empurrar ou puxar outro objeto, e somos capazes de descrever essa relação em termos de força, movimento e assim por diante. Mas como algo imaterial como um pensamento ou desejo, que supostamente não possui tamanho, forma, movimento, faz um pedaço de matéria como o nosso braço se mover? Com certeza, isso não ocorre através de um puxão ou empurrão, ou pela ação de alguma força *física*.

Algumas pessoas se contentam com a permanência do mistério – um dos maiores enigmas do universo, do qual só Deus sabe a resposta. Mas os filósofos são famosos por querer explicar *tudo*. Sustentar que existe uma alma imaterial que move o corpo e, no entanto, não ter a menor pista de como isso possa ocorrer parece no mínimo uma deficiência da teoria e, na pior das hipóteses, uma razão para pensar que a teoria está errada. Por isso, Descartes sentiu que era importante explicar o mecanismo através do qual ocorrem as interações entre corpo e alma.

Posteriormente ele apresentou uma solução baseada na *glândula pineal*. Descartes argumentou que devia existir um determinado local a partir do qual corpo e alma interagem – a "sede da alma", como às vezes ele o chamou. Ele acreditava que a glândula pineal era a candidata perfeita a esse local, porque ocupava o centro do cérebro, era um órgão único (enquanto quase todos existem em pares, como olhos, ouvidos, os hemisférios cerebrais etc.) e porque ele erroneamente pensava que a glândula pineal só existia nos seres humanos.

A glândula pineal

Segundo a hipótese de Descartes, as informações das sensações corporais partiam dos órgãos dos sentidos para a glândula pineal, onde a mente ou alma se informava sobre o mundo à sua volta. A mente então criava na glândula pineal mudanças que seriam enviadas ao cérebro por uma série de artérias. Depois, através de estímulos provenientes do cérebro, o resto do corpo podia se movimentar de acordo com os desejos da alma.

Hoje sabemos que a compreensão biológica de Descartes era inexata, o que acontecia com muitas das hipóteses biológicas do século XVII. O que torna a posição de Descartes interessante é sua estratégia para resolver o problema filosófico da interação mente-corpo. Mas nisso também ele parece ter falhado. Porque mesmo que a biologia estivesse correta, o que queríamos saber era como uma substância imaterial podia causar mudanças em uma substância material. A resposta de Descartes não nos oferece nenhuma ajuda na solução do problema. Porque embora possamos imaginar como uma glândula pineal pode afetar o corpo (através da liberação de substâncias químicas como a melatonina), continuamos completamente no escuro sobre a maneira como a alma imaterial pode afetar a glândula pineal. E não é mais fácil entender como uma mente imaterial ou alma pode mover um pequeno objeto como uma glândula do que entender como ela poderia mover algo maior como um braço. O que a hipótese sobre a "sede da alma" de Descartes não conseguiu explicar foi como algo não físico pode exercer influência sobre algo físico. Portanto, o problema da interação mente-corpo continua sem resposta.

O que você acha?

- Os seres humanos têm uma alma imaterial?
- Em caso afirmativo, nossa alma interage de maneira causal com nosso corpo?
- É útil supor que existe uma "sede da alma" – um lugar específico onde corpo e alma interagem?
- Descartes considerava que mente e alma eram a mesma coisa. Você concorda com ele? Caso contrário, qual a diferença entre mente e alma?

Você sabia?

- Muitos filósofos e cientistas evitaram o problema da interação corpo-mente defendendo alguma forma de *materialismo*. As teorias materialistas consideram a mente essencialmente física. Elas afirmam que a mente simplesmente é o funcionamento do cérebro (ou é causada por ele).
- Em 1643 Descartes iniciou uma frutífera correspondência filosófica com a princesa Elizabeth da Boêmia. Ela levantou questões sobre o livre-arbítrio, emoções e padrões de moralidade, que ele não tinha tratado em detalhes anteriormente. Essa correspondência inspirou Descartes a escrever *As paixões da alma*, publicado em 1649.
- Os antigos egípcios foram dos primeiros a produzir cerveja, que tratavam com grande reverência. Os egípcios ricos chegavam a ponto de colocar réplicas de cervejarias em pequena escala dentro dos túmulos. Aparentemente, queriam poder saborear boas cervejas artesanais na vida eterna.
- O logotipo de Dead Guy Ale foi criado pela Casa U Betcha, de Portland, no Oregon, como um adesivo para celebrar o Dia dos Mortos. O desenho se tornou tão popular que a cervejaria Rogue decidiu usá-lo na cerveja Dead Guy Ale.

Leitura recomendada

- DESCARTES, René. *As paixões da alma*. São Paulo: Martins, 1998.
- LAKOFF, George; JOHNSON, Mark. *Philosophy in the flesh: the embodied mind and its challenge to Western thought*. Nova York: Basic, 1999.

Notas de degustação: *Rogue Dead Guy Ale*

Estilo: Helles Bock **Nota:** 1 2 3 4 5

Aparência:

Aroma:

Corpo:

Sabor:

26

AS FORMAS DE PLATÃO

Você está bebendo em um mundo perfeito?

Rótulo em questão:
High & Mighty Purity of Essence

Você já parou para pensar o que faz uma cerveja ser uma cerveja? A cerveja tem uma essência – algo que podemos chamar de "cervejice" e que todas as cervejas têm em comum independentemente de serem Lagers, Ales ou Chocolate Stouts? E ela continua sendo uma cerveja mesmo quando contém sabores e cores artificiais ou foi submetida à carbonatação? A cerveja Purity of Essence, da cervejaria High & Mighty, leva você à essência da "cervejice" usando apenas maltes de qualidade, lúpulos nobres, levedura e água, fermentados segundo a Lei de Pureza da Bavária (Reinheitsgebot), mas num estilo artesanal de fermentação tipicamente americano.

Você já viu um círculo? Não estou perguntando se já viu algo que pareça um círculo, mas se você já viu um círculo verdadeiro. Antes de responder, talvez seja bom ver um exemplo específico.

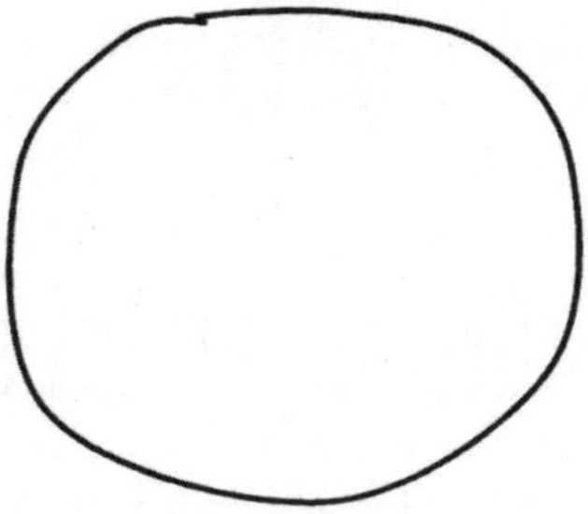

Veja a ilustração: isto é um círculo? Espero que você diga que não. Embora a figura dê essa impressão, não é realmente um círculo. Para ver por quê, vamos relembrar nossos conhecimentos de geometria.

» Círculo é uma série de pontos sobre um plano igualmente equidistante do ponto central.
» A área de qualquer círculo será exatamente pi multiplicado pelo raio ao quadrado (πr^2).
» Sua circunferência é exatamente pi multiplicado pelo diâmetro (πd).

O desenho acima não satisfaz nenhuma das três regras. Nem todos os pontos de sua circunferência são equidistantes do centro, e, portanto, sua área não será exatamente πr^2, nem seu perímetro será d. E que tal a borda de seu copo de cerveja? É um círculo perfeito? Embora essa seja uma aproximação melhor de um círculo, a "linha" formada pela borda do copo tem uma espessura definida, e, portanto, nem todos os pontos estão à mesma distância do centro. Os pontos ao longo da borda externa estão mais afastados do centro do que os da borda interna. Portanto, deixa de satisfazer as qualificações básicas de um círculo.

E então: você já viu um círculo verdadeiro? Duvido. Se alguém desenhar um círculo verdadeiro, no qual todos os pontos sejam equidistantes do centro, terá que desenhar uma linha curva sem nenhuma espessura. (Isso porque o grande geômetra Euclides definiu linha como *comprimento sem largura.*) Mas, naturalmente, é impossível desenhar uma linha sem nenhuma espessura. Portanto, nenhum copo de cerveja jamais teve uma borda que fosse um círculo verdadeiro, nem você viu alguma vez um círculo verdadeiro em algum lugar!

Platão apresentou essa tese no século IV a.C. Colocando o problema com maior simplicidade, ele afirmava que um círculo verdadeiro devia ser perfeitamente redondo, e a redondeza perfeita simplesmente não pode ser encontrada no mundo material. Se Platão estava certo sobre isso, então podemos nos perguntar se afinal existem círculos verdadeiros. Mas devem existir círculos verdadeiros, porque conhecemos muitas coisas que confirmam isso. Por exemplo, sabemos que os círculos podem ser grandes ou pequenos, mas não podem ter cantos etc. E que podemos provar algumas coisas sobre eles: que sua área é sempre igual a πr^2, e que sua circunferência é sempre igual a πd etc.

Mas, se não existem círculos verdadeiros no mundo material, onde eles existem? Bem, antes de mais nada, eles existem na mente. Um "círculo" é uma *ideia* ou *forma*. Pode ser captado pelo intelecto, mas nunca pelos sentidos. Você não pode ver um círculo verdadeiro, mas pode *compreendê-lo* em sua mente. E as formas não existem apenas na mente, porque se assim fosse, os círculos só existiriam (e teriam uma área de πr^2) quando as pessoas estivessem pensando neles. Platão afirmou que a forma do círculo sempre existiu. As pessoas não inventaram a ideia de que a área do círculo é igual a πr^2 – descobriram que é assim. Essa relação era verdadeira muito antes que a percebêssemos. Ela sempre foi verdadeira. Portanto, argumentou Platão, a forma do círculo deve existir em um reino que é ao mesmo tempo *imaterial* e *independente* de nós.

E, se a forma do círculo existe, naturalmente deve existir a forma do quadrado, do triângulo e assim por diante. Cada uma delas é uma ideia perfeita, imaterial, eterna, que existe dentro do reino imaterial. E não há nada de especial nas formas geométricas. Segundo Platão, quase todas as coisas que vemos no mundo físico são apenas cópias imperfeitas de suas formas ideais imateriais. Assim como você nunca viu um círculo perfeito, também nunca viu a beleza perfeita, a perfeita justiça ou a cerveja perfeita (embora algumas cheguem bem perto disso). E, no entanto, elas também existem perfeita e eternamente no mundo imaterial das formas.

Pense nisso. Se você nunca viu a perfeita beleza, a perfeita justiça ou a cerveja perfeita, então de onde tirou a ideia dessas coisas? Platão sugere que devemos tê-las obtido explorando o barril das formas puras em nossa mente. Ou seja, nossa mente acessa o reino imaterial das formas sem perceber. Então, se pudermos descobrir onde os deuses escondem a forma perfeita da cerveja, teremos feito uma descoberta e tanto!

O que você acha?

- Você concorda com Platão que as formas imateriais existem?
- Em caso afirmativo, você concorda que elas existem eternamente em um reino imaterial? Caso contrário, como explicar as verdades atemporais sobre o círculo?
- Você acredita que exista a "forma da cerveja" que capta a verdadeira essência da cerveja? Em caso afirmativo, não deveria haver a forma da Ale, a forma da Pilsner etc.? Até onde podemos chegar com isso? Que tal uma forma da Purity of Essence da High & Mighty?

Você sabia?

- As ambições de Platão em relação à teoria das formas variaram em diferentes pontos no desenvolvimento de seu pensamento. Em alguns diálogos ele as reservou a entidades matemáticas e geométricas. Outras vezes, estendeu-as a conceitos abstratos como beleza e justiça, e em seus momentos mais ambiciosos estendeu-as a espécies naturais como cavalos e árvores, e, finalmente, a artefatos como mesas e cadeiras.
- Platão acreditava que o fato de termos ideias de perfeição (por exemplo, beleza perfeita, justiça perfeita, cerveja perfeita etc.), muito embora nunca as tenhamos visto ou vivenciado nesta vida, indica que devemos ter conhecido as formas antes de nosso nascimento material.
- Platão pretendia ser um poeta até que Sócrates o convenceu de que a filosofia era uma busca mais gratificante.
- A cervejaria High & Mighty tem uma relação religiosa com o ofício. Eles não são apenas cervejeiros, são evangelistas da cerveja. Como eles dizem, são os "clérigos da fermentação, os sacerdotes da levedura, a Congregação da Alta Fermentação".

Leitura recomendada

- Fine, Gail. *On Ideas: Aristotle's criticisms of Plato's theory of forms.* Oxford: Oxford University Press, 1993.
- Platão. *A república.* 2ª ed. São Paulo: Escala, 2007.

Notas de degustação: *High & Mighty Purity of Essence*

Estilo: Strong Pale Lager **Nota:** 1 2 3 4 5

Aparência:

Aroma:

Corpo:

Sabor:

27

COMO ALCANÇAR O NIRVANA

Você está preparado para ser iluminado?

Rótulo em questão: Tibet Lhasa Beer

Como o Tibete é o lugar mais comumente associado à ideia do nirvana, sugiro um copo da cerveja Lhasa. Produzida em Lhasa, no Tibete, a uma altitude de 3.700 metros, esta é provavelmente a cerveja mais "alta" que você já bebeu, e seu sabor singular vem do fato de ser a única cerveja que usa a cevada nativa do planalto tibetano.

Quando as pessoas ouvem a palavra "nirvana", em geral não sabem o que pensar (além de Kurt Cobain e sua banda de *rock*). Algumas supõem que nirvana é uma espécie de paraíso dos budistas. Outros o entendem como "iluminação", uma ideia mais próxima da real, mas ainda um conceito bastante vago. Com base no que Buda (Sidarta Gautama, c. 563-483 a.C.) disse sobre o assunto, "iluminação" é uma ideia mais próxima da verdade, mas nirvana envolve um conceito específico do que significa ser "iluminado". Literalmente, nirvana significa "extinção". Mas extinção do quê? Buda nos diz que se trata da extinção do desejo, do apego, da ilusão. Em palavras mais positivas, é libertação, paz e serenidade. A libertação total do sofrimento humano.

Nirvana é o objetivo final da filosofia budista. Buda chegou a ponto de dizer que só ensinava quatro coisas. Ensinava que o sofrimento existe, a causa do sofrimento, que o sofrimento podia ser superado e o caminho pelo qual o sofrimento podia ser superado – o caminho do nirvana. As ideias de Buda estão resumidas no que se costuma chamar de As Quatro Nobres Verdades:

1. A vida é sofrimento.
2. O sofrimento é causado pelo apego.
3. O sofrimento pode ser superado.
4. O caminho para a cessação do sofrimento é o caminho do meio.

A primeira verdade nobre costuma ser mal compreendida. As pessoas às vezes a consideram uma doutrina pessimista, sugerindo que a vida é totalmente má, ou mais má do que boa. A opinião de Buda é na verdade mais sutil. Ele não quis dizer que a vida é *sempre* sofrimento, mas que a vida que conhecemos está *entrelaçada* ao sofrimento. Se você não está sofrendo agora, pode ter certeza de que mais cedo ou mais tarde estará. Quando entendida dessa maneira, a questão é muito controversa. A segunda verdade nobre, ao contrário, deve ser entendida em seu sentido extremo, de que *todo* sofrimento é causado pelo apego. A terceira verdade nobre, de que o sofrimento pode ser superado, implica que o apego pode ser superado. Remova a causa e você estará removendo o efeito. A quarta verdade nobre descreve o caminho para esse fim como o "caminho do meio", o que significa que nem a autoindulgência (luxúria) nem a autonegação (ascetismo) podem fazer cessar permanentemente o sofrimento. (Isso é explicado em mais detalhes no que se conhece como o Nobre Caminho de Oito Passos.)

Os ensinamentos de Buda sobre o nirvana produziram três problemas filosóficos. Em primeiro lugar, é verdade que todo sofrimento é causado pelo apego? Em segundo lugar, se isso é verdade, é humanamente possível superar todo apego? E, em terceiro lugar, se isso for possível, é realmente desejável abrir mão de todo apego?

"Apego", no sentido que Buda tinha em mente, pode ser entendido como a tentativa de se apegar às coisas física ou psicologicamente. Ele afirmou que sempre que o prazer surge, também surge o apego. Nós nos apegamos a pessoas, a lugares e a certas cervejas. Também tendemos a ficar extremamente apegados àquilo de que gostamos em nós: à beleza, à juventude, à inteligência e à própria vida. Mas sempre que o apego surge, o sofrimento é inevitável. Isso acontece porque não existe nada a que possamos nos apegar de verdade. Todas as coisas são impermanentes. Elas escaparão ao nosso apego.

É fácil ver que o apego dá lugar ao sofrimento. (Basta lembrar a última vez que você derramou a sua cerveja – sofrimento instantâneo.) Mas todo sofrimento tem origem no apego? A exceção mais provável parece ser o sofrimento físico.

Imagine que seus amigos adicionaram molho de pimenta à sua cerveja Lhasa. Sua boca e sua garganta começam a arder como se estivessem pegando fogo. Diante disso, parece certo que não é o apego, mas sim o molho de pimenta que está fazendo você sofrer. Essa dor física poderia ser resultado do apego? Reflita sobre isso. Existe algo a que você está apegado nesse momento em que sua boca está queimando? Buda diria que você está apegado a certas sensações. Está apegado às sensações agradáveis provocadas por sua cerveja Lhasa (sem molho de pimenta) e mesmo às sensações de sua boca e garganta (sem ardência). Você quis se apegar a essas sensações, mas de repente elas lhe foram tiradas e substituídas por sensações que você detesta. Suponha que você precise abandonar totalmente seu desejo por algumas sensações em troca de outras e permita que todas as sensações venham e vão sem se apegar a elas. Com certeza as sensações que acompanham a cerveja com molho de pimenta vão continuar, mas isso ainda será sentido como sofrimento?

Alguns afirmam que é impossível não se apegar ao prazer e evitar a dor. É da natureza humana. Mas muitos budistas contemporâneos, que dedicam a vida a seguir esse caminho, parecem oferecer exemplos vivos da capacidade de suportar grande sofrimento físico com serenidade.

Talvez a questão mais interessante do ponto de vista filosófico seja a terceira. Se for possível superar todo apego, devemos escolher esse caminho? É realmente desejável abrir mão de todos os nossos apegos? Alguns acham que isso é o mesmo que "jogar o bebê fora junto com a água do banho". Seria o mesmo que dizer: "Com certeza eu poderia levar uma vida sem sofrimento. Tudo o que eu teria que fazer seria parar de gostar de qualquer coisa. Mas quem quer uma coisa dessas? É melhor amar e perder do que nunca ter amado".

A questão do amor oferece um foco interessante para essa questão. É possível amar verdadeiramente sem apego? Em caso negativo, poucos de nós estaríamos dispostos a escolher uma vida sem apego. Amor e apego andam juntos. Quando nos apaixonamos, esse amor é acompanhado pelo desejo de que o outro *nunca parta*, e de que possamos ficar juntos *para sempre*. Mas tem que ser assim? Não é possível amar profundamente sem apego? Pense no seguinte exemplo. Suponha que uma avó tenha morrido. No funeral, observamos suas duas netas. A mais velha está extremamente perturbada. Sente que não poderá suportar a perda e por isso sofre muito. A mais nova, por outro lado, se preparou para esse momento. Afinal, a avó tinha 97 anos, e sua saúde havia se deteriorado muito no último ano. Ela diz que está "preparada para deixar a avó partir" e parece estar em paz. Agora, com base nessa informação, podemos concluir que a neta mais velha amava mais a avó? Ou que ela é mais "apegada" à avó e que amor e apego são coisas muito diferentes?

Enquanto você pensa no assunto, pode colocar a filosofia de Buda em prática. Saboreie sua cerveja – até mesmo ame sua cerveja –, mas não se apegue a ela. Lembre que a cerveja, como tudo o mais neste mundo, é impermanente. Mais cedo ou mais tarde seu copo estará vazio. Se você se apegar ao copo cheio, certamente vai sofrer.

O que você acha?

- Você tem apego a alguma coisa que não vai provocar sofrimento?
- A ideia de Buda era que o apego não oferece nada de valor, e, portanto, deve ser descartado. Você concorda? Caso contrário, que bem ou valor o apego acrescenta à sua vida?
- É possível amar alguma coisa profundamente sem se apegar a ela?
- Se você quiser alcançar o nirvana, que passos você daria nesse sentido? Você pode obter ajuda no Nobre Caminho de Oito Passos de Buda.

Você sabia?

- Buda afirmou que até mesmo o apego ao objetivo de alcançar o nirvana é um obstáculo a alcançá-lo. *Todos* os apegos devem ser extintos.
- O "caminho do meio", que, segundo Buda, leva à cessação do sofrimento, está estudado em detalhes em uma doutrina chamada de Nobre Caminho de Oito Passos. Ele implica: (1) compreensão correta, (2) pensamento correto, (3) fala correta, (4) ação correta, (5), modo de vida correto, (6) esforço correto, (7) atenção correta e (8) concentração correta.
- A cervejaria Tibet Lhasa não se dedica apenas a uma boa cerveja, mas também a um bom carma. Dedica 10% do seu lucro a projetos filantrópicos de promoção da saúde, da educação e do bem-estar do povo tibetano e à preservação de sua herança artística e cultural.

Leitura recomendada

- Dalai Lama. *Respostas do budismo para o mundo ocidental.* Rio de Janeiro: Nova Era, 2004.

- Smith, Huston; Novak, Philip. *Budismo: uma introdução concisa.* 4ª ed. São Paulo: Cultrix, 2010.

Notas de degustação: *Tibet Lhasa Beer*

Estilo: Pale Lager **Nota:** 1 2 3 4 5

Aparência:

Aroma:

Corpo:

Sabor:

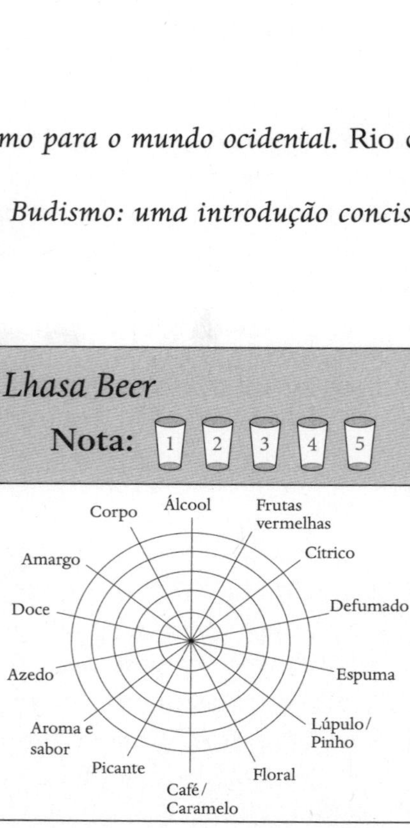

28

O PROBLEMA DO MAL

Se Deus existe, por que existem cervejas ruins?

Rótulo em questão: Victory HopDevil IPA*

Por que existem cervejas ruins? Este enigma perene é confundido com a suposição da existência de um Deus todo-bondoso. Alguns culpam o demônio. Afirmam que ele é responsável por todo o mal do mundo. HopDevil, por outro lado, é uma força do bem. A HopDevil IPA, da cervejaria Victory, da Pensilvânia, traz alegria e beleza à vida dos amantes da cerveja nos quatro cantos do mundo.

São muitos os males do mundo: terremotos, fome, genocídio, gripe aviária, cervejas deterioradas e assim por diante. Poderíamos dizer que o mundo absorve tudo isso e ponto final. Não há nada de particularmente incompreensível na maldade em si. Mas inclua Deus na questão e surge um paradoxo. No instante em que pressupomos que o mundo foi criado por um Deus onisciente, todo-poderoso e todo-

---

* *"Devil"*, em inglês, significa "demônio". (N. da T.)

-bondoso, o mal se torna um problema filosófico. De fato, esses males apresentam um dos mais fortes argumentos contra a crença nesse tipo de Deus.

O paradoxo nasce da suposição de que Deus é todo-bondoso, onisciente e onipotente. Os três atributos são cruciais. Se Deus não fosse todo-bondoso, poderíamos explicar o mal atribuindo-o a uma tendência maligna, indiferente ou sádica do Criador. Mas se Deus é perfeitamente bom, por que permite tanto sofrimento? Poderíamos supor que Deus não sabe de todas as doenças, desastres e cervejas deterioradas. Mas a onisciência divina exclui essa possibilidade. Ou poderíamos supor que Deus sabe de todos esses horrores e deseja nos salvar deles, mas é incapaz disso. Talvez Ele esteja exausto depois de criar o universo ou algo assim. Mas, se Deus é onipotente, essa hipótese também não se justifica. Isso não nos deixa outra opção senão supor que Deus *sabe* que estamos sofrendo, tem o *poder* de nos poupar desse sofrimento e, no entanto, se *recusa* a fazer isso. Como então podemos considerá-lo completamente bom? Até seus amigos (com sua limitada bondade e compaixão) o advertiriam se você estivesse prestes a ser atingido por um ônibus (ou a pedir uma cerveja ruim). Então, como é que Deus deixa de nos dar o alerta?

Os filósofos e os teólogos têm tentado resolver esse paradoxo de várias maneiras. As soluções mais conhecidas são: (1) a solução de Satã, (2) a solução do livre-arbítrio e (3) a solução do mal necessário.

A *solução de Satã* é a mais fraca das três. A ideia básica é que podemos absolver Deus lançando a culpa sobre Satã. Não é culpa de Deus que o mundo esteja tão desordenado – é de Satã. Com certeza isso não funciona, porque entra em conflito com a onipotência divina. Se Deus criou tudo, então é responsável pela existência de Satã. E, se Deus é todo-poderoso, poderia esmagar Satã como se fosse uma uva. Então, por que não se livra de Satã e de suas cervejas deterioradas? O paradoxo permanece.

A *solução do livre-arbítrio* parece sujeita aos mesmos problemas. Tenta tirar a culpa de Deus lançando-a sobre o mal existente nos seres humanos e sobre seu livre-arbítrio. Mas quem nos deu o livre--arbítrio? Deus, naturalmente! E, sendo onisciente, Deus não sabia de todo o mal que ia criar? E não deveria necessariamente nos tirar o livre-arbítrio para resolver a maioria de nossos problemas? Ele poderia simplesmente nos ter feito mais misericordiosos, menos egoístas e menos estúpidos. Um segundo problema da solução do livre-arbítrio é que nem todos os males do mundo podem ser atribuídos à decisão dos homens. Considere a maioria das doenças, dos desastres naturais e dos acidentes. Não resultam de nossas decisões, e um Deus todo-poderoso com certeza poderia evitá-los.

A *solução do mal necessário* tem a melhor possibilidade de solucionar o paradoxo. Afirma que todo o mal do mundo existe por uma razão. Deus só o permite porque sua existência é necessária para gerar um bem maior. Segundo essa teoria, Deus nos deu o livre-arbítrio apesar de saber de todas as coisas horríveis que íamos fazer com ele. E fez isso porque é melhor permitir que as pessoas escolham livremente (entre o bem e o mal) do que criar "robôs" que fariam automaticamente a coisa certa. Da mesma forma, se Deus permite que Satã exista e nos tente, deve ser porque é melhor fazer isso. Talvez porque isso nos dê a oportunidade de resistir à tentação – que é uma coisa gloriosa aos olhos de Deus. Mas podemos de fato considerar "necessárias" todas as coisas terríveis que acontecem no mundo? Faz sentido acreditar que elas contribuem para um bem maior? O filósofo da religião William Rowe oferece o seguinte exemplo:

> Suponha que, em alguma floresta distante, um raio atinja uma árvore morta, provocando um incêndio florestal. No incêndio um cervo fica encurralado, sofre graves queimaduras e suporta uma agonia terrível durante dias antes que a morte venha aliviar seu sofrimento. Pelo que vemos, o sofrimento do cervo é inútil. [...] Poderia um ser onipotente e onisciente ter evitado o sofrimento aparentemente inútil do cervo? A resposta é óbvia, com a qual até mesmo um crente concordaria. Um ser onipotente e onisciente poderia facilmente ter evitado que o cervo tivesse se queimado ou, diante das queimaduras, tê-lo poupado de tão intenso sofrimento pondo fim rapidamente à sua vida, em vez de permitir que ele passasse por uma terrível agonia durante dias.

Rowe propõe o exemplo de um cervo, e não de uma pessoa, porque o ser humano quase sempre usa suas adversidades para aprender e crescer. Portanto, seu sofrimento poderia servir a um bem maior. Mas isso não acontece no caso do cervo. Seu sofrimento parece ser totalmente inútil e desnecessário. Se ninguém toma conhecimento de seu sofrimento silencioso, como ele poderia contribuir para algum bem maior? Assim sendo, o paradoxo permanece sem solução. Podemos encontrar um significado em um Deus todo-poderoso, todo-bondoso e onisciente se vivemos em um mundo de cervos sofredores e cervejas deterioradas?

O que você acha?

- Você acha que alguma das três soluções pode resolver o problema do mal? Caso contrário, existe uma solução melhor que foi esquecida?
- É possível (ou provável) que o sofrimento do cervo sirva a algum bem maior? Em caso afirmativo, que bem poderia advir dele?
- Suponha, por um momento, que você é Deus. Existe alguma coisa no mundo que você mudaria? Por que você acha que Ele não faz essas mudanças?

Você sabia?

- William Rowe estava fazendo o papel de "advogado do diabo" quando apresentou o exemplo do cervo. Na verdade, ele é um filósofo cristão.
- O nome "o problema do mal" é um tanto impróprio para este paradoxo. A palavra "mal" denota intenção maldosa, de modo que coisas como desastres naturais, cervos queimados e cervejas deterioradas não são tecnicamente más. Entretanto, parecem contradizer o que deveríamos esperar de um ser todo-bondoso, todo-poderoso e onisciente, e, portanto, são pertinentes. Seria mais preciso dizer "o problema das coisas más", mas o nome nunca pegou.
- O filósofo alemão Gottfried Leibniz é um dos mais famosos defensores da solução do mal necessário. Voltaire ridicularizou a teoria de Leibniz em seu romance *Cândido*. O protagonista adota a filosofia de Leibniz e continua afirmando que "este é o melhor dos mundos possíveis", embora sofra uma catástrofe atrás da outra.

- A melhor defesa contra o "aroma de gambá", conhecido como *lightstruck*, é a garrafa de vidro escuro. Uma cerveja se deteriora quando exposta aos raios ultravioletas e à luz. A luz faz a riboflavina reagir e se decompor em iso-humulona, uma molécula derivada do lúpulo que cria o amargor da cerveja. O resultado é uma substância química semelhante à secretada pelos gambás como defesa natural. As garrafas claras e verdes não previnem esse fenômeno desagradável. Algumas cervejas, como Miller High Life, evitam o problema usando um extrato de lúpulo que não tem iso-humulona.
- A HopDevil foi considerada a cerveja americana do ano pela *Malt Advocate Magazine* em 1998 e ganhou a medalha de prata no Australian Beer Awards de 2008.

Leitura recomendada

- Rowe, William. *Introdução à filosofia da religião*. Lisboa: Verbo, 2011.
- Voltaire. *Cândido ou o otimismo*. Porto Alegre: L&PM, 1998.

Notas de degustação: *Victory HopDevil IPA*

Estilo: India Pale Ale (IPA) **Nota:**

Aparência:

Aroma:

Corpo:

Sabor:

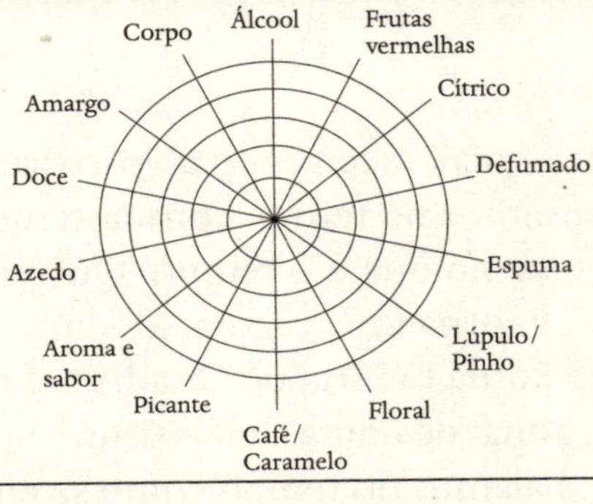

29

O ENIGMA DO TEMPO

O tempo existe? E a happy hour?

Rótulo em questão: La Trappe Quadrupel

O tempo é considerado a "quarta dimensão" do mundo físico. Uma Quadrupel é geralmente considerada a quarta dimensão das cervejas trapistas. Costuma ter quatro vezes mais sabor (e quatro vezes mais álcool) que as Ales simples. Para quem gosta de cervejas trapistas, a Quadrupel é o ápice de tudo o que existe de excelente. Divida uma La Trappe Quadrupel com um bom amigo e veja o tempo parar.

Para você, o tempo é algo corriqueiro, certo? Não me surpreende. Pensamos no tempo constantemente, mas raras vezes paramos para pensar no que é o tempo. Quando tentamos entendê-lo de verdade, ele se torna um enigma. Medite sobre a natureza do tempo enquanto bebe uma La Trappe Quadrupel e você pode começar a se perguntar se, afinal de contas, ele existe.

Falamos do tempo como se ele tivesse três aspectos: passado, presente e futuro. Mas, para a maioria, o passado passou – não existe mais. Da mesma forma, o futuro não existe, uma vez que ainda não chegou. Parece que só existe o momento presente – este instante que estamos vivendo. Mas o que é um "instante"? Com certeza não deve ter duração, porque, se tivesse, poderíamos dividi-lo em vários segmentos menores e apenas um deles seria "este instante". Assim sendo, parece que o momento presente é uma linha divisória infinitamente pequena entre duas entidades que não existem: passado e futuro.

Esta e outras dificuldades teóricas levaram muitos filósofos a supor que precisamos repensar radicalmente em nossa concepção de tempo. Aristóteles, por exemplo, concluiu que ele é apenas uma medida de movimento. Immanuel Kant afirmou que o tempo não é uma parte do mundo, mas um aspecto de nossa representação mental. O tempo está "na cabeça", por assim dizer. Mas a pessoa que teve o maior impacto sobre as concepções contemporâneas de tempo foi o eminente físico Albert Einstein.

Einstein afirmou que deveriamos pensar no tempo mais ou menos da mesma maneira que concebemos o espaço. Consideramos que o espaço "se estende" em todas as direções. Mesmo que nunca possamos vivenciar todo o espaço de uma vez, sabemos que todos os lugares existem, não importa que possamos percebê-los no momento presente ou não. Por exemplo, não posso ver o outro lado da Lua agora, mas não tenho dúvida de que ele existe, e, se fosse até lá, o veria. Einstein sugeriu que devemos pensar no tempo mais ou menos da mesma maneira. Imagine todos os pontos no tempo "estendidos", com passado, presente e futuro existindo – e igualmente reais. Essa ideia é em geral chamada de teoria B do tempo. Do nosso ponto de vista no momento presente, não podemos vivenciar nem o passado nem o futuro. Tudo o que vemos é este momento que está debaixo do nosso nariz. Mas isso não significa que só este momento exista – nem que nossa atual experiência espacial implique que só nossa atual localização exista. Segundo a teoria B, o passado e o futuro também existem, e, se chegarmos lá, iremos vivenciá-los. Na verdade, estamos viajando para o futuro agora, momento a momento. Se você está se perguntando o que acontecerá daqui a uma hora, seja paciente e verá.

Para entender melhor esse quadro da realidade, precisamos deixar de falar de tempo e espaço separadamente e fundi-los em uma entidade única. Não devemos pensar que o espaço e o tempo estão "estendidos" diante de nós. Imagine que a realidade é constituída de um *continuum* espaço-tempo. Todo objeto que existe ocupa um ponto nesse "espaço-tempo". Por exemplo, você está lendo este livro em um determinado ponto do espaço-tempo (por exemplo, no Crow Bar, na esquina da PCH com MacArthur Boulevard, às 20h22). Da mesma forma, você ocupou um ponto no *continuum* espaço-tempo duas horas atrás (por exemplo, na Goat Hill Tavern, no Newport Boulevard, às 18h22). E vai ocupar outro ponto nesse *continuum* na próxima noite de domingo.

O estranho sobre essa teoria (ou sobre a *realidade*, se a teoria estiver correta) é que os fatos do futuro não são nada diferentes dos fatos do passado ou do presente. Cada um existe em sua localização no espaço-tempo. E, como esses fatos existem, nada podemos fazer para mudá-los. Suponha, por exemplo, que um fato do *continuum* espaço-tempo é que você estará saboreando uma Quadrupel no Brix Brews no próximo domingo à tarde. Se for esse o caso, então não há nada que você possa fazer para evitar esse fato. Se você tiver planos de se casar no próximo domingo à tarde, lamento, mas isso não vai acontecer. Estar sentado num banco de madeira do Brix é (e "sempre" foi) seu lugar no espaço-tempo para a próxima tarde de domingo, e você nada poderá fazer para mudar isso. Podemos, portanto, considerar passado, presente e futuro como um livro que já está escrito. Você

não pode *mudar* o fim da história. Tudo o que pode fazer é tomar as decisões e vivenciar os acontecimentos que ajudaram a criar esse fim.

Muitas pessoas acham essa teoria do tempo muito perturbadora. Nossa compreensão intuitiva do tempo nos permitiu acreditar que, enquanto o passado está "definido", o futuro ainda está "em aberto". Costumamos supor que existem muitos futuros possíveis, e qual deles ocorrerá depende dos caminhos que escolhermos no presente. Mas um *continuum* espaço-tempo não nos permite isso. Cada pessoa só tem um caminho – um conjunto de locações do nascimento à morte, espalhadas pelo espaço-tempo. Como considerar essa possibilidade? Alguns a consideram extremamente depressiva. Esperam que seja "apenas uma teoria", porque, se fosse verdadeira, destruiria o significado e o propósito de nossa vida. Outros afirmam que o fato de o futuro estar "estabelecido" não importa, porque ainda são em grande medida nossas escolhas que *causam* esses acontecimentos futuros – mesmo que não possamos *mudá-los.* Afinal, se você estiver no bar Brix Brews na próxima tarde de domingo, é altamente improvável que esteja lá porque alguém colocou uma arma na sua cabeça. O mais provável é que você esteja lá porque quis estar lá, pelo menos sob as atuais circunstâncias, sejam quais forem elas.

Verdade seja dita

Uma Quadrupel não tem quatro vezes mais sabor e mais álcool que as cervejas comuns. É difícil fazer um cálculo preciso quando se trata do sabor (mas com certeza quatro vezes é um exagero), e, embora o teor alcoólico varie, uma típica cerveja trapista tem cerca de 6% de teor alcoólico, enquanto uma Quadrupel tem por volta de 10% ou 12%. Entretanto, quando comparada à Bud Light (4,2%), uma Quadrupel pode ter três vezes mais álcool.

O que você acha?

- A teoria B acaba com o significado e o propósito de nossa vida? Por quê? Ou por que não?
- Você acredita que o tempo "flui" de um momento para outro? Ou é meramente nossa *experiência* do tempo que muda?
- Você acha deprimente a possibilidade de o futuro já estar "estabelecido"? Caso contrário, por que não?

Você sabia?

- Foi a teoria da relatividade de Einstein que estabeleceu o conceito de um *continuum* espaço-tempo. Entretanto, a ideia de tratar o espaço e o tempo como dois aspectos de um todo unificado foi articulada pela primeira vez por Hermann Minkowski, professor de Einstein, em um artigo sobre o qual Einstein fundamentou sua teoria. Essa maneira de considerar o tempo também aparece na teoria da relatividade geral de Einstein.

- Da teoria B do tempo se conclui que não existe um momento que possa ser rotulado de "agora" por todos os observadores. Como escreve o físico Paul Davies: "Perguntas como 'O que está acontecendo *agora* em Marte?' têm a intenção de se referir a um instante particular naquele planeta. Mas [...] um viajante espacial que passe pela Terra em um foguete e faça a mesma pergunta no mesmo instante estaria se referindo a um momento diferente em Marte. Na verdade, os vários possíveis 'agoras' disponíveis a um observador que esteja perto da Terra (dependendo de seu movimento) abrangem vários minutos".
- As cervejas trapistas incluem a Dubbel, a Tripel e a Quadrupel, cada uma mais intensa que a outra.
- As cervejas da marca La Trappe são produzidas pela cervejaria De Koningshoeven, da Holanda. É a única cervejaria trapista fora da Bélgica. Ela produz oito cervejas: Blond, Dubbel, Tripel, Quadrupel, Witte Trappist, Bockbier, Isid'or e Real Trappist.

Leitura recomendada

- Callender, Craig. *Introducing time.* Cambridge: Totem, 2001.
- Davies, Paul. *Deus e a nova física.* Lisboa: Edições 70, 1988.

Notas de degustação: *La Trappe Quadrupel*

Estilo: Quadrupel **Nota:** 1 2 3 4 5

Aparência:

Aroma:

Corpo:

Sabor:

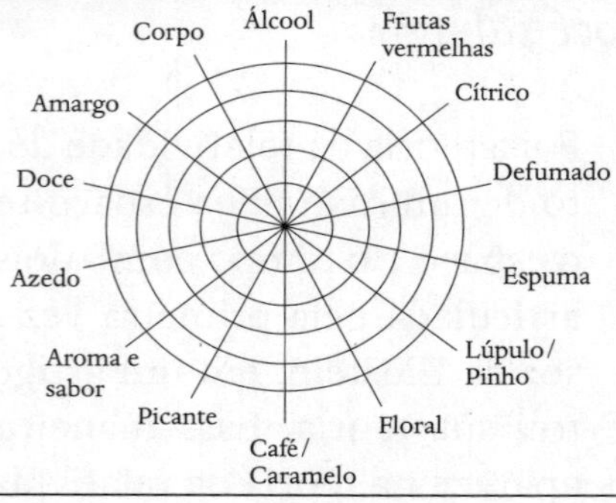

30

OS PARADOXOS DA VIAGEM NO TEMPO

É possível viajar no tempo? Se for, posso produzir a primeira cerveja do mundo?

Rótulo em questão: Kronenbourg 1664

A Kronenbourg 1664 é uma deliciosa Lager francesa e de longe a cerveja mais popular da França. O nome 1664 refere-se ao ano em que foi fundada a cervejaria Kronenbourg. Coincidentemente, foi por essa época que Sir Isaac Newton e Gottfried Leibniz desenvolveram seus cálculos. Se for possível viajar no tempo, você acredita que poderia voltar no tempo e evitar que os cálculos fossem inventados? Nesse caso, você seria o salvador dos alunos do ensino médio em toda parte!

Como vimos no capítulo 29, "O enigma do tempo", se Einstein estiver certo, o espaço e o tempo estão "estendidos" em um *continuum* espaço-tempo. Como um imenso cobertor, o passado e o futuro existem independentemente do fato de não podermos vê-los da nossa localização espaço-temporal atual. Mas se o passado e o futuro estão lá, então não há razão para que não sejamos capazes de viajar para eles.

A viagem no tempo é um dos mais bem guardados segredos do mundo. Sempre me surpreende que tantas pessoas ainda pensem que se trata de pura ficção científica. Na verdade, é uma realidade comprovada. Vamos começar pela tarefa menos difícil: a viagem para diante no tempo. Antes de mais nada, você está provando que é possível viajar para diante no tempo neste exato momento. Você está viajando, momento a momento, para o futuro. Ok, grande coisa! Você já sabia disso, e não acha que seja particularmente emocionante. Para realizar uma *significativa* viagem para diante no tempo, a pessoa ou o objeto tem que chegar a um tempo futuro *antes* dos outros. Foi precisamente isso que os cientistas conseguiram.

Segundo a teoria da relatividade especial de Einstein, para um objeto, o tempo é relativo ao seu movimento. Quanto mais rápido um objeto se move, mais lentamente o tempo passa para esse objeto. Isso se chama "dilação do tempo". Einstein previu isso, e os cientistas desde então o têm demonstrado. Colocaram relógios atômicos altamente sensíveis em aviões a jato e os enviaram ao redor do globo na maior velocidade possível. Quando os aviões pousaram, os cientistas descobriram que nos relógios do avião tinha passado menos tempo do que nos relógios sincronizados com eles na Terra. A viagem foi "mais rápida" em alguns microssegundos para os relógios em movimento do que para os relógios situados na Terra. Portanto, esses relógios nos venceram na corrida para o futuro em alguns microssegundos.

Sei no que você está pensando agora. "Alguns microssegundos... Você chama isso de viagem no tempo?" Mas a diferença entre o tempo transcorrido nesses relógios só é tão pequena porque a diferença de velocidade não foi grande. Se pudéssemos colocar esses relógios em órbita a uma velocidade próxima à da luz, eles poderiam viajar para o futuro dias, semanas ou mesmo anos à nossa frente, dependendo de quanto tempo permanecessem em movimento. E a questão importante é que a dilação do tempo não afeta apenas os relógios: ela afeta qualquer coisa que esteja em movimento. Portanto, se um ser humano estiver viajando em uma nave espacial a velocidades incríveis, o tempo passará mais lentamente para ele do que para nós, permitindo-lhe chegar ao futuro antes de nós.

Se isso está confuso, considere um exemplo. Suponha um pai de 40 anos e um filho de 20. Como o pai está cansado de ser mais velho que o filho, decide embarcar em seu foguete ultrarrápido e faz um voo espacial que para ele leva dez anos. Mas como o tempo passou mais lentamente para ele (devido a seu maior movimento relativo) do que na Terra, quarenta anos se passaram para o filho. Assim sendo, no fim da viagem, o pai está com 50 anos, e o filho com 60. Ele chegou ao futuro mais rápido que o filho.

Por mais estranha que possa parecer uma viagem para diante no tempo, o fenômeno realmente louco é a viagem para trás no tempo. É algo que ainda não conseguimos fazer, mas muitos físicos acreditam que se trata de uma possibilidade real. Você deve se lembrar do que dissemos no capítulo 7, "A lança de Lucrécio": a gravidade não é uma força de atração invisível. Ao contrário, ela é a curva do *continuum* espaço-tempo. Objetos de grande massa como o Sol curvam o espaço-tempo de tal maneira que os objetos moventes serão obrigados a orbitar ao redor deles. Mas se o objeto tiver uma massa incrivelmente grande, como um buraco negro, um buraco de minhoca ou uma corrente cósmica, é possível que o espaço-tempo se curve tão drasticamente a ponto de se dobrar sobre si mesmo. Quando isso ocorrer, pode ser possível usar essa trajetória curva do espaço-tempo para pousar seu foguete em um ponto do espaço-tempo anterior ao ponto de onde você partiu.

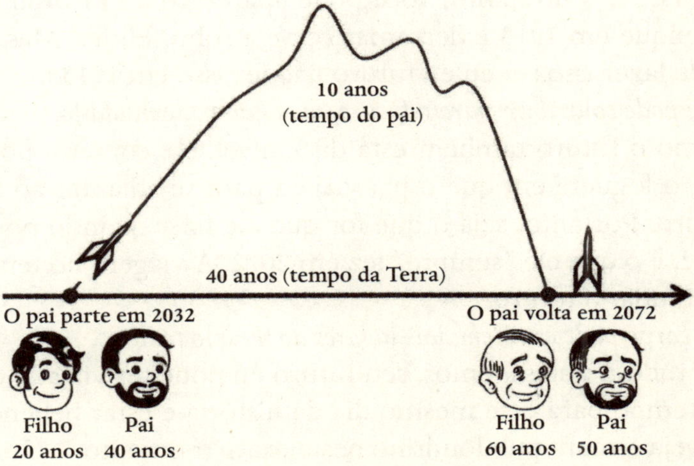

Embora a viagem para trás no tempo seja logicamente possível segundo a teoria B, existem muitas dificuldades físicas (talvez insuperáveis). Por exemplo, se você conseguir encontrar uma parte adequada do espaço-tempo curvo, precisará de uma tecnologia para chegar lá. O buraco negro mais próximo, que pode não ser um candidato adequado, está a mais de 10.000 anos-luz de distância. E embora haja evidências científicas da existência de buracos de minhoca e correntes cósmicas, nenhum deles foi descoberto até agora. Mas os filósofos nunca se deixam vencer por dificuldades físicas. Enquanto pudermos contemplar a possibilidade de viajar no tempo por meio de um experimento mental, estaremos felizes. E quando pensamos na natureza do tempo segundo a teoria B, podemos pelos menos entender algumas das regras que se aplicariam à viagem ao passado, mesmo que ainda não possamos realizá-la.

Regras para uma viagem no tempo pela teoria B:

1. *Você pode contribuir com o passado, mas não pode mudá-lo.*
Como o passado está disponível, qualquer coisa que você tenha feito no passado está feita. Portanto, você não pode voltar no tempo e dizer: "Mate Hitler", porque (como sabemos) você não matou Hitler. Entretanto, você pode aparecer na Hofbräuhaus em Munique em 1913 e derramar cerveja sobre Hitler. Mas você só pode fazer isso se seu eu futuro não fez isso em 1913.
2. *Você pode contribuir para o futuro, mas não pode mudá-lo.*
Como o futuro também está disponível, ele contém, por exemplo, o foguete em que o pai viajará para se adiantar ao filho no futuro. Portanto, seja o que for que ele fizer quando pousar em 2072, é o que ele "sempre" fez em 2072. A viagem no tempo não vai mudar o futuro.
3. *Seu corpo pode estar em dois lugares ao mesmo tempo.*
Por tudo o que sabemos, seu futuro eu pode ter viajado de volta no tempo para esse mesmo dia da história e estar bebendo uma cerveja em um pub londrino neste exato momento.
4. *Você pode estar no mesmo espaço-tempo em dois diferentes pontos de sua vida.*

Por exemplo, você pode voltar no tempo e encontrar seu eu aos 5 anos de idade. Então, lá está você, no *playground*, aos 5 e aos 45 anos. Dois corpos em uma só localização no espaço-tempo. Naturalmente, isso só será possível se você encontrou seu eu mais velho que viaja no tempo no *playground* quando você tinha 5 anos. E quem sabe você tenha feito isso e não se lembre, porque aos 5 anos você não tinha ideia de que esse estranho mais velho era na verdade seu futuro eu.

5. *Você não pode voltar no tempo e matar seu eu mais jovem.*
Você não pode matar seu eu mais jovem pela mesma razão de que não pode matar Hitler – porque você não fez isso. (Isso também nos poupa as inconsistências lógicas que surgiriam se fosse possível matar seu eu mais jovem. Porque então seu eu mais jovem nunca teria a oportunidade de crescer e se transformar no seu eu mais velho, que portanto não poderia viajar no tempo!)

6. *Você pode provocar estranhas sequências causais sem nenhuma causa inicial.*
Suponha que Geronimus Hatt, o mestre cervejeiro que fundou a cervejaria Kronenbourg, tenha viajado no tempo para o lugar que é hoje o Curdistão por volta de 9000 a.C. Depois de algumas semanas sob o calor do sol do Oriente Médio, ele está sedento por uma cerveja, mas infelizmente ela ainda não foi inventada. Então, Geronimus reúne os ingredientes com os fazendeiros e fabrica alguns litros de cerveja. São os primeiros litros de cerveja fabricados na história humana. No entanto, não podemos dizer que ele "inventou" a cerveja, porque ele meramente seguiu a receita entregue a ele por seus antepassados. Entretanto, ele partilha essa "cerveja original" com o povo nativo, e logo a fabricação da cerveja se espalha pelo globo. Assim sendo, quem é o inventor original da cerveja? A resposta é: *ninguém*.

O que você acha?

- A situação em que a cerveja não tem um verdadeiro inventor indica que a viagem de volta no tempo é inconsistente e, portanto, impossível? Ou devemos achar esse resultado enigmático, mas fisicamente consistente?

- De acordo com a teoria B do tempo, você pode (em princípio) voltar à Munique de 1913. Pode comprar uma arma e caminhar até Hitler. Entretanto, não pode matá-lo. É plausível acreditar que você não deve ter sucesso? Isso mostra que a própria teoria é implausível? Por quê? Ou por que não?

Você sabia?

- A evidência mais forte da dilação do tempo vem dos aceleradores de partículas. Os cientistas submeteram partículas chamadas múons a velocidades próximas da velocidade da luz, e assim atrasaram o tempo para essas partículas em mais de 2.400%. Sob tais condições, elas podem ser "mantidas vivas" por dezenas de tempos mais longos do que ocorreria normalmente.
- O cosmonauta russo Serguei Krikalev viajou para diante no tempo mais do que qualquer outro ser humano. Ao viajar durante 803 dias a 17.000 m/h, ele se adiantou a nós no futuro em 1/48 de segundo.
- Um buraco de minhoca é um túnel que hipoteticamente ligaria dois pontos distantes no espaço-tempo. Uma corrente cósmica é uma hipotética "falha" no espaço-tempo com gravidade extremamente alta, que se acredita ter sido resultado do *big bang*. (As correntes cósmicas não têm relação com a "teoria das cordas" da física.)
- Como a gravidade distorce o *continuum* espaço-tempo, descobrimos que mesmo a gravidade da Terra provoca a dilação do tempo. A gravidade atrasa o tempo, de modo que um relógio no topo de uma estrutura alta (como o Empire State Building) vai bater mais lentamente que um relógio na superfície da Terra.
- A Kronenbourg 1664 usa uma mistura única de lúpulos que inclui lúpulos aromáticos Strisselspalt da Alsácia, região montanhosa da França.

Leitura recomendada

- GOTT, J. Richard. *Viagens no tempo no universo de Einstein*. Rio de Janeiro: Ediouro, 2002.
- LAWRENCE, Matt. "How to really bake your noodle: time, fate, and the problem of foreknowledge". Em LAWRENCE, Matt, *Like a splinter in your mind: the philosophy behind the Matrix trilogy*. Oxford: Blackwell, 2004, pp. 69-83.

Notas de degustação: ***Kronenbourg 1664***

Estilo: Pale Lager

Nota: 1 2 3 4 5

Aparência:

Aroma:

Corpo:

Sabor:

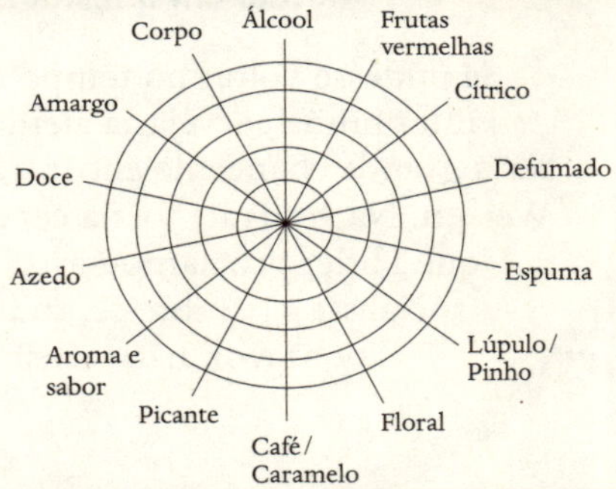

31

A HEFE WEIZEN DE HITLER

Você envenenaria a cerveja de Hitler?

Rótulo em questão: Hofbräu Hefe Weizen

Se pudesse voltar no tempo e sentar-se frente a frente com Hitler numa cervejaria alemã do início do século XX, você teria grande chance de encontrá-lo bebendo uma Hofbräu Hefe Weizen. Na verdade, foi na cervejaria Hofbräuhaus de Munique que Hitler proclamou as 25 teses do programa nacional-socialista. (Lembre-se, tudo bem desprezar Hitler, mas, por favor, não transfira isso para a cerveja.)

Este é outro problema que trata da viagem no tempo. Mas desta vez esqueça tudo o que você sabe sobre teorias do tempo e "regras" da viagem no tempo. Para este experimento mental, vamos supor que seja possível mudar o passado.

Suponha que você tenha acabado de voltar à Munique de 1913. Naturalmente, você decide conhecer uma das grandes cervejarias alemãs. Então, parte para a Hofbräuhaus, a fim de um copo de Hefe Weizen e um pouco de companhia. Nessa noite, mais tarde, por um capricho do destino, você descobre que o homem com quem está bebendo e conversando é ninguém menos do que um jovem estudante de arte chamado Adolf Hitler. Nesse ponto do tempo, ele ainda não fez nada desprezível. Não matou nem mandou matar ninguém. Ainda não expele ódio – na verdade, parece um sujeito decente (embora, lógico, você não o conheça bem). Mas como você conhece o futuro, sua mente fica obcecada por um pensamento: "Este é o maldito Hitler!" Quando se recupera do choque inicial, seu pensamento se transfere para o bolso da sua camisa. Ali está uma cápsula de cianureto que você carrega caso a máquina do tempo enguice no meio do caminho e o deposite no poço dos leões, no porão de algum *serial killer* ou em qualquer outro lugar terrível. Então surge naturalmente uma pergunta: você deve matar Hitler?

Existem muitas e diferentes razões que podem levá-lo a decidir que é melhor não matar Hitler. Um razão importante é a preocupação de mudar radicalmente a história, de modo a impedir seus pais de se conhecerem e você de nascer. Vai depender de a natureza do espaço-tempo estabelecer se essa possibilidade é legítima. (Para saber mais sobre isso, veja o capítulo 29, "O enigma do tempo".) Mas vamos supor que seja assim que a viagem no tempo funcione: mude o passado e você mudará o futuro. Essa razão o impediria de agir? (Vamos deixar de lado a possibilidade real de que, só por estar na Hofbräuhaus, você já influenciou o futuro e talvez tenha eliminado o seu nascimento.) Muitos homens e mulheres sacrificaram a vida para deter Hitler. Se você os admira, não deveria fazer o mesmo? Não seria uma covardia deixar milhões de pessoas inocentes morrerem porque você poderia não nascer?

Vamos examinar a questão de um ângulo diferente, porque existem muitos pontos importantes a considerar. E se Hitler for (no momento) um homem inocente? Na conversa, você fica sabendo que sua maior aspiração é ser um artista de sucesso. Tornar-se o Führer parece ser a menor de suas preocupações. Não seria errado matá-lo se ele (ainda) não fez nada para merecer isso?

Existem duas maneiras de abordar a questão. Uma é adotar uma abordagem consequencialista. *Consequencialismo* é a ideia de que a moralidade de um ato deve ser julgada por suas consequências. Matando Hitler, você alcança um bem maior: salva a vida de milhões de inocentes. Por esse raciocínio, matar Hitler seria a coisa certa a fazer, mesmo que você tivesse que explodir toda a Hofbräuhaus, matando todo mundo que está lá dentro, inclusive os que mais tarde vão se opor a Hitler. A alternativa ao consequencialismo é o *não consequencialismo*. É a ideia de que a moralidade de um ato não depende de suas consequências. Certos atos – por exemplo, escravidão, sequestro, assassinato de inocentes – são errados *por princípio*. Não devem ser praticados – não importa qualquer boa consequência que possam produzir.

A maioria de nós tem uma forte tendência não consequencialista. Achamos, por exemplo, que a escravidão está errada independentemente do bem que possa acarretar. Não importa a prosperidade econômica que um regime escravagista possa gerar, nem quantas pessoas possam ser felizes por causa disso. Ter escravos é tratar as pessoas como objetos, ignorar seus direitos e negar-lhes a liberdade e a felicidade. Isso, para o não consequencialismo, é inerentemente errado.

No caso de Hitler, as consequências da vida (ou morte) são tão extremas e de tão longo alcance que desafiam qualquer tendência não consequencialista que possamos ter. Não se pode deixar de pensar que deixar Hitler viver seria permitir a morte de milhões de inocentes. Será que um princípio moral que determina que "nunca se deve matar um inocente" vale esse preço? A maioria das pessoas que encontrei diz que não. Mas há uma dificuldade. Se você estiver disposto a matar uma pessoa inocente (ou uma cervejaria lotada de pessoas inocentes) para salvar milhões de vidas, você faria o mesmo para salvar 50.000? E 2.000? E onde isso vai acabar? Esse problema me remete a uma velha piada:

Ele: Você dormiria comigo por 1 milhão de dólares?
Ela: Bem, por 1 milhão eu dormiria.
Ele: E que tal 20 dólares?
Ele: Cai fora! Que tipo de garota você pensa que eu sou?
Ele: Nós já fechamos um acordo. Tudo o que resta é negociar o preço.

Enfrentamos o mesmo tipo de problema nesse caso. Se os números podem justificar a morte de inocentes, onde se traça a linha divisória? E é possível evitar a conclusão de *que os fins justificam os meios*?

> ### *Verdade seja dita*
>
> Se a teoria B do tempo estiver correta (ver "O enigma do tempo"), então, mesmo que fosse possível voltar a 1913, seria impossível matar Hitler. Você só poderia voltar a 1913 se já tivesse estado em 1913, e então você faria o que "já tinha feito" em 1913 (que evidentemente não foi matar Hitler).

O que você acha?

- Como sabemos o futuro de Hitler, devemos considerar esse jovem estudante de arte de 24 anos inocente ou culpado?
- Você é consequencialista ou não consequencialista? Ou sua reação muda dependendo de um dilema moral em particular?
- Existem outras opções viáveis além do assassinato? O que você acha de estimular a carreira artística de Hitler e com isso afastá-lo da política e de ideologias odiosas?
- Se pudesse evitar a ascensão de Hitler ao poder, você sem dúvida salvaria milhões de vidas. Mas com isso você influenciaria milhões de vidas e, portanto, impediria quase todo mundo que você conhece de nascer (porque seus pais nunca se conheceriam etc.). Portanto, estando em 1913, você se sentiria mais obrigado em relação às pessoas que já existem ou em relação às de sua própria época?

Você sabia?

- Utilitarismo é a teoria consequencialista da moralidade predominante. Kantismo, contratualismo e teoria da virtude são as principais teorias não consequencialistas.

- Existem muitos filmes que exploram essas questões. A inspiração para este capítulo veio de *O último jantar*, uma comédia de humor negro pouco conhecida, mas excelente, que levanta a "questão de Hitler" e explora as ramificações de uma moral consequencialista. Outro bom filme é *Minority Report – A nova lei* estrelado por Tom Cruise. Baseado no romance de Philip K. Dick, o filme apresenta um mundo em que pessoas dotadas de premonição enxergam o futuro, permitindo à polícia prender "futuros criminosos" antes que cometam o crime. Essa prática reduz violentamente o crime em Washington, mas também levanta importantes questões sobre a justiça. *A hora da zona morta*, baseado num livro de Stephen King, também é interessante. Nessa história, um homem, representado por Christopher Walken, tem visões assustadoras do futuro.
- A cervejaria Hofbräuhaus, de Munique, foi importante para Hitler muito antes de sua ascensão ao poder. Como jovem artista, ele pintou o salão da cervejaria em aquarela.
- Houve um tempo em que a Hefe Weizen (cerveja de trigo, também chamada Weissbier) só podia ser produzida com a permissão do duque da Bavária. A Hofbräuhaus deteve esse direito exclusivo por quase duzentos anos, tendo o monopólio na Bavária.

Leitura recomendada

- KANT, Immanuel. *Fundamentação da metafísica dos costumes.* São Paulo: Martin Claret, 2012.
- MILL, John Stuart. *Utilitarismo.* Lisboa: Gradiva, 2005.

Notas de degustação: *Hofbräu Hefe Weizen*

Estilo: Hefe Weizen (de trigo) **Nota:** 1 2 3 4 5

Aparência:

Aroma:

Corpo:

Sabor:

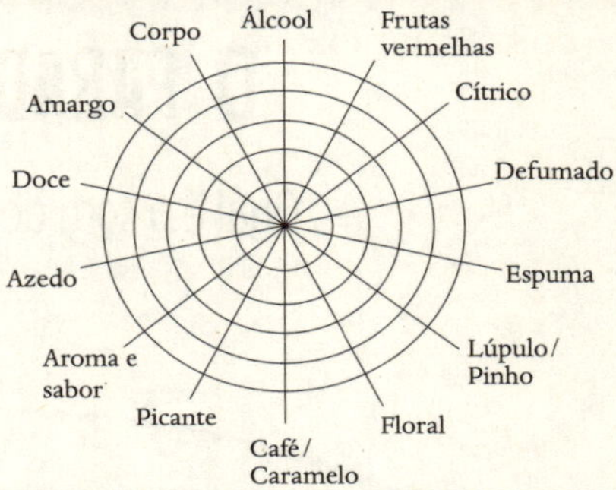

32

O PARADOXO ZEN

Qual é o som de um copo tinindo?

Rótulo em questão: Sapporo Premium Lager

A Sapporo é a minha preferida entre as Lagers japonesas. Se você quiser uma cerveja para acompanhar um prato enorme de *sushi*, a Sapporo é quase imbatível. É também uma excelente cerveja para meditar nos *kōans*, pequenos enigmas zen. O copo está meio cheio ou meio vazio? Minhas meditações sobre esse problema revelam que a única solução é encher o copo com mais Sapporo.

Qual é o som de mãos batendo palmas? Você talvez já tenha ouvido essa pergunta. Se ouviu, provavelmente imaginou que se tratasse de uma brincadeira. Mas para o estudante do zen-budismo é uma questão séria. Chamada de *kōan*, esse tipo de pergunta muitas vezes é usada pelo *roshi* (mestre zen) para colocar o discípulo num estado de meditação. O discípulo medita sobre a pergunta durante dias (às vezes meses ou anos) e periodicamente apresenta uma "resposta" ao *roshi*, que na maioria dos casos a considera inaceitável.

Existem milhares de *kōans* zen. Estes são alguns clássicos:

- Qual era a aparência de seu rosto antes que seus ancestrais nascessem?
- Uma vaca passa por uma janela. Sua cabeça, seus chifres e suas quatro patas passam. Por que a cauda não passa?
- Shuzan segurou uma vara curta e disse: "Se vocês disserem que esta vara é curta, estarão contrariando a realidade. Se disserem que esta vara não é curta, estarão ignorando o fato. Agora, como vocês querem chamar isto?

Deve estar claro que o denominador comum a todos os *kōans* é que eles são totalmente ilógicos. Não fazem sentido. Mas essa é precisamente a intenção. O *kōan* é oferecido aos estudantes para ajudá-los a libertar-se dos habituais padrões mentais, inclusive do pensamento lógico.

Outro exemplo clássico é conhecido como o kōan "Mu": "Um monge certa vez perguntou a mestre Joshu: 'Um cão tem a natureza de Buda?' Ao que Joshu respondeu: 'Mu!' [Não!]"

A resposta de mestre Joshu é paradoxal, porque, segundo os ensinamentos budistas, *tudo* tem a natureza de Buda – até mesmo a relva e as pedras. No entanto, mestre Joshu afirma que um cão não tem a natureza de Buda. Como pode ser isso?

Um monge do século XIII chamado Mumon estudou o *kōan* "*Mu*" durante seis anos e, através dessa contemplação, acabou alcançando a iluminação. Eis o seu conselho para o aluno que estiver estudando o *Mu*:

> Concentre todo o seu ser, com seus 360 ossos e juntas e seus 84 mil poros, em *mu*, transformando todo o seu corpo em um pedaço sólido de dúvida. Dia e noite, sem cessar, continue escavando. Mas não o considere "algo sem valor" ou algo como "ser" ou "não-ser". Ele deve ser como uma bola de ferro incandescente que você engoliu e tenta vomitar, mas não consegue. Você deve extinguir todos os pensamentos e sentimentos ilusórios que acalentou. Depois de um certo período desse esforço, *mu* se tornará realidade, e dentro e fora eles se tornarão um naturalmente. Você então será como um homem surdo que teve um sonho e acordou. Você se conhecerá por si mesmo. Então, de repente, *mu* se revelará e assombrará os céus e sacudirá a terra.

O conselho de Mumon pode parecer ser tão bizarro quanto o próprio *kōan*. Mas ele deixa claro que "resolver" o *kōan* é muito mais que um trabalho intelectual. A meditação sobre o *kōan*, plenamente realizada, se torna uma experiência capaz de mudar a vida, levando ao estado de consciência de atenção e iluminação chamado *satori*.

Embora os que experimentaram o *satori* concordem que ele não pode ser adequadamente traduzido em palavras, muitos tentaram pelo menos indicar uma direção. O famoso estudioso do zen D. T. Suzuki (1870-1966), por exemplo, o compara a "captar a realidade como um todo", o que ocorre quando a mente "se liberta dos limites da razão". Nesse estado, todas as divisões e distinções, inclusive a distinção entre quem conhece e o que é conhecido, se apagam. Ao longo dos séculos, muitas pessoas afirmaram ter experimentado o *satori*. Algumas o atingiram espontaneamente sem causa evidente, outras chegaram a ele ouvindo o som de um sino, de um tambor ou através de outro estímulo exterior, e algumas o alcançaram meditando em um *kōan*.

O *kōan* mais conhecido do Ocidente é a pergunta: "Qual é o som de mãos batendo palmas?", em resposta à qual as pessoas geralmente fazem gestos tolos, batendo os dedos contra a palma das mãos e

assim por diante. O que as pessoas em geral não sabem é que este clássico *kōan* era originalmente sobre brindar com copos de cerveja. Conta-se que Mokurai, um mestre zen do século XIX da escola Rinzai, estava bebendo Sapporo com seus melhores discípulos, comemorando o Ano-Novo, quando um menino de 12 anos chamado Toyo se aproximou dele e pediu para ser seu aluno. A resposta que Mokurai deu ao menino foi um *kōan*.

"Ouça o som destes dois copos batendo um contra o outro quando brindamos ao Ano-Novo. Agora me mostre o som de um copo tinindo", ele disse, estendendo um copo vazio a Toyo.

Toyo voltou a seu quarto e meditou sobre o problema. "Qual pode ser o som de um copo?" Depois de horas, ele ouviu o som de água pingando. "Achei", pensou.

Quando voltou à presença do mestre, Toyo derramou um pouco de Sapporo de um copo.

"Este é o som da Sapporo pingando, mas não o som de um copo tinindo! Tente de novo", disse Mokurai.

Em vão Toyo meditou para ouvir o som de um copo tinindo. Ouviu o sopro do vento, mas esse som foi rejeitado.

Ouviu o grito da coruja. Também não era esse.

O som de um copo tinindo também não era o som dos gafanhotos.

Mais de dez vezes Toyo visitou Mokurai com diferentes sons. Todos foram recusados. Durante quase um ano, ele pensou qual poderia ser o som de um copo.

Finalmente Toyo entrou em meditação profunda e transcendeu todos os sons. "Não pude descobrir mais nenhum", explicou mais tarde. "Então cheguei ao som do silêncio."

Toyo tinha descoberto o som de um copo tinindo.

Verdade seja dita

Como você deve ter percebido, Mokurai não criou um *kōan* sobre o som de um copo enquanto bebia Sapporo. A ele é atribuído o *kōan* do som das palmas, e não existe um *kōan* sobre o som de um copo – embora pudesse existir, e provavelmente existiria se os monges zen passassem menos tempo meditando e mais tempo bebendo. A conversa entre Mokurai e Toyo foi adaptada do banco de dados de *kōans* zen: <http:/www.cincinato.org/koans/showone_es.php?koan=the_sound_of_one_hand.txt>.

O que você acha?

- Como você responderia ao *kōan* de mestre Mokurai?
- Você acha que a lógica e a razão distorcem ou moldam nossa experiência da realidade? Em caso afirmativo, como?
- Você acredita que é possível experimentar o mundo sem distinções? Você já experimentou isso?
- Que valor existiria (se existe algum) em esvaziar a mente de todos os pensamentos e raciocínios?

Você sabia?

- "Zen" é uma palavra japonesa que significa "meditação". O zen--budismo enfatiza a meditação como o caminho para a iluminação.
- D. T. Suzuki experimentou o *satori* aos 26 anos, quando meditava sobre o *kōan "Mu"*. Suas primeiras palavras depois da experiência foram: "Eu vejo. É isso".
- Conta-se que o mestre Joshu viveu até 120 anos. Aos 60, fez uma peregrinação, dizendo que se encontrasse uma criança que pudesse ensiná-lo, aprenderia com ela, e se encontrasse um velho que pudesse ensinar, ele o ensinaria.
- A Sapporo produziu uma edição limitada da cerveja Space Barley [malte espacial] usando cevada cultivada a partir de sementes que passaram cinco meses a bordo da Estação Espacial Internacional em 2006. O projeto foi uma realização conjunta com a Academia de Ciências da Rússia. Seis pacotes foram então vendidos através da loteria pelo preço de 10.000 ienes.

Leitura recomendada

- Barrett, William (ed.). *Zen buddhism: selected writings of D. T. Suzuki*. Nova York: Three Leaves, 1996.
- Reps, Paul; Senzaki, Nyogen. *Histórias zen: uma coleção de escritos zen e pré-zen*. Brasília: Teosófica, 1999.

Notas de degustação: *Sapporo Premium Lager*

Estilo: Premium American Lager **Nota:** 1 2 3 4 5

Aparência:

Aroma:

Corpo:

Sabor:

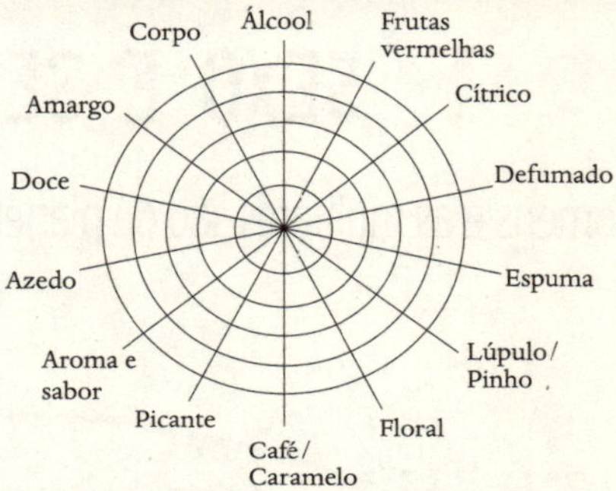

33

SEXO E SENSIBILIDADE

Os homens e as mulheres são de planetas diferentes em termos de moralidade?

Rótulo em questão: o dele, Anchor Steam Beer; o dela, Chardonnay

Tudo bem, sei que vou receber críticas por causa deste capítulo. Portanto, vou ser claro. Não estou dizendo que as mulheres não gostem de uma boa cerveja ou que não bebam a Anchor Steam Beer. Mas, falando sério, quando foi a última vez que você viu uma mulher preferir uma Anchor Steam Beer a um chardonnay ou um martíni? Sou a favor de direitos iguais e igualdade sexual, mas não podemos ignorar nossas diferenças básicas.

Muitos estudos psicológicos indicam que um gênero pode influenciar profundamente a maneira como alguém vê, julga ou se relaciona com o mundo. Isso se observa não só na escolha de bebidas ou de acessórios de moda, mas também no pensamento moral. Parece que os homens e as mulheres encaram os dilemas morais de maneira diferente. Lawrence Kohlberg (1927-1987), psicólogo de Harvard, conduziu alguns dos primeiros estudos de psicologia do pensamento moral. Seu objetivo inicial era entender as fases de desenvolvimento moral em crianças. Kohlberg apresentou a meninos de idade escolar diversos dilemas morais. Um desses dilemas é bastante conhecido, *o dilema de Heinz*:

> Na Europa, uma mulher estava prestes a morrer de um tipo raro de câncer. Havia um medicamento que os médicos acreditavam poder salvá-la. Era uma fórmula de rádio que um farmacêutico da cidade havia descoberto recentemente. A fabricação do medicamento era cara, mas o farmacêutico estava cobrando dez vezes o que ele lhe custava. Ele pagou $200 pelo rádio e estava cobrando $2.000 por uma pequena dose do remédio. O marido da mulher doente, Heinz, pediu a todo mundo que conhecia que lhe emprestasse o dinheiro, mas só conseguiu cerca de $1.000, metade da quantia necessária. Ele disse ao farmacêutico que a mulher estava morrendo e lhe pediu que lhe vendesse mais barato ou lhe permitisse pagar mais tarde. Mas o farmacêutico disse: "Não, descobri o medicamento e vou fazer dinheiro com ele". Assim, Heinz, desesperado, arrombou a farmácia e roubou a droga para a esposa. O marido devia ter feito isso?

O interesse de Kohlberg não era saber *o que* as crianças responderiam, mas *como* elas chegariam à sua conclusão. Com base nas respostas, Kohlberg concluiu que o pensamento moral segue um claro padrão de desenvolvimento. Ele identificou seis fases de desenvolvimento dentro de três níveis básicos:

Nível pré-convencional
Fase 1: Obediência e tendência à punição
Fase 2: Individualismo e diálogo

Nível convencional
Fase 3: Bons relacionamentos interpessoais
Fase 4: Manutenção da ordem social

Nível pós-convencional
Fase 5: Contrato social e direitos individuais
Fase 6: Princípios universais

Para o nosso propósito, não precisamos aprofundar a teoria de Kohlberg. O importante é notar que as fases de maior desenvolvimento no esquema de Kohlberg são as fases 4, 5 e 6. Elas enfatizam regras, direitos e princípios abstratos como formas superiores de pensamento moral. Mas lembre-se de que o estudo de Kohlberg foi conduzido apenas com meninos. Quando as meninas foram testadas, descobriu-se que elas tinham menor probabilidade de atingir as fases mais elevadas. Com muita frequência, elas ficavam "presas" à fase 3. Isso parecia implicar que as meninas são em geral menos competentes no pensamento moral que os meninos.

Essas descobertas logo geraram muita controvérsia. As meninas são realmente moralmente atrasadas ou havia algo errado com a metodologia de Kohlberg? Carol Gilligan, psicóloga de Harvard, manifestou-se pela segunda opção. Com base em seus próprios estudos, Gilligan concordou que os meninos e as meninas (assim como os homens e as mulheres) tendem a ter abordagens diferentes em questões morais. Nos homens, o pensamento avançado tende a girar em torno de regras, direitos e princípios abstratos, enquanto nas mulheres costuma se concentrar em relações interpessoais, compaixão e cuidado. Mas com que fundamento podemos dizer que uma maneira de pensar é "melhor" ou "superior" à outra? Gilligan argumentou que, ao supor que essas seis fases são *as* fases de desenvolvimento moral (e não apenas as fases de desenvolvimento *dos meninos*), a teoria de Kohlberg tinha um viés masculino. A opinião de Gilligan, autora de *Uma voz diferente*, é que os caminhos de desenvolvimento de homens e mulheres são diferentes, mas não conflitantes.

Embora possa ser verdade que os homens e as mulheres resolvam as questões morais de maneira diferente, é difícil saber por que essas abordagens não são conflitantes, pelo menos em alguns casos. Afinal, as abordagens diferentes em geral levam a conclusões diferentes sobre o que deve ser feito. E quando uma "abordagem de direitos" leva a uma conclusão moral diferente de uma "abordagem de cuidado", não seria necessário escolher uma delas? E isso não envolveria um julgamento de que abordagem é em algum sentido a "melhor" maneira de encarar a situação? Ou podemos simplesmente raciocinar da maneira que for mais natural para nós. Mas não devíamos nos preocupar com o fato de que nossa orientação (seja estereotipadamente masculina ou feminina) possa ser deficiente, errônea ou inadequada à situação em questão?

O que você acha?

- Em sua experiência, os homens e as mulheres pensam nas questões morais de maneira diferente? Em caso afirmativo, você acha que isso se deve à natureza ou à educação?
- Você acha que existe uma maneira "correta", "melhor" ou "mais desenvolvida" de pensar nas questões morais?
- Pode ocorrer que tanto a orientação masculina quanto a feminina sejam tendenciosas, e que a forma superior de pensamento moral envolva uma síntese das duas?
- É plausível considerar essas duas visões morais "separadas, mas iguais"? Por quê? Ou por que não?

Você sabia?

- Alguns estudos não confirmaram a alegação de que existem profundas diferenças na orientação moral de meninos e meninas. Ver, por exemplo, os estudos de Lawrence J. Walker e Stephen J. Thomas.
- Segundo o *site* drinkfocus.com, as mulheres constituem apenas 25% do mercado de cerveja atual, mas são 60% do mercado de vinho.
- O kaiser Guilherme tem uma frase famosa: "Deem-me uma mulher que adore cerveja e conquistarei o mundo".
- Os homens nem sempre dominaram o mundo da cerveja. Segundo Patrick Ryan Williams, curador de antropologia do Field Museum, as mulheres das classes superiores eram as maiores bebedoras de cerveja nas sociedades pré-incaicas do Peru, mais de mil anos atrás.
- A Anchor Steam recebeu esse nome no século XIX, quando "*steam*" [vapor] era o nome que se dava à cerveja produzida na costa oeste dos Estados Unidos, que usava levedura Lager para fazer a fermentação a temperaturas mais altas, geralmente usadas nas leveduras Ale. A Anchor Brewing Company de San Francisco vem produzindo cerveja Steam desde 1896.

Leitura recomendada

- Gilligan, Carol. *Uma voz diferente: psicologia da diferença entre homens e mulheres da infância à idade adulta.* Rio de Janeiro: Rosa dos Tempos, 1990.
- Power, F. C.; Higgins, A.; Kohlberg, L. *Lawrence Kohlberg's approach to moral education.* Nova York: Columbia University Press, 1989.

Notas de degustação: *Anchor Steam Beer*

Estilo: Steam Beer **Nota:** 1 2 3 4 5

Aparência:

Aroma:

Corpo:

Sabor:

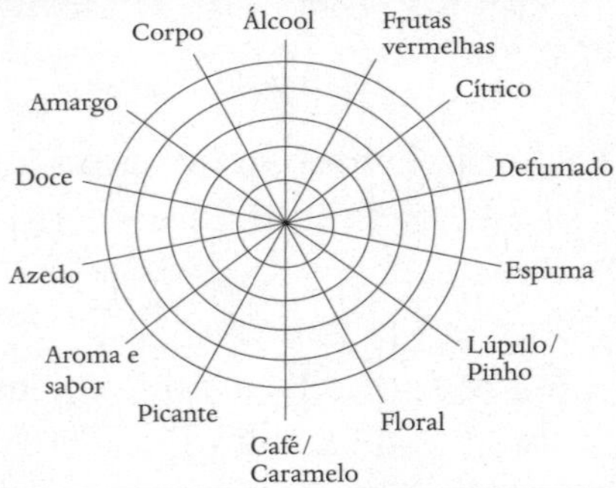

34

A VIRTUDE DE SÓCRATES

Pode-se agir errado conscientemente?

Rótulo em questão: Blue Point Hoptical Illusion

São muitas as ilusões de óptica. Por exemplo, quanto mais perto está um objeto, maior ele parece ser. Isso se aplica a todos os objetos físicos, exceto à cerveja. Uma vez que a cerveja chega ao alcance do braço, fica cada vez menor, até desaparecer por completo – especialmente quando é a Hoptical* Illusion, da cervejaria Blue Point. Seu sabor singular vem de uma variedade especial de lúpulo cultivada apenas no Oregon.

Você pode agir errado conscientemente? Pode praticar o mal intencionalmente? A resposta a esta pergunta parece óbvia. Afinal, todo mundo não faz coisas erradas de vez em quando, mesmo sabendo que elas estão erradas? Mas essa pergunta nos chegou de um dos maiores intelectos de todos os tempos – o filósofo grego Sócrates

---

* *"Hop"*, em inglês, significa "lúpulo", daí a brincadeira com *"optical"* ("óptico"). (N. da T.)

(c.469-399 a.C.). Sócrates afirmou: "Ninguém erra conscientemente". Quando fazemos coisas erradas, más ou apenas estúpidas, é sempre por ignorância.

Por trás dessa incomum afirmação está a convicção de Sócrates de que as pessoas sempre visam "o bem", de acordo com o que elas acreditam ser o bem. Por exemplo, pense no sujeito que bebeu demais na noite passada. Ele passa a manhã inteira abraçado ao trono de porcelana, perguntando a si mesmo: "Por que bebi tanto?" Ele se arrepende de seu comportamento e se castiga, pensando: "Eu sabia que isso podia acontecer". Mas, se Sócrates estiver certo, ele não sabia. Com certeza *agora* sabe, e talvez soubesse na *última manhã de sábado*, quando se viu num estado semelhante. Mas não soube na noite anterior – pelo menos no momento em que pediu mais uma rodada. Ele pode ter pensado: "Vou me arrepender!", mas não acreditava muito nisso. Nesse exato momento, Sócrates afirmaria que ele acreditava sinceramente que o prazer de mais um copo compensava o sofrimento da manhã seguinte.

Sócrates considerou essa estupidez temporária, comparando-a a uma ilusão de óptica. Assim como os objetos parecem maiores quando estão mais próximos, os prazeres parecem melhores quando estão à mão. Da mesma forma, os sofrimentos do dia seguinte parecem menores ou menos importantes porque estão distantes. No caso do beberrão, o fenômeno pode ser descrito como uma "ilusão de óptica", mas, bêbadas ou sóbrias, as pessoas constantemente se iludem com os prazeres próximos.

Sócrates acreditava que, se pudéssemos evitar ser "ludibriados" sobre o que é bom, ninguém faria nada tão tolo quanto beber a ponto de passar mal. Além disso, ninguém jamais faria algo imoral. Ele afirmou que agir mal sempre deixa a pessoa pior. Ou, em outras palavras, que o crime não compensa. Isso contraria o senso comum. A maioria das pessoas pensa que agir errado *às vezes* compensa – pelo menos quando se pode escapar impune. Mas Sócrates argumentou que a imoralidade fazia mal à alma, e que, comparados a isso, a riqueza e o poder que podem resultar da injustiça são insignificantes. Em *Apologia*, versão que Platão faz de um dos discursos de Sócrates, ele afirma:

> Passei todo o tempo tentando persuadir vocês, jovens e velhos, a tornar sua primeira e principal preocupação não o corpo, as posses, mas

o bem-estar da alma [virtude] [...] A riqueza não traz virtude, mas a virtude traz riqueza e todas as outras bênçãos, tanto para o indivíduo quanto para o estado.

Sócrates acreditava que a virtude é para a alma o que a saúde é para o corpo. Desejar a injustiça e agir errado é corromper ou infectar a alma. É a pior coisa que uma pessoa pode fazer a si mesma – além do mal que faz aos outros. Assim sendo, ele dizia que "virtude é conhecimento". Ou seja, ter um bom caráter (virtude) é essencialmente a mesma coisa que conhecer a verdade sobre o que é de fato benéfico ou danoso.

A virtude é seu maior bem? Ou às vezes vale a pena abdicar da virtude por um ganho material? Enquanto você pensa sobre isso, pode tentar imaginar um traficante de drogas, talvez o chefe de uma quadrilha que tenha enorme riqueza, poder e o respeito de muitas pessoas, mas que conseguiu tudo isso mentindo, roubando, matando e provocando o vício de milhares de pessoas. Você abdicaria de sua virtude para ter uma vida como a dele? Se não, então por que trocar sua virtude por ganho monetário ou por uma nota boa num exame?

O que você acha?

- É verdade que ninguém faz o mal intencionalmente?
- Se Sócrates estiver certo e as pessoas fazem o mal porque ele lhes parece bom, elas merecem ser punidas por seus atos? Nesse caso, que tipo de punição seria adequada?
- É verdade que o crime *nunca* compensa?
- Quanto vale a sua virtude? Se o garçom se esquecesse de cobrar uma bebida, você o avisaria?

Você sabia?

- Sócrates foi acusado por suposta "corrupção da juventude". Em seu julgamento, usou a própria hipótese de que "ninguém faz o mal conscientemente" em sua defesa. Argumentou que, se tivesse de fato corrompido a juventude de Atenas, como afirmavam seus acusadores, podia tê-lo feito sem essa intenção.

- As virtudes são "atributos do caráter" que permitem que uma pessoa seja um ser humano bom. As virtudes comumente reconhecidas incluem honestidade, justiça, sabedoria, temperança, coragem, generosidade, humildade e compaixão.
- Embora a Hoptical Illusion seja a cerveja com mais lúpulo da cervejaria Blue Point, seu carro-chefe é a Toasted Lager, que ganhou a medalha de ouro no World Beer Cup Awards de 2006.

Leitura recomendada

- Platão. *Apologia de Sócrates*. Porto Alegre: L&PM, 2008.
- ______. *Protágoras*. Lisboa: Relógio D'água, 1999.

Notas de degustação: *Blue Point Hoptical Illusion*

Estilo: India Pale Ale (IPA) **Nota:** 1 2 3 4 5

Aparência:

Aroma:

Corpo:

Sabor:

35

APELOS DA NATUREZA

O ser humano é naturalmente bom ou mau?

Rótulo em questão: Stone Sublimely Self-Righteous Ale ou Arrogant Bastard Ale*

O que é a natureza humana? Somos inerentemente bons ou maus? Seja qual for o seu caso, a cervejaria Stone tem uma cerveja para você: a Sublimely Self-Righteous Ale para os otimistas, e a Arrogant Bastard Ale para os pessimistas. Seja qual for a escolhida, pode ter certeza de que estará bebendo uma cerveja naturalmente deliciosa.

As pessoas são boas ou más, generosas ou mesquinhas, amigáveis ou perversas. Mas qual é a nossa natureza inerente? Somos naturalmente bons e generosos, mas corrompidos por influências externas, ou somos naturalmente maus e egoístas, mas aprendemos a superar essas inclinações com disciplina e educação?

---

* "*Sublimely self-righteous*", em inglês, significa "sublimemente justo" e "*arrogant bastard*" significa "bastardo arrogante". (N. da T.)

Essas questões foram vigorosamente debatidas na antiga filosofia chinesa. Mêncio (c. 372-289 a.C.) tinha uma visão mais otimista. Para ele, a bondade flui a partir de nossa natureza. São as circunstâncias e as influências infelizes que nos tornam maus. Xunzi (c. 310-220 a.C.), ao contrário, considerava a humanidade inerentemente egoísta e atribuía as virtudes quase inteiramente aos efeitos da educação.

Mêncio afirmou que a bondade inata da humanidade podia ser constatada na primeira reação das pessoas à tragédia. Por exemplo, se uma criança cai num poço, a imediata reação de qualquer pessoa será de empatia e desejo de ajudar. Da mesma forma, ele acreditava que todos nós temos um inerente senso do que é certo e errado. O primeiro impulso do mendigo que recebe um prato de comida de uma maneira insultante é rejeitar o alimento – mesmo que isso possa lhe custar a vida. Segundo Mêncio, a bondade humana é apenas outro aspecto do mundo natural. O desejo de agir com justiça e empatia em relação aos outros não é diferente da tendência da água a se acomodar no ponto mais baixo. Ele diz:

> Somos por natureza sublimemente justos. Não há ser humano que não tenda para a bondade. Não há água que não corra para baixo. Agora, agitando a água e fazendo-a saltar, você pode fazê-la passar pela sua cabeça. Se você a orientar e represar, pode fazê-la permanecer no alto de uma montanha. Mas essa é a natureza da água? Ela se submete às circunstâncias. Se os seres humanos podem ser levados a não ser bons, é devido ao fato de sua natureza também ser assim.

Xunzi, por outro lado, concorda com a visão pessimista da natureza, enfatizando os desejos e emoções que parecem existir dentro de nós desde o nascimento:

> Todas as pessoas nascem pequenos bastardos arrogantes. A bondade é para elas uma questão de esforço deliberado. A natureza dos homens é tal que eles nascem com uma inclinação para o lucro. Se continuam assim, surgem lutas e rivalidades, e a deferência e o respeito perecem. Eles também nascem com sentimentos de ódio e desprezo. Se continuam assim, surgem a crueldade e a vilania, e a lealdade e a confiança perecem. [...] Assim sendo, se os homens mantêm a natureza e o caráter com que nas-

ceram, com certeza enfrentarão lutas e rivalidades, provocando tumulto social e desordem, que culminarão em violência.

Segundo Xunzi, devemos aprender a vencer nossos impulsos naturais. Só através de constante e deliberada coação da sociedade nos tornaremos cidadãos bons e responsáveis. Ele observa que, quando temos fome, nossa tendência natural é querer comer antes dos outros. Só a educação diligente que recebemos de nossos pais nos obriga a esperar a nossa vez.

Então, quem está certo: Mêncio ou Xunzi? Ou a verdade está no meio-termo? Quando ponderamos sobre a natureza humana, rapidamente se torna evidente que a questão é filosoficamente problemática. Podemos separar a "natureza" e a "educação"? O problema é que os homens vivem num contexto social. Logo depois do nascimento, começamos a aprender com aqueles que nos rodeiam, e essas experiências moldam nossa personalidade e nosso comportamento. E mesmo que alguém tenha passado a vida inteira afastado da sociedade, não podemos usá-lo como exemplo da vida humana "natural". Porque se podemos dizer alguma coisa sobre a natureza humana, é que somos naturalmente sociais. Como os lobos, chipanzés e muitas outras espécies, quase invariavelmente vivemos em grupos.

Embora talvez não exista uma solução definitiva no debate "natureza *versus* educação", nossa visão filosófica costuma pender para um lado ou para outro. É portanto importante refletir sobre nossa visão, porque ela tem importantes ramificações. Porque para quem tem a mesma visão que Mêncio, educar uma criança para fazer dela uma boa pessoa é como cultivar uma planta desde a semente. Satisfaça as necessidades básicas da criança, ofereça-lhe um bom ambiente e apoio, e ela se desenvolverá e se tornará uma pessoa moralmente boa. Se a criança recebe um ambiente correto, os pais não precisam ser particularmente rígidos. Ao contrário, a liberdade da "descoberta" é que precisa ser enfatizada. Mas se você vê a situação como Xunzi, uma metáfora adequada para a sua ideia de desenvolvimento moral é a moldagem de uma peça de metal. Só aplicando uma pressão externa considerável se conseguirá o resultado desejado. Se você partilha dessa visão, provavelmente acredita que os pais devem desempenhar um papel muito mais rígido e autoritário para inculcar boas tendências na criança.

Verdade seja dita

As primeiras frases foram acrescentadas às citações de Mêncio e Xunzi. A maioria das traduções não usa a expressão "bastardos arrogantes", nem fala de "sublimemente justos". Mas estou certo de que vocês sabem que é difícil obter uma tradução literal dos caracteres chineses para a linguagem moderna.

O que você acha?

- Existe isso que chamamos de "natureza humana"? Em caso afirmativo, ela é predominantemente boa ou predominantemente má?
- Qual a melhor prova capaz de resolver a questão? Você acha que os avanços da pesquisa genética poderão resolvê-la? Por quê? Ou por que não?
- Podemos separar "natureza" de "educação"?
- Você acredita em um método mais ou menos autoritário de educação? Isso reflete sua visão da natureza humana?

Você sabia?

- Mêncio e Xunzi viveram no período da história chinesa conhecido como dos Estados Guerreiros. Durante essa época (entre mais ou menos 403 e 221 a.C.), travaram-se batalhas constantes para tentar obter o controle de toda a China. Surpreendentemente, esse foi um dos períodos mais férteis da filosofia chinesa.
- Apesar de suas diferenças, Mêncio e Xunzi se consideravam discípulos de Confúcio, e muitos dos seus escritos foram elaborados com base nos ensinamentos do mestre.
- Na filosofia ocidental, Jean-Jacques Rousseau e Thomas Hobbes são os que melhor exemplificam o debate sobre a natureza humana. Rousseau, como Mêncio, acreditava que a natureza humana é inerentemente boa, mas corrompida pela sociedade.

Hobbes pensava que os seres humanos são egoístas, e só o medo da punição pode mantê-los na linha.

- *O senhor das moscas*, romance de William Golding, pode ser interpretado da perspectiva de Xunzi. Conta a história de crianças que, depois de sofrerem um naufrágio e irem viver em uma ilha deserta, logo dão vazão à maldade quando privadas da influência e do controle social.
- A cervejaria Stone descreve a Arrogant Bastard Ale da seguinte maneira: "Esta é uma cerveja agressiva. Você provavelmente não vai gostar dela. Duvidamos que você tenha a sofisticação de paladar capaz de apreciar uma cerveja dessa qualidade e profundidade. Sugerimos que você se restrinja a um território mais seguro e familiar – talvez uma campanha publicitária de muitos milhões de dólares destinada a convencê-lo de que a tal cerveja é produzida numa pequena cervejaria, ou de que essa bebida espumante amarela lhe dará mais *sex appeal*".

Leitura recomendada

- Golding, William. *O senhor das moscas*. Rio de Janeiro: Nova Fronteira, 2006.
- Ivanhoe, Philip J.; Van Norden, Bryan W. (eds.). *Readings in classical chinese philosophy*. Nova York: Seven Bridges, 2001.

Notas de degustação: *Stone Sublimely Self-Righteous Ale ou Arrogant Bastard Ale*

Estilo: Double India Pale Ale (IPA) ou Strong Ale

Nota: 1 2 3 4 5

Aparência:

Aroma:

Corpo:

Sabor:

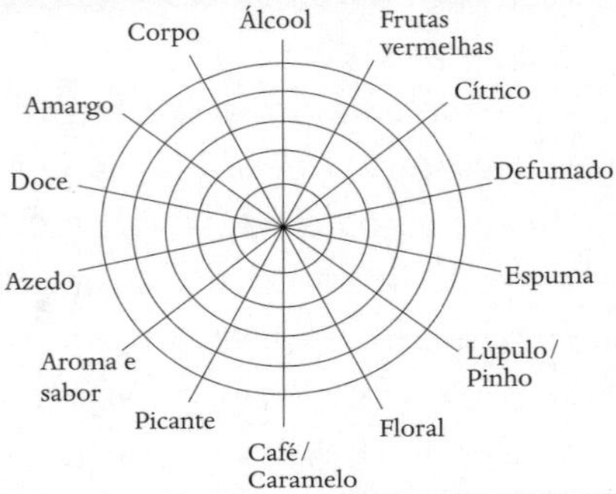

36

O ETERNO RETORNO DE NIETZSCHE

Você escolheria a mesma cerveja de novo? E uma vez mais? E...

Rótulo em questão: North Coast Brother Thelonious Belgian Style Abbey Ale

"Carpe diem vita brevis", ou "Aproveite o dia porque a vida é curta", é o *slogan* inscrito em cada garrafa da Brother Thelonious, uma Ale no estilo abadia da cervejaria North Coast. De fato, a vida é curta. Mas e se sua vida miserável se repetisse infinitamente? Isso lhe daria mais ou menos razões para aproveitar o dia? Mais ou menos razões para pedir mais uma rodada?

E se toda a sua vida, ou a história do mundo, se repetisse por toda a eternidade? Imagine cada sofrimento, cada alegria, cada sucesso e cada erro vividos inúmeras vezes, incessantemente. Essa perceptiva de um *eterno retorno* foi a ideia preferida do filósofo alemão Friedrich Nietzsche (1844-1900). Ele a chamou de "o mais pesado dos fardos", acreditando que, para a maioria das pessoas, tal destino seria horripilante:

> Não te atirarias ao chão, rangendo os dentes e amaldiçoando o demônio que assim tivesse falado [...] Ou quanto terias que amar a ti mesmo e à

vida para não *desejares outra coisa com mais ardor* do que essa suprema e eterna confirmação?

Uma coisa é reviver momentos queridos e outra muito diferente é aceitar, e até desejar, a repetição dos nossos atos mais embaraçosos e vergonhosos. O que Nietzsche tinha em mente não era a repetição que Bill Murray vivenciou com humor no filme *Feitiço do tempo*, no qual seu personagem tinha uma repetida oportunidade de melhorar seu dia. Como retinha a memória do dia anterior, ele podia evitar os erros cometidos. O que Nietzsche tinha em mente, porém, era uma repetição em que nada muda e, portanto, nada melhora.

Para Nietzsche, a atitude de uma pessoa em relação ao eterno retorno reflete sua postura diante da vida. E, infelizmente para a maioria de nós, o reflexo não é lisonjeiro. A perspectiva do eterno retorno traz à tona duas personalidades ou "tipos". Um aceita a vida, o outro a despreza. Nietzsche acreditava que a pessoa que realmente aceita a vida diz "sim" a tudo o que ela lhe oferece, saboreando tanto o que é bom quanto o que é ruim – aceitando tudo, não apenas hoje, mas por toda a eternidade. Para essas pessoas, o eterno retorno seria uma dádiva incrível. Mas para a maioria seria uma maldição. Esses desejam sempre que as coisas sejam diferentes do que são. Não dizem "sim" à vida como ela é. O que eles aceitam (ou a que se apegam) é a possibilidade de uma vida futura (ou uma vida depois da morte) "melhor" e radicalmente diferente desta.

Nietzsche afirmou que só um indivíduo raro, um ser humano verdadeiramente excepcional, teria uma total aceitação *desta* vida. Sua atitude é de *amor fati* – ele ama seu destino. Deseja que nada seja diferente em toda a eternidade. Não tentará se afastar do sofrimento passado nem esconder suas humilhações sob as areias do tempo. Ao contrário, amará e aceitará a vida como um todo.

Mas essa perspectiva de eterno retorno será mesmo "o mais pesado dos fardos", como disse Nietzsche? Será de fato pior que a aniquilação total? Quando tudo foi dito e feito, e a vida valeu a pena, não seria bom vivê-la de novo e uma vez mais? Como a maioria das pessoas parece desejar a imortalidade, por que a repetição não seria a próxima melhor coisa?

Talvez o fardo da repetição possa estar em seu peso moral. É isso que Milan Kundera sugere em seu famoso romance *A insustentável leveza do ser*: "Se cada segundo de nossa vida se repetisse um infinito número de vezes, estaríamos condenados à eternidade como Jesus foi pregado na cruz. É uma perspectiva terrível. No mundo do eterno retorno, o fardo da responsabilidade insuportável pesa em cada movimento que fazemos".

Há algo particularmente perturbador na ideia de nossos atos mais desprezíveis serem repetidos, na verdade *reescolhidos*, para sempre. Todo o sofrimento que causamos se acumulará num sofrimento infinito. Cada injustiça será posteriormente transformada numa injustiça infinita. Talvez seja por isso que Nietzsche afirmou que aceitar o eterno retorno exige libertar-se dos limites da moralidade.

Embora essa maneira de ver possa nos ajudar a entender por que a repetição seria uma perspectiva terrível para os que têm as mãos sujas de sangue, ainda não está claro que uma pessoa razoavelmente boa deva temer a repetição. Porque embora os atos maus sejam ampliados com a repetição, assim acontecerá também com os atos admiráveis. Se, da perspectiva de uma *única* vida, a bondade de nossos atos supera a maldade, por que isso não seria verdade se o drama se repetisse vezes sem conta? Se o sofrimento e a injustiça podem se acumular até o infinito, o mesmo ocorre com nossos atos de bondade, nossas alegrias e o amor que dedicamos. Então, existe alguma coisa que se torna mais terrível com a repetição?

Outra questão a considerar é como (ou se) a perspectiva do eterno retorno pode mudar a maneira como encaramos a vida. Você agiria de maneira diferente se soubesse que tudo o que faz se repetiria infinitamente? Será que a perspectiva da repetição influencia as pequenas coisas, como preferir uma cerveja barata a uma refinada cerveja do estilo abadia? Se sua escolha não é apenas para um dia, mas para toda a eternidade, você não acha que vale a pena gastar uns dólares mais por uma Brother Thelonious? É claro que sim. Quem quer beber uma cerveja ordinária *ad infinitum*? Mas pense bem. Se a repetição não ocorrer, ainda assim você não deveria optar pela qualidade, seja no trabalho, na diversão, nos relacionamentos ou na cerveja? A Schlitz Brewing Company of America populariza essa tese antirretorno desde a década de 1970.

Seu *slogan* de publicidade avisa: "Você só vive uma vez. Portanto, agarre todo o prazer que puder obter. Até na cerveja que você bebe. Por que se contentar com menos?"

Embora a repetição seja uma motivação, parece-me que sua antítese, a ideia de que "só se vive uma vez", é igualmente motivadora. E se você só tem uma chance na vida, seja ela curta e passageira ou infinitamente repetitiva, não deve ir em busca do prazer?

Então vá em frente. Compre a melhor cerveja.

O que você acha ?

- Qual a sua reação inicial ao eterno retorno? É algo que você aceitaria ou temeria?
- Considerando seriamente a perspectiva do eterno retorno, isso mudaria a maneira como você leva a vida? Em caso afirmativo, como?
- Que tipo de personalidade define melhor você? Você aceita a vida ou a despreza?
- O impulso de reescrever seu passado mostra realmente desapreço pela vida? Ou é apropriado reagir a atos desprezíveis do próprio passado?

Você sabia?

- Friedrich Nietzsche talvez seja mais conhecido por sua declaração de que "Deus está morto". Observe que ele não sugeriu simplesmente que Deus não existe. Ele sustentou que Deus estava morto – porque o tínhamos *matado*.
- Arthur Schopenhauer, uma das maiores influências de Nietzsche, também afirmou que o "homem sensato e honesto" prefere a aniquilação total à perspectiva de viver infinitamente. Mas Schopenhauer talvez seja o maior pessimista de toda a filosofia ocidental.
- Nietzsche foi um crítico social convicto – até mesmo quando se tratava de cerveja. Em *Crepúsculo dos ídolos,* em um aforismo intitulado "O que falta aos alemães", ele escreveu: "Onde não se encontra a suave degeneração que a cerveja produz no espírito?"

- Quem compra a Brother Thelonious ajuda a patrocinar o Thelonious Monk Institute of Jazz, cuja missão é promover a educação de jovens músicos promissores de nível universitário por parte de mestres do *jazz* americano. Eles também promovem a educação jazzística em escolas públicas espalhadas pelo mundo.

Leitura recomendada

- Kundera, Milan. *A insustentável leveza do ser.* São Paulo: Companhia de Bolso, 2008.
- Nietzsche, Friedrich. *A gaia ciência.* São Paulo: Companhia das Letras, 2001.

Notas de degustação: *North Coast Brother Thelonious Belgian Style Abbey Ale*

Estilo: Belgian Strong Dark Ale **Nota:** 1 2 3 4 5

Aparência:

Aroma:

Corpo:

Sabor:

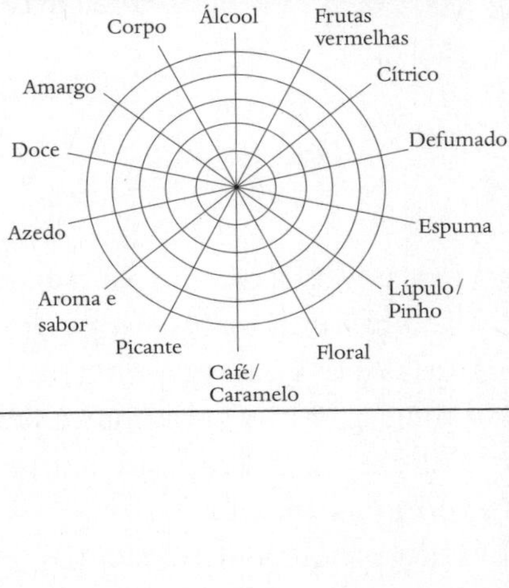

37

O HOMEM MAIS INTERESSANTE DO MUNDO E A LINHA DE FOGO

Importa saber quem puxa o gatilho?

Rótulo em questão: Cuauhtémoc Moctezuma Dos Equis Ambar

Se você já viu os comerciais da Dos Equis, deve conhecer "O homem mais interessante do mundo". Se não viu, deve estar vivendo numa caverna. A reputação do sujeito o antecede como o raio antecede o trovão. Sua personalidade é tão magnética que ele não pode carregar cartões de crédito! É um homem que tem tudo. As mulheres querem estar com ele, os homens querem ser ele e os filósofos querem escrever sobre ele – como fez Bernard Williams, filósofo de Oxford, no artigo que inspirou este capítulo. Continuem com sede, amigos!

Na vida às vezes nos encontrarmos na situação desagradável de ter que escolher entre dois males. Por melhores que sejam nossas intenções, qualquer coisa que fizermos vai magoar alguém. Talvez a estratégia mais comum para lidar com essas situações seja escolher o menor dos males – a ação que cause o menor dano. Mas essa estratégia será sempre suficiente?

O filósofo Bernard Williams (1929-2003) propôs uma situação que complica a questão:

Certa vez, tive a incrível oportunidade de passar uma noite com o homem mais interessante do mundo. Eu estava de férias em Córdoba, na Espanha, tomando um drinque num barzinho encantador. Ele me reconheceu e se apresentou como um amante da filosofia. Sentou-se e discutimos uma variedade de assuntos, de Descartes à natureza do ser, e trocamos histórias, acompanhadas de alguns copos de cerveja. (A propósito, ele nem sempre bebe cerveja – mas, quando o faz, prefere Dos Equis.) Ele me contou uma história muito intrigante sobre uma situação desagradável que enfrentou quando viajava pela América do Sul. Foi nos anos 1980, e ele (vamos chamá-lo de Jim, já que seu verdadeiro nome é altamente confidencial) participava de uma expedição botânica com a ex-miss Venezuela. Tinham acabado de chegar à praça central de uma cidadezinha quando viram vinte índios amarrados contra uma parede. Estavam apavorados, alguns em atitude desafiadora, e diante deles havia vários homens armados e uniformizados. Um homem gordo que vestia uma camisa cáqui manchada de suor era o capitão em comando. Ele se aproximou da Land Rover de Jim e começou a interrogá-lo. (A polícia o interroga com frequência só porque o acha interessante.) O capitão, um sujeito corpulento chamado Pedro, explicou que os índios tinham participado de um protesto contra o governo e iam ser fuzilados como exemplo para futuros dissidentes. Entretanto, como Jim era um nobre visitante de outras terras, o capitão teria o prazer de lhe oferecer o privilégio de matar um dos índios. Se Jim aceitasse, em consideração à ocasião especial, os outros índios seriam libertados. Naturalmente, se ele recusasse, não seria uma ocasião especial, e Pedro faria o que ia fazer quando Jim chegou, ou seja, mataria todos eles.

Para a maioria de nós isso seria uma experiência horrível. O que você faria? Mataria um para salvar os outros ou se recusaria a fazer isso e assistiria à morte de todos? Havia muitos guardas por ali para alguém tentar bancar o herói. Além disso, Jim estava desarmado. Imaginei que Jim estava num beco sem saída, mas, como ele mesmo disse, a situação o divertia. (Ouvi dizer que ele esteve numa situação embaraçosa apenas uma vez – só para descobrir como era.) Bem, Jim disse ao capitão Pedro que se sentia honrado com a homenagem, mas, como estava muito quente, sugeriu que abrissem duas garrafas de Dos Equis que ele tinha no *cooler* e brindassem à ocasião. Bem, como vocês devem imaginar, com a cerveja e as histórias de Jim com Marilyn Monroe a bordo de um submarino nuclear, uma cerveja levou à outra, até que Pedro (já totalmente bêbado) ficou tão alegre que libertou todos os índios.

Assim, tudo acabou bem. Mas a questão é que, ao contrário de Jim, você não é o homem mais interessante do mundo. O que funciona para Jim não vai funcionar para você. Então, o que você faria? Mataria um índio para salvar os outros dezenove? O que torna este caso especialmente difícil é que, escolhendo o menor dos males, você estará envolvido nesse mal. Escolhendo a morte de um em vez da morte de vinte, você se tornará um assassino. Espero que você ache essa perspectiva assustadora. Mas essa é, apesar de tudo, a escolha certa?

Por um lado, se recusasse a oferta do capitão para manter as mãos limpas, você não estaria fazendo uma coisa desprezível e egoísta? Por causa da importância que você dá à sua pureza moral, mais dezenove vidas serão perdidas. Com certeza os índios esperam que você aceite a oferta do capitão. Mas, por outro lado, não é admirável recusar-se a participar do mal? Se o capitão recebeu ordens de um superior, nós com certeza gostaríamos que ele se recusasse a cumpri-las. Afinal, não somos todos responsáveis por nossos atos? Como observa Bernard Williams, só faz sentido dizer que você (ou Jim) *causou* a morte dos vinte índios se você, de alguma forma, foi a *causa* de o capitão Pedro atirar neles. O capitão atira por escolha própria. Se, diante de sua recusa, o capitão dissesse "Você não me deixa alternativa", estaria mentindo. Além disso, a integridade é uma das qualidades que mais admiramos numa pessoa. Ter integridade é manter-se fiel aos próprios princípios. E como o assassinato (presumivelmente) fere um de seus princípios mais prezados, como você, um homem íntegro, poderia cometer um assassinato?

Verdade seja dita

A passagem citada do artigo do dr. Bernard Williams, "A critique of utilitarianism" [Uma crítica ao utilitarismo], foi muito modificada. Ele escreveu sobre Jim, o capitão Pedro e os índios, mas não fez referência ao homem mais interessante do mundo, nem a seu *cooler* cheio de Dos Equis. Mas tenho certeza de que o professor Williams manteve segredo em relação a certos detalhes do acontecimento.

O que você acha?

- Se estivesse no lugar de Jim, você teria aceitado ou recusado a oferta do capitão?
- Quem a recusasse estaria dando demasiada importância a seu desejo de manter as mãos limpas?
- O fato de você ser amigo íntimo de um ou mais índios influenciaria sua decisão? Em caso afirmativo, como? E você acha que sua amizade *deve* influenciar a sua decisão?
- Esse dilema pode ser visto como uma escolha entre o princípio (nunca matar um inocente) e suas consequências (mínimo dano). Quando toma uma decisão moral, você sente que está sendo influenciado mais por seus princípios ou pelas consequências das alternativas disponíveis?

Você sabia?

- Eis algumas coisas que foram ditas sobre o homem mais interessante do mundo:
  1. Ele é o único homem a vencer o teste de Rorschach.
  2. Seu charme é tão contagioso que criaram vacinas especialmente para isso.
  3. Até seus inimigos o incluem entre seus telefones de emergência.
  4. Alguns extraterrestres abdutores lhe pediram que ele os investigasse.
  5. Ele é famoso por curar a narcolepsia apenas caminhando pelo quarto.
  6. Ele recebeu duas vezes o prêmio pelo conjunto da obra.
  7. Ele acredita que nunca é cedo demais para começar o próprio obituário.

- A teoria de que se deve sempre escolher o ato que provoque as melhores consequências ou resultados chama-se *consequencialismo*. A teoria de que devemos nos guiar por princípios (sem levar em conta as consequências) chama-se *deontologia*.

- Antes de construir uma carreira na filosofia, Bernard Williams foi piloto da Royal Air Force britânica.
- A cervejaria Cuauhtémoc Moctezuma sugere que você pense em sua cerveja Dos Equis Ambar como uma versão escura, taciturna e apaixonada da sua Dos Equis Lager. Ela vem em uma garrafa marrom, enquanto a Lager é vendida em uma garrafa verde.

Leitura recomendada

- SCHEFFLER, Samuel (ed.). *Consequentialism and its critics.* Oxford: Oxford University Press, 1988.
- WILLIAMS, Bernard. "A critique of utilitarianism". Em SMART, J. J. C.; WILLIAMS, Bernard (eds.). *Utilitarianism for and against.* Cambridge: Cambridge University Press, 1973.

Notas de degustação: *Cuauhtémoc Moctezuma Dos Equis Ambar*

Estilo: Vienna Lager **Nota:** 1 2 3 4 5

Aparência:

Aroma:

Corpo:

Sabor:

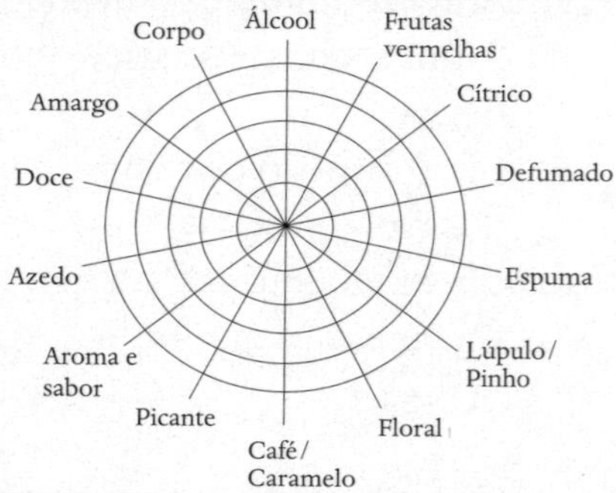

38

A MÁQUINA DE DEGUSTAÇÃO DE TURING

Será que um computador pode avaliar uma cerveja?

Rótulo em questão: Fuller's London Pride

Vamos fazer um brinde a Alan Turing, o matemático inglês pioneiro da computação. E nada seria mais adequado para esse brinde do que uma cerveja de sua cidade natal. Portanto, escolhemos a Fuller's London Pride. Produzida pela última família cervejeira tradicional de toda Londres, ela o fará sentir-se como se "os anjos dançassem em sua língua".

Existe um velho ditado que diz: "Se anda como um pato e grasna como um pato, então é um pato". Alguns cientistas e filósofos aplicaram esse raciocínio à questão da *inteligência artificial*. Segundo eles, quando os computadores forem capazes de *agir* como nós, então, para todos os propósitos, eles *serão* como nós. Quando as máquinas puderem calcular tão bem quanto a média das pessoas (ou melhor que elas), conversar sobre uma variedade indefinida de assuntos e reagir adequadamente a qualquer situação, poderemos dizer que essas máquinas são inteligentes, que elas acreditam em coisas, conhecem coisas, desejam coisas etc.

Um dos principais proponentes dessa posição foi Alan Turing (1912-1954), um pioneiro da ciência da computação, que talvez seja mais conhecido por ter proposto um teste através do qual podemos responder à pergunta: "O computador pode pensar?" Ele chamou esse teste de *jogo da imitação* (hoje amplamente conhecido como "teste de Turing"). O jogo requer três jogadores: um interrogador e dois sujeitos, um humano e o outro, um computador. O interrogador senta em uma sala separado dos sujeitos. Seu objetivo é tentar discernir qual dos sujeitos é o humano e qual é o computador. O objetivo dos dois sujeitos é tentar convencer o interrogador de que são humanos. O interrogador dirige perguntas a cada um dos jogadores e pode perguntar o que quiser, por exemplo: "Você tem algum *hobby*?" ou "De que cor é seu cabelo?" etc. Os sujeitos respondem digitando, de modo que a voz e a letra não entram no jogo. Para ganhar o jogo da imitação (ou passar no teste de Turing), o computador precisa ser muito sofisticado. Por exemplo, deve estar preparado para mentir. Se lhe perguntarem se é um computador, precisa dizer que não. Se lhe perguntarem sobre sua cerveja preferida, precisa ser capaz de citar uma cerveja e descrevê-la com precisão.

Turing previu que, por volta do ano 2000, a cibernética estaria suficientemente avançada para que algumas máquinas pudessem passar no teste. Como sabemos, sua previsão era muito otimista. Hoje, nem os melhores computadores são capazes de enganar um interrogador humano em mais do que algumas poucas perguntas. Assim sendo, vamos facilitar um pouco a coisa e limitar os parâmetros ao conhecimento de cervejas. Será que um computador pode ser um verdadeiro conhecedor de cervejas? Vamos submetê-lo ao teste de Turing.

Vamos supor que contratemos três avaliadores para o jogo. Dois são humanos, enquanto o terceiro é o Brewmaster5000 – um programa que testa cervejas. Cada um faz sua degustação (ou análise de dados) atrás de portas fechadas, e no fim do dia, um impresso com suas avaliações é fornecido por uma fenda na porta. Os cervejeiros podem então interrogar os avaliadores (ainda por trás de portas fechadas), digitando suas perguntas numa interface de computador. Será que o Brewmaster5000 consegue enganar os cervejeiros e levá-los a pensar que ele é um dos avaliadores humanos? Além disso, será que o Brewmaster5000 pode se revelar um avaliador melhor e mais confiável? E, talvez mais importante, se passar no teste de Turing e for escolhido como o avaliador mais competente, isso seria suficiente para dizermos que ele conhece de fato o que é uma boa cerveja?

No presente somos incapazes de criar um avaliador computadorizado de cervejas. Mas a tecnologia pode não estar longe. Já sabemos muito sobre a química do paladar que seria necessária para fabricar transdutores capazes de fazer o trabalho dos receptores olfativos humanos. Sensores ópticos poderiam ser usados para imitar a aparência da cerveja, e um programa poderia ser criado para simular o paladar. Assim, podemos imaginar que algum dia teremos uma máquina que, quando uma cerveja for colocada em seu "tanque de degustação", será capaz de fazer uma análise química completa da aparência, do aroma e do gosto da cerveja – discriminando os tipos e quantidades de lúpulo e de cevada, a espécie de levedura, a presença de outros ingredientes etc. –, e de produzir um "quociente de atratividade". Ela então converteria os resultados em linguagem subjetiva. Assim, o seu relatório poderia dizer:

> Esta cerveja é clara, brilhante e dourada, com um toque muito leve de levedura, um forte aroma de coentro e laranja – muito "californiana metida a belga" – e um aroma de levedura de Witbier que lhe acrescenta profundidade e um toque picante e terroso. Há um amargor persistente e um leve aquecimento de boca. Apresenta corpo suave, de baixo para médio, e boa drinkability. Resumindo, adorei, e mal posso esperar para beber mais um copo!

Uma vez que tenhamos a tecnologia certa, não parece absurdo supor que o Brewmaster5000 poderá passar no teste de Turing da cerveja. Ou seja, *em princípio* não parece haver dificuldade – e ser apenas uma questão de superar os problemas técnicos. E, diante desse potencial para discriminar diferenças sutis através de uma análise química, não seria surpreendente se essa máquina se revelasse o avaliador mais confiável de cervejas. Mas, mesmo que os avaliadores mais competentes do planeta concordassem que o Brewmaster5000 era o mais competente do planeta, poderíamos concluir que ele realmente "conhece" cerveja? John Searle, filósofo da Faculdade de Berkeley, Universidade da Califórnia, com certeza diria que não. Durante décadas ele argumentou que passar no teste de Turing não tinha nada que ver com "conhecer" alguma coisa. O que falta aos computadores, segundo Searle, é a percepção consciente. E, sem consciência, o Brewmaster5000 não poderia ter ideia do que é uma cerveja, muito menos de qual é o seu sabor. Searle afirma que, como seres conscientes, as pessoas entendem o *significado* das palavras e símbolos. O computador, por outro lado, meramente as manipula. Searle diz:

> Por exemplo, se escrevo 3 x 3 na minha calculadora de bolso, ela vai responder 9, mas não tem a menor ideia do significado de 3 ou de 9, ou do significado de qualquer coisa. Podemos resolver a questão dizendo que o computador tem uma *sintaxe* [gramática], mas não tem *semântica* [significado].

Quase todo mundo concorda que as calculadoras de bolso não são conscientes e não *sabem* que informação estão apresentando em sua tela – muito menos o que aquela informação *significa*. Mas para Searle todos os computadores digitais funcionam essencialmente da mesma maneira – independentemente da sua complexidade e da extensão de seu banco de dados. Portanto, o Brewmaster5000 pode informar que uma cerveja é dourada, tem uma boa espuma e um aroma de laranja, mas isso não significa que ele saiba o que é uma laranja ou que gosto

ela tem. E com certeza nunca sentiu o gosto de uma cerveja. O Brewmaster5000 é uma fraude (ou pelo menos seus *designers*, se alegam que ele *conhece* cervejas). Podemos dizer que ele *simula* as reações de seres humanos normais ao sabor, mas isso não é uma "degustação", da mesma forma que um programa que simula a ação de um furacão no serviço meteorológico não é um furacão!

O que você acha?

- O Brewmaster5000 de fato sabe o que é uma cerveja?
- A relevante diferença entre um computador e o cérebro humano é apenas uma questão de complexidade?
- Se um computador pudesse passar no teste de Turing, você diria que ele é "inteligente"? Por quê? Ou por que não?
- Você acha que os computadores um dia poderão se tornar "pessoas" e merecer direitos civis?

Você sabia?

- O jogo da imitação de Turing originalmente envolvia determinar o gênero de dois jogadores, A e B. O jogador A era um homem que tentava enganar o interrogador, e o jogador B era uma mulher, que respondia às perguntas honestamente. Turing então perguntava: "O que vai acontecer quando uma máquina assumir o papel de A [o homem] neste jogo? O interrogador cometerá os erros que geralmente ocorrem quando o jogo é jogado entre uma homem e uma mulher? Essas perguntas substituem nossa pergunta original: "As máquinas podem pensar?"
- Programas de computador são submetidos ao teste de Turing na competição anual pelo Prêmio Loebner. Até agora nenhum programa foi capaz de manter uma conversa minimamente razoável nem por alguns minutos. Os programadores não têm a expectativa de que seus programas passem no teste de Turing, mas desejam o prêmio menor de "melhor tentativa do ano".
- John Searle não afirma que é impossível para as "máquinas" ser conscientes. Ele admite que o cérebro humano é uma espécie de "máquina biológica" que produz consciência. Ele simplesmente acredita que os computadores digitais são o tipo errado de máquina, e que a comunidade da inteligência artificial desconsidera erroneamente a importância de nossa biologia na produção da consciência.
- Como os computadores, a cerveja contém silício. Embora isso pareça preocupante, é na verdade bom para você. Alguns estudos mostraram que uma dieta rica em silício ajuda a produzir ossos mais fortes e previne a osteoporose. O dr. Jonathan Powell, do King's College, de Londres, calcula que a cerveja tem maior teor de silício que todos os demais alimentos. A porcentagem de silício na cerveja é de 17%, enquanto na banana é de 9,1%, e no pão e nos cereais integrais é de cerca de 4,5%.

Leitura recomendada

- Searle, John. *Mente, cérebro e ciência.* Lisboa: Edições 70, 2000.

- Turing, A. M. “Computing machinery and intelligence”. Em Anderson, Alan Ross (ed.). *Minds and machines.* Englewood Cliffs: Prentice-Hall, 1964.

Notas de degustação: *Fuller’s London Pride*

Estilo: English Pale Ale **Nota:** 1 2 3 4 5

Aparência:

Aroma:

Corpo:

Sabor:

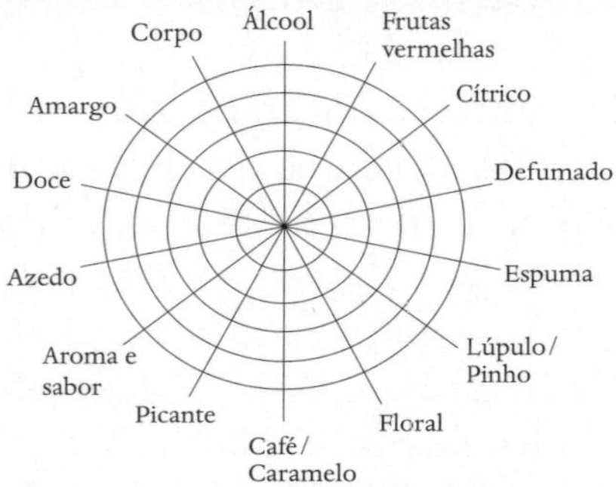

39

O LAGO DE SINGER

O que devemos aos outros? Devemos lhes pagar uma rodada?

Rótulo em questão:
Yuengling Traditional Lager

Este capítulo lida com a desigualdade econômica. Enquanto algumas pessoas do planeta têm mais dinheiro do que podem gastar, outras não têm nem o suficiente para beber. Então, em consideração a esses menos afortunados, peço a você que vá a uma "*happy hour* especial" e peça a cerveja mais barata que encontrar. Então doe o dinheiro economizado aos mais necessitados. Se tiver sorte, você pode beber uma Yuengling Traditional Lager, uma cerveja americana relativamente barata, mas de alta qualidade. Se não tiver sorte, você pode acabar bebendo alguma que seja, Deus nos perdoe, *light*.

Todos já passamos por isso. Você está caminhando pela rua e alguém lhe pede um trocado. Diz que está com fome, e provavelmente está, mas você diz a si mesmo que ele vai gastar o dinheiro para beber, o que ele talvez fará. Entretanto, se estiver a caminho do bar, pode parar para pensar se é justo beber uma cerveja essa noite e ele não. Também pode começar a pensar se geralmente devemos alguma coisa às pessoas que são menos afortunadas que nós. Naturalmente, trata-se de uma questão complicada. Você trabalhou muito para ganhar dinheiro – sacrificou-se por isso. Talvez o mendigo não estivesse disposto a esse sacrifício, ou talvez seja preguiçoso ou irresponsável. Mas com certeza isso não vale para todo mundo. E as crianças? Devemos alguma coisa a essas crianças famintas cujo único erro foi ter nascido em um país assolado pela escassez? A maioria das pessoas não dá muito – se é que dá algum – dinheiro para alguma organização que se proponha a alimentar e cuidar dessas crianças. A atitude que prevalece parece ser de que essa doação é opcional. Ninguém tem que fazer caridade para ser uma pessoa moralmente decente. Embora seja elogiável fazer doações para essas causas, geralmente se considera que isso está acima e além de nosso deveres morais fundamentais.

Peter Singer, um filósofo australiano contemporâneo, tentou contestar a opinião prevalente sobre o que devemos aos outros. Ele nos pede para imaginar o seguinte caso. Suponha que você esteja indo encontrar amigos no bar. No caminho, você nota que as chuvas recentes criaram um lago raso num terreno baldio. Olhando melhor, você vê que uma criança pequena caiu no lago e parece estar se afogando. Como você reage?

1. *Corre e salva a criança.*
   Tomando essa decisão, você não se coloca em perigo (já que o lago é raso) e é praticamente certo que salve a criança.
2. *Tenta encontrar alguém que possa salvar a criança.*
   A vantagem desta estratégia é que você pode manter as roupas limpas. A desvantagem é que a criança provavelmente vai morrer.
3. *Ignora o problema.*
   Dessa maneira, você com certeza chegará ao bar a tempo. Entretanto, é quase certo que a criança morra.

Singer supõe que, se você for um ser humano minimamente decente, sem dúvida correrá para salvar a criança. Afinal, chegar ao bar atrasado e com as roupas molhadas é insignificante em comparação com a vida de uma criança. Singer acha que podemos fazer dessa atitude uma lei moral aceita pela maioria:

Princípio moral básico
Se estiver ao nosso alcance evitar que algum mal aconteça sem com isso sacrificar algo de importância moral comparável, somos moralmente obrigados a fazê-lo.

Mas para Singer o problema é que a maioria das pessoas são muito inconstantes quando se trata de colocar esse princípio em prática. Com certeza, a maioria de nós correria para salvar a criança. E também é certo que muitos de nós agiríamos assim em parte por acreditar que devemos evitar que algum mal aconteça quando isso só exige um pequeno sacrifício da nossa parte. Mas costumamos falhar miseravelmente quando se trata de aplicar esse princípio ao problema da fome mundial. A Unicef relata que aproximadamente 90 milhões de crianças do mundo são gravemente privadas de alimento. Todas essas crianças sofrem muito, e muitas vão morrer de desnutrição e fome. E nós, o que fazemos? Não o suficiente, segundo Singer. Cada vez que gastamos nosso dinheiro em produtos de luxo como videogames, roupas de grife, cervejas especiais etc., agimos como se essas coisas fossem mais importantes do que a vida de uma criança faminta. Singer argumenta que aqueles que gastam dinheiro nessas coisas na verdade não são diferentes da pessoa que ignora a criança afogada porque não quer molhar as roupas.

Naturalmente, não pensamos nessas escolhas nesses termos, entretanto, sabemos muito bem que existem crianças famintas e que, se todos nós fizéssemos alguns pequenos sacrifícios (em vez de gastar em luxos desnecessários), poderíamos salvar um grande número dessas crianças. Estamos cometendo um grave erro moral vivendo desse modo? Em caso afirmativo, você tem uma obrigação moral de beber apenas uma cerveja barata esta noite – ou de beber água?

Verdade seja dita

O experimento mental de Singer sobre a criança que está se afogando não fazia nenhuma referência a um bar. Mas eu me recuso a levar a sério qualquer experimento mental em que me veja caminhando à beira de um lago sem nenhuma razão.

O que você acha?

- Pessoas medianamente ricas que nunca façam caridade são realmente piores do que aqueles que ignoram uma criança se afogando? Se existe uma diferença significativa, qual é ela?
- E se não existisse apenas uma, mas mil crianças se afogando? Isso aumentaria ou diminuiria sua obrigação de ajudar – ou isso é irrelevante?
- Por que você acha que muitas pessoas parecem não sentir nenhuma obrigação de fazer sacrifícios para acabar com a fome do mundo?
- Quanto uma pessoa devia estar disposta a sacrificar pelos menos afortunados?

Você sabia?

- Peter Singer leciona atualmente na Universidade Princeton e na Universidade de Melbourne. Sua nomeação para Princeton gerou protestos por causa de suas controversas opiniões morais – especialmente pelo fato de considerar justa a prática da eutanásia em bebês recém-nascidos com deficiências graves.
- Em 1970, a Assembleia Geral das Nações Unidas estabeleceu a meta de 0,7% do PIB para a contribuição das nações ricas com o desenvolvimento de países pobres. Nos últimos 35 anos, todas as nações ricas deixaram de cumprir essa obrigação acordada, mantendo as contribuições entre 0,2% e 0,4%. Os Estados Unidos estão geralmente entre os que menos contribuem.
- A Yuengling é a mais antiga cervejaria dos Estados Unidos. Foi fundada em Pottsville, na Pensilvânia, em 1829.
- Em 2000, os alunos do Oberlin College realizaram um concurso para escolher a melhor cerveja barata. As cinco escolhidas foram: (1) Schaefer, (2) Genny Cream Ale, (3) Miller High Life, (4) Black Label, (5) Pabst Blue Ribbon.

Leitura recomendada

- Hardin, Garrett. "Lifeboat ethics: the case against helping the poor". *Psychology Today* 8, Nova York, 1974, pp. 38-43.
- Singer, Peter. *A vida que podemos salvar: agir agora para pôr fim à pobreza do mundo.* Lisboa: Gradiva, 2011.

Notas de degustação: *Yuengling Traditional Lager*

Estilo: Amber Lager **Nota:** 1 2 3 4 5

Aparência:

Aroma:

Corpo:

Sabor:

40

O MAIS SÁBIO DE TODOS

A ignorância pode ser sabedoria?

Rótulo em questão: Elysian The Wise ESB

Cada gole da Wise ESB (Extra Special Bitter), da cervejaria Elysian, nos lembra que a sabedoria pode ser doce-amarga.* Pense, por exemplo, na vida de Sócrates. Embora fosse considerado o homem mais sábio de seu tempo, ele foi executado por sua "influência corruptora" (ou talvez devêssemos dizer: por suas "amargas verdades"). Portanto, brindemos ao pai da filosofia ocidental. Que ele possa encontrar a paz, a verdade e boas conversas nos Campos Elísios.

Na Grécia Antiga, no Templo de Apolo, havia uma caverna escura que emitia uma fumaça nociva. Na entrada dessa caverna sentava-se o oráculo de Delfos. O oráculo era famoso em toda a Grécia por suas profecias cifradas, mas aparentemente infalíveis. As pessoas vinham de longe para lhe fazer perguntas. Quando Carefon,

* Jogo de palavras com o nome da cerveja, já que "*wise*" significa "sábio" e "*bitter*", "amargo". (N. da T.)

amigo de Sócrates, o procurou, tinha uma pergunta em mente. "Há alguém mais sábio que Sócrates?", ele perguntou. A resposta foi espantosa: "Não há ninguém mais sábio".

Quando Sócrates (c. 470-399 a.C.) soube da notícia, ficou surpreso. Não podia acreditar que não existisse ninguém mais sábio que ele, porque ele sabia muito pouco. Sempre que Sócrates ponderava sobre as grandes questões da vida (O que é a verdade? O que é justiça? O que é coragem? etc.), nunca conseguia encontrar uma resposta totalmente satisfatória. Assim, ele concluiu que o oráculo devia estar enganado. Desde então, decidiu que sua missão na vida seria encontrar uma pessoa mais sábia que ele.

Sócrates apresentou essas "grandes questões" a todos os que encontrava – em especial aos mais proeminentes cidadãos de Atenas e aos mestres viajantes ou "sofistas", que alegavam saber essas coisas. Mas todas as vezes essas conversas tomavam um rumo semelhante. Sócrates fazia a pergunta – por exemplo, "O que é justiça?" – e seu interlocutor afirmava pomposamente ter todas as respostas. Ele podia dizer: "Justiça é beneficiar seus amigos e prejudicar seus inimigos", ou: "É falar a verdade e pagar suas dívidas". Mas, nas perguntas seguintes, Sócrates sempre encontrava falhas nas respostas. Por exemplo, diante da última definição, Sócrates respondeu:

> Pense nessa questão de agir corretamente: podemos dizer que consiste nem mais nem menos em dizer a verdade e pagar qualquer coisa que tenhamos recebido? Esses atos às vezes não são certos e outras vezes errados? Suponha, por exemplo, que um amigo nos empreste uma arma e depois fique louco e a peça de volta. Com certeza alguém vai dizer que não devemos devolvê-la. Isso não seria "correto", nem tampouco dizer a verdade sem reservas a um maluco.

Com perguntas e exemplos como esses Sócrates sempre conseguia mostrar que a definição oferecida conflitava com o que ambas as partes acreditavam ser verdade.

Como você pode imaginar, Sócrates criou muitos inimigos com essas questões. As pessoas não gostam que alguém prove que elas estão erradas – principalmente os pretensiosos sabichões. E, naturalmente, odeiam quando alguém aponta a amarga verdade de sua ignorância diante de uma multidão (as discussões de Sócrates quase sempre atraíam uma multidão). Mais tarde, os questionamentos de Sócrates aborreceram pessoas poderosas, e ele acabou sendo acusado de corromper a juventude.

Em seu julgamento, Sócrates disse ao júri que finalmente acreditava na profecia do oráculo. Talvez o oráculo estivesse certo o tempo todo, e ele fosse mesmo o mais sábio. Porque enquanto os outros julgavam erradamente saber coisas que na verdade ignoravam, ele pelo menos sabia que não sabia – o que o colocava à frente dos demais.

O que você acha?

- As pessoas que percebem que pouco sabem serão as mais sábias?
- Muita gente julga saber muito mais do que realmente sabe? Em caso afirmativo, por quê?
- Você acredita que o oráculo de Delfos tinha poderes sobrenaturais (ou muito incomuns)?
- Como você define a justiça?

Você sabia?

- Sócrates foi condenado à morte. E, embora tivesse muitas oportunidades de fugir, decidiu aceitar a sentença e beber cicuta. Se você gosta de bebidas amargas (mas não pretende se matar), pode experimentar a Hemlock Bitter,* da cervejaria Castle Rock, de Nottingham.
- Platão, que foi discípulo de Sócrates, teria dito: "Ele é um homem sábio que inventou a cerveja".
- O oráculo de Delfos era mais um cargo que uma determinada pessoa. O cargo foi ocupado por várias mulheres durante um período de mais de mil anos.

---

* A tradução literal do nome Hemlock Bitter seria "cerveja amarga como cicuta". (N da T.)

- Os Campos Elísios eram uma parte do mundo subterrâneo reservada aos heróis e virtuosos. Foi também o que inspirou o nome da Elysian Brewing Company, de Seattle.

Leitura recomendada

- Platão. *Apologia de Sócrates*. Porto Alegre: L&PM, 2008. ______. *A república*. 2ª ed. São Paulo: Escala, 2007.

Notas de degustação: *Elysian The Wise ESB*

Estilo: Extra Special Bitter (ESB) **Nota:** 1 2 3 4 5

Aparência:

Aroma:

Corpo:

Sabor:

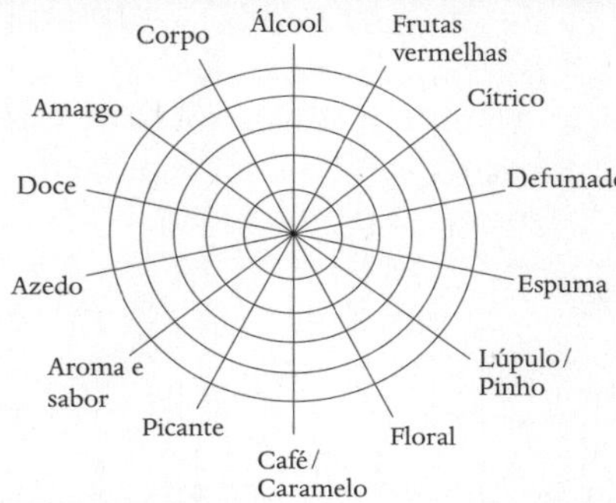

41

ENTRE NA MATRIX

Sua cerveja nada mais é que uma série de sinais elétricos em seu cérebro?

Rótulo em questão: Moonlight Reality Czeck Pilsner

As aparências enganam. Por isso, de vez em quando é uma boa ideia duvidar da realidade. E que melhor maneira de fazer isso do que com uma Pilsner Reality Czeck* da cervejaria Moonlight? Será que uma verdadeira Pilsner tcheca pode ser fabricada na Califórnia? Você será o juiz. Infelizmente, a Reality Czeck só está disponível em pequenos barris e em bares selecionados do norte da Califórnia. Alguém topa fazer uma viagem?

E se todo o mundo fosse uma ilusão – um mundo de sonho gerado por computador? Essa é a premissa do filme *Matrix*, de 1999. Milhões de pessoas vivem em um "mundo virtual" – uma réplica digital do nosso planeta e da nossa cultura no fim do século XX. A vida dessas pessoas é exatamente como a nossa. Elas vão para o

* *"Czeck"*, em inglês, significa "tcheca". O rótulo é usado como trocadilho com *"reality check"*, que significa "verificação da realidade". (N. da T.)

trabalho, pagam impostos, se apaixonam e conversam nos bares. Mas, na realidade, estão enclausuradas em casulos, com eletrodos conectados ao cérebro.

A ideia em que se baseia o roteiro de *Matrix* é que todas as experiências de uma pessoa podem ser produzidas artificialmente com a estimulação do cérebro. Como explica Morfeu: "O que é real? Como você define isso? Se real é o que você pode sentir, cheirar, ver e degustar, então a realidade não passa de uma série de sinais elétricos interpretados pelo cérebro".

Geralmente, esses sinais elétricos são produto de estimulação sensorial. Vemos a efervescência dourada de uma cerveja Reality Czeck, sentimos o aroma tentador de uma baguete fresca, sentimos na língua as bolhas e o sabor dos maltes adocicados e do lúpulo Saaz. Mas não existe razão para que a mesma experiência não seja alcançada com a estimulação direta do cérebro. Com a sofisticada tecnologia computacional do futuro, seremos capazes de criar um mundo virtual onde poderão viver milhões de pessoas.

Tal "matriz" ou "simulação" pode ser grosseira e não parecer mais real do que os videogames de hoje, mas poderia ser muito sofisticada – a ponto de ser indistinguível do mundo natural. Chegar a essa "simulação perfeita" seria uma conquista de programação, mas dentro do reino das possibilidades. Vamos considerar o seguinte. Você pode estar em uma matriz neste exato momento? Provavelmente você não leva essa perspectiva muito a sério, já que não temos a tecnologia necessária para criar uma matriz convincente. Mas isso significa pressupor que estamos vivendo no início do século XXI. Talvez você não esteja. Talvez o ano seja 2199 e você esteja conectado a uma simulação da vida na Terra no início do século XX.

Se a existência de matrizes de alta qualidade fosse possível, não haveria como ter certeza de que não estamos em uma matriz neste exato momento. Mas mesmo os que admitem essa lógica tendem a achá-la desconcertante. Porque eles acreditam que, mesmo que pudéssemos estar em uma matriz, as chances disso seriam praticamente zero. Nick Bostrom, filósofo e futurólogo de Oxford, discorda. Ele tem argumentado que as chances de vivermos em uma matriz são na verdade bastante altas. Para ele, existem três possibilidades:

> A primeira possibilidade é que a espécie humana quase certamente será extinta antes de se tornar tecnologicamente madura. A segunda é que praticamente nenhuma civilização tecnologicamente madura esteja interessada em construir matrizes. A terceira é que estejamos quase certamente vivendo em uma matriz.

Bostrom acredita que é difícil prever se a espécie humana vai sobreviver pelo tempo suficiente para alcançar a maturidade tecnológica. Existem muitas variáveis (guerra nuclear, doença, catástrofe ambiental etc.) a considerar. Mas parece bastante provável que a humanidade possa atingir a maturidade tecnológica (o ponto em que possa criar um número ilimitado de simulações de alta qualidade). Existem inúmeros motivos para criar matrizes. Os historiadores poderiam construí-las para recriar o passado ou para explorar contextos históricos contrafatuais – ou seja, qual teria sido o curso da história humana se não existisse o lúpulo ou a cevada? Os artistas poderiam criar matrizes esteticamente interessantes onde as pessoas poderiam viver ou que pudessem observar de fora. Pense nas possibilidades que se poderiam criar para a psicologia, a antropologia, a biologia evolucionária e (especialmente) o turismo.

Assim sendo, Bostrom supõe que, se não formos extintos como espécie e continuarmos tendo razões para construir matrizes, as sociedades avançadas provavelmente vão construir milhares delas – talvez bilhões –, cada uma com bilhões de habitantes. Sob essas condições, ele acredita que *quase certamente estamos em uma matriz*, simplesmente porque a maioria das vidas teriam sido vividas dentro de matrizes. É claro que a grande maioria das pessoas que vivesse dentro dessas matrizes não seria biologicamente humana. Seriam programas sensíveis – pessoas artificialmente inteligentes e inteiramente digitais. Essa seria a única maneira de povoar tantos mundos. Portanto, pense no seguinte: não só a cerveja que você está bebendo pode ser simulada, como você mesmo pode ser uma simulação!

Como não sabemos se alguma sociedade vai atingir a maturidade tecnológica ou se tal sociedade vai querer construir matrizes, não podemos concluir que estamos provavelmente em uma matriz. Entretanto, Bostrom acredita que existe uma probabilidade de 20% de estarmos vivendo em uma matriz.

Se estamos em uma matriz, pelo menos podemos ser gratos aos programadores por terem construído uma excelente simulação de cerveja. Mas, mais uma vez, podemos ter certeza disso? Como diz o personagem Mouse em *Matrix*:

> Talvez eles tenham entendido errado. Talvez o que penso que seja o gosto da cerveja seja na verdade o gosto da aveia ou do atum. Isso faz a gente pensar em um monte de coisas. O frango, por exemplo. Talvez eles não tenham conseguido imaginar o que faz o frango ter o gosto que tem – e é por isso que o frango tem gosto de qualquer coisa.

Como você pode ver, uma vez que você admite a possibilidade de uma matriz em sua consciência, as perguntas e as dúvidas tendem a se multiplicar como "fragmentos em sua mente".

Verdade seja dita

A citação de Mouse na verdade faz referência a um cereal e não a uma cerveja. O argumento, é claro, aplica-se igualmente bem à cerveja.

O que você acha?

- É possível que você esteja em uma matriz neste exato momento?
- Se Bostrom estiver certo ao pensar que uma sociedade vai atingir a maturidade tecnológica e ter interesse em construir matrizes, isso quer dizer que estamos quase certamente vivendo em uma matriz?
- Se você descobrisse que estamos vivendo em uma matriz, isso tornaria sua vida menos significativa?
- E se uma sociedade futura construísse nosso mundo simulado porque não existia cerveja (ou ingredientes para fabricá-la) no mundo natural? Você gostaria de "acordar" para essa realidade ou preferiria permanecer nesse mundo de sonho?

Você sabia?

- O mito da caverna, em *A república* de Platão, descreve a primeira matriz do mundo, por volta de 350 a.C. Nessa alegoria, os prisioneiros são levados a acreditar que não existe outra realidade senão as sombras lançadas nas paredes da caverna.
- Embora Bostrom tenha sugerido que os habitantes das matrizes seriam em sua maioria programas, nem todos eles precisariam ser "conscientes". Muitos poderiam ser "zumbis", seres que agem como se pensassem e sentissem coisas, mas na verdade não possuem uma "vida interior" consciente. (Para saber mais sobre os zumbis, ver o capítulo 45, "Medo de zumbis".)
- A cervejaria Moonlight está instalada na "Abadia de São Humulus", em Santa Rosa, na Califórnia (uma brincadeira, já que *Humulus lupulus* é o nome científico do lúpulo). Talvez seja a primeira e única cervejaria trapista dos Estados Unidos, embora não fabrique nenhuma cerveja nesse estilo nem tenha qualquer ligação com os mosteiros trapistas.
- Se você não encontrar uma garrafa de Reality Czeck, sugiro a Pilsner Urquell como alternativa. Trata-se da Pilsner original, fabricada pela primeira vez em 1842, cujo estilo tem sido desde então imitado pelos cervejeiros (e arquitetos de matrizes).

Leitura recomendada

- Irwin, William. *Matrix: bem-vindo ao deserto do real.* São Paulo: Madras, 2003.
- Lawrence, Matt. *Like a splinter in your mind: the philosophy behind the Matrix trilogy.* Oxford: Blackwell, 2004.

Notas de degustação: *Moonlight Reality Czech Pilsner*

Estilo: Bohemian Pilsner **Nota:** 1 2 3 4 5

Aparência:

Aroma:

Corpo:

Sabor:

42

UM CASO DE MÁ-FÉ

Você é responsável por tudo o que faz?

Rótulo em questão: Fantôme Pissenlit

"*Saison*" é uma palavra francesa que significa "estação" e também se refere ao tipo de cerveja produzida sazonalmente em fazendas da Valônia, região da Bélgica de língua francesa, como esta. "*Pissenlit*" (outro nome em francês para o dente-de-leão) significa literalmente "molhar a cama", devido ao efeito diurético do dente-de-leão. Essa cerveja da Brasserie Fantôme, da Bélgica, utiliza uma boa dose de dente-de-leão. Portanto, considere-se avisado. Se molhar a cama, não poderá culpar ninguém. Como nos lembra o existencialista francês Jean-Paul Sartre, "sem desculpas".

A maioria das pessoas diz que raramente faz o que quer. Ao contrário, a maior parte do tempo é gasto em coisas que elas *têm que* fazer. Têm que ir à escola, têm que ir ao trabalho, têm que puxar o saco de um patrão idiota, e assim por diante. Você provavelmente não é diferente. Quantas vezes você já disse ou pensou que tinha de fazer isso ou aquilo?

Se parar para pensar nisso, será que você não está mentindo para si mesmo? Você realmente tem que ir ao trabalho? As pessoas fingem que estão doentes todos os dias. As pessoas abandonam o trabalho todos os dias. Você não tem que ir. Mas, naturalmente, se não for trabalhar, você não será pago. Mas você não tem que ser pago – e, por falar nisso, você também não tem que pagar a prestação do seu carro. Muita gente deixa de pagar as dívidas o tempo todo. A questão aqui é que ir ao trabalho não é algo que você tenha que fazer. É uma opção. Há milhões de coisas que você poderia fazer durante o seu dia. Só que você escolheu ir ao trabalho. Então, mais uma vez, pergunto: o que você realmente tem de fazer? Comer, você diz? Você realmente tem que comer? Gandhi não comia; o líder camponês César Chávez não comia. Ambos passavam semanas sem comer. Eles perceberam que comer era uma escolha. Então, existe algo que você de fato tenha de fazer? Segundo o filósofo existencialista francês Jean-Paul Sartre (1905-1980), só existe uma coisa que temos de fazer: *escolhas*. Uma frase sua que ficou famosa é: "O homem está condenado a ser livre".

Dito assim, parece que a liberdade é uma coisa ruim – como se você fosse um prisioneiro no corredor da morte. Isso é intencional. Em certos aspectos, você é como o prisioneiro. Por exemplo:

1. *Você não escolheu a liberdade.*
   Não pediu por ela, apenas nasceu com ela.
2. *Você não pode fugir de sua liberdade.*
   Tente quanto quiser, mas você não pode deixar de fazer escolhas.
3. *Você gostaria de poder.*
   Muita gente dá a impressão de não querer outra coisa senão fugir da liberdade.

O ponto mais interessante é o terceiro. Ele vai contra o senso comum. Pergunte a qualquer um, e todos vão lhe dizer que amam a liberdade. Dirão que a liberdade é uma das coisas mais importantes da vida. Mas Sartre acreditava que nossos atos indicam o contrário. Como já vimos, mentimos a nós mesmos constantemente em relação à liberdade. Tentamos nos convencer – e convencer a quem nos ouve – de que temos de fazer as coisas que fazemos, mesmo sabendo, lá no fundo, que escolhemos isso.

Sartre chama o fenômeno de mentir para si mesmo de "má-fé".* E a mentira preferida de muita gente é que não tem liberdade. Por que fazemos isso? Tudo é uma questão de responsabilidade. Pense nisso. Se você não tem que ir ao seu enfadonho trabalho puxar o saco do imbecil do seu chefe, e existem milhões de coisas melhores a fazer, então de quem é a culpa se é assim que você passa o seu dia? De repente, você é obrigado a perceber que não é apenas o trabalho que suga suas forças. É você que faz péssimas escolhas. Já que você tem opções (e Sartre afirma que *sempre* temos opções), não há a quem culpar a não ser a você mesmo. Você está "sozinho, sem desculpas".

É nesse ponto que a visão existencialista de liberdade de Sartre se torna controversa. Porque ele acha que ninguém *nunca* tem uma desculpa legítima para as coisas que faz. Isso também contraria o senso comum. Tendemos a achar que existem diversos tipos de desculpas, de trauma infantil a depressão maníaca. De fato, a Associação Americana de Psiquiatria recentemente determinou que a compulsão por comida e a compulsão por jogo devem ser diagnosticadas como transtornos psicológicos (embora não aplique a mesma norma à obesidade, à dependência da *internet* e do sexo, como muitos psiquiatras queriam). Se alguém tem um distúrbio de *bona fide*, geralmente temos para com ele uma certa condescendência. Não o culpamos tanto quanto culpamos a sua "situação". Mas pense na compulsão por comida, por exemplo. Certa vez ouvi um homem dizer que ficou obeso de propósito. "Claro que foi de propósito", ele disse. "Nunca coloquei nada na boca por acaso." Sartre concordaria com essa análise. O comilão não *tem* que comer, assim como o alcoólatra não *tem* que beber e o jogador não *tem* que jogar. Sempre existem opções, e, sendo assim, não se pode culpar ninguém. Portanto, se você sente a compulsão de beber mais uma Pissenlit Saison, perceba que está fazendo uma escolha – nesse caso, uma escolha deliciosa!

---

* Sartre não usa "má-fé" no sentido mais comum de "intenção maldosa", "falsidade". Para ele, má-fe é um erro lógico, uma incoerência, um erro escolhido. Uma atitude fatalista e resignada diante dos acontecimentos é uma conduta típica de má-fé no sentido sartriano. (N. da T.)

Verdade seja dita

Afirmei que, se você molhasse a cama depois de muitas Pissenlit Saison, não teria "desculpa", do ponto de vista de Sartre. Essa afirmação requer uma explicação. Sartre afirma que somos responsáveis por nossas ações e decisões (assim como por nossas emoções). Mas molhar a cama não é de fato uma ação. Não é algo que fazemos, mas algo que nos acontece. Uma pessoa que tenha uma disfunção urinária não é responsável por sua incontinência. Assim também a criança pequena que molha a cama. Por outro lado, aqueles que exagerarem na degustação de Pissenlit Saison serão no mínimo responsáveis por se colocarem na provável situação de molhar a cama, e por isso acredito que Sartre concordaria que para eles não há desculpa.

O que você acha?

- Sartre está correto ao afirmar que nunca existe desculpa para as decisões que tomamos?
- Você vive em má-fé? Sob que circunstância você mente para si mesmo?
- Por que as pessoas vivem enganadas? Isso sempre se resume a uma tentativa de fugir à responsabilidade pelos próprios atos?

Você sabia?

- O oposto de má-fé é o que Sartre chamou de "autenticidade". Viver com autenticidade é ser honesto e fiel a si mesmo. É viver na plena consciência da sua liberdade e da sua responsabilidade.
- Amiga e amante de Sartre durante muito tempo, Simone de Beauvoir usou as ideias existencialistas para analisar questões de gênero e a submissão feminina em seu livro *O segundo sexo*.

- Jean-Paul Sartre serviu o exército francês como meteorologista. Foi capturado pelos nazistas e passou nove meses como prisioneiro de guerra. Essa experiência teve um profundo impacto sobre suas ideias filosóficas posteriores.
- As cervejas sazonais eram tradicionalmente produzidas no outono ou no inverno para serem consumidas pelos trabalhadores rurais na colheita do fim do verão. Cada trabalhador tinha direito a 5 litros por dia de trabalho. Hoje, muitas cervejas sazonais são produzidas com alto teor alcoólico (a Pissenlit tem teor de 8%), mas originalmente tinham menos de 3%, de modo a refrescar uma força de trabalho sedenta.

Leitura recomendada

- Sartre, Jean-Paul. *Existentialism and human emotions.* Nova York: Citadel, 2000.
- _______. *O ser e o nada.* 13ª ed. Petrópolis: Vozes, 2005.

Notas de degustação: *Fantôme Pissenlit*

Estilo: Saison (sazonal) **Nota:** 1 2 3 4 5

Aparência:

Aroma:

Corpo:

Sabor:

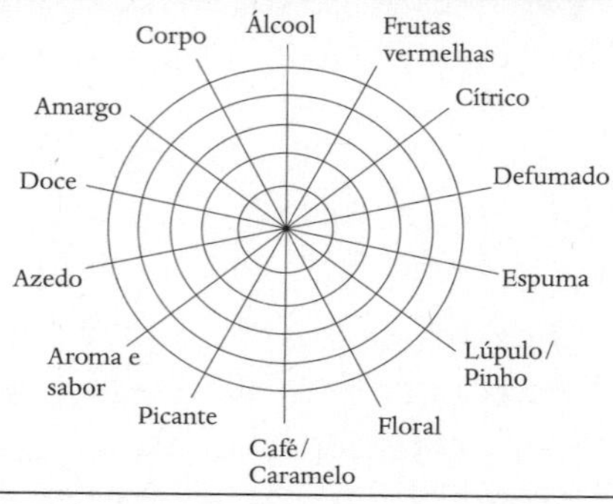

43

O BARRIL E O CUTELO

Você é um especista?

Rótulo em questão: Laughing Dog Alpha Dog Imperial IPA

Há alguma coisa errada em comer um hambúrguer para acompanhar uma cerveja? A maioria das pessoas acha que não. Afinal, essa não é uma das vantagens de ocupar o topo da cadeia alimentar? Bem, pelo menos saboreie uma Alpha Dog Imperial IPA, da cervejaria Laughing Dog, enquanto Peter Singer tenta fazer você perder essa atitude arrogante.

Este capítulo diz respeito ao tratamento que dispensamos aos animais em geral e ao consumo de carne em particular. Com certeza não há melhor maneira de fazer inimigos do que questionar o direito concedido por Deus a uma carne suculenta. Então vamos começar discutindo algo com que é mais provável você concordar: o erro moral do racismo. Vamos definir racismo da seguinte maneira:

Racismo: preconceito ou atitude tendenciosa em favor dos interesses dos membros da própria raça e contra os interesses dos membros de outras raças.

Para mim, essa definição capta a essência do racismo. O proprietário de escravos, por exemplo, valorizava a liberdade, a felicidade e a prosperidade econômica dos brancos, mas não admitia o interesse do escravo negro pelas mesmas coisas. No entanto, simplesmente não existe nenhuma razão legítima para favorecer os interesses dos brancos em detrimento dos interesses dos negros. Fazer isso é preconceito.

Uma situação semelhante ocorre em relação ao sexismo.

Sexismo: preconceito ou atitude tendenciosa em favor dos membros do próprio sexo e contra os interesses dos membros do outro sexo.

Negar às mulheres o direito de votar, dirigir automóveis ou escolher o marido é desconsiderar seus interesses. No entanto, são exatamente os mesmos interesses que os homens valorizam para si mesmos.

O filósofo australiano Peter Singer argumentou que o erro moral em que se fundamentam o racismo e o sexismo é essencialmente o mesmo. Ambos violam um princípio moral fundamental que ele chama de *princípio de igualdade*. Trata-se da ideia de que os interesses semelhantes têm peso semelhante, e as diferenças

de tratamento devem ser justificadas em termos de diferenças relevantes entre os seres. De acordo com Singer, se você acha o racismo e o sexismo moralmente errados, é porque você adota (corretamente) o princípio da igualdade.

Agora considere um terceiro fenômeno paralelo:

Especismo: preconceito ou atitude tendenciosa em favor dos interesses dos membros da própria espécie e contra os interesses dos membros de outras espécies.

Singer afirma que o especismo é errado pela mesma razão que não se pode aceitar o racismo e o sexismo: porque viola o princípio de igualdade. É precisamente o mesmo fenômeno. Apenas o grupo-alvo é diferente.

Você é um especista? A maioria das pessoas é, e eis por quê. Se você pensar em seus interesses mais importantes e nos interesses mais importantes de um animal, descobrirá algo como o que se segue:

Principais interesses humanos	*Principais interesses animais*
vida	vida
liberdade	liberdade
ausência de dor	ausência de dor
família	família
amizade	amizade
sexo	sexo
realização	comida saborosa

Esta não é uma lista completa, nem a ordem é exata. Você provavelmente tem milhares de interesses, entre eles continuar os estudos, expandir seus horizontes filosóficos ou descobrir uma ótima Imperial IPA. Os animais, por outro lado, são mais limitados em termos de interesses. Mas observe que seus principais interesses são muito semelhantes aos nossos. Vida, liberdade e ausência de sofrimento são tão importantes para eles quanto para nós. Então, em que ponto da lista você colocaria "comer carnes suculentas"(ou hambúrgueres, ou costelinhas etc.)? Apesar de ser um prazer, não creio que comer carne seja um de seus interesses fundamentais. Assim sendo, quando pede um bife, você não está agindo como se um de seus interesses mais triviais valesse mais do que *todos* os interesses fundamentais dos animais? E isso não é exatamente a mesma coisa que fazem os racistas e sexistas?

Os oponentes do especismo de Singer argumentam que a importância da espécie é diferente da importância da raça ou do sexo. Geralmente, resume-se ao fato de que os animais são menos inteligentes, o que seria uma razão *relevante* para tratá-los de maneira diferente. Com isso Singer concorda: os animais devem ser tratados de maneira diferente (assim como os humanos) quando houver diferenças relevantes. Por exemplo, não se deve dar aos porcos o direito de voto – nem tampouco às crianças de 4 anos ou aos insanos. A inteligência é de fato relevante para certos direitos, como votar, ter acesso à educação e a uma licença de motorista. Mas a inteligência inferior é uma razão legítima para desconsiderar o sofrimento de outro ser? Uma pessoa com grave deficiência mental não gosta de sentir dor, da mesma forma que o cientista, a vaca e o porco. A inteligência não muda o valor que devemos dar à dor física de alguém. Como disse Jeremy Bentham, famoso filósofo utilitarista: "A questão não é se eles podem falar ou raciocinar, mas se eles podem sofrer".

Singer admite que o número e a abrangência dos interesses humanos (devido à nossa inteligência avançada) podem nos dar razões para considerar a vida humana mais valiosa que a dos animais. Entretanto, diante da perda de liberdade e do tremendo sofrimento imposto aos animais com as técnicas modernas de pecuária nas fazendas industriais, ele afirma que comer carne não se justifica. Alguém topa uma cerveja com cenoura?

O que você acha?

- O especismo é moralmente equivalente ao racismo e ao sexismo?
- Você concorda com Singer que o problema do racismo e do sexismo é que eles violam o princípio de igualdade? Em caso afirmativo, o especismo faz o mesmo?
- Se você discorda do argumento de Singer, em que ele está errado?
- O fato de ocuparmos o topo da cadeia alimentar nos dá o direito de comer carne de animais?

- Se temos justificativa para comer carne, também temos como justificar o terrível sofrimento a que são submetidos os animais nas fazendas industriais?
- Se extraterrestres onívoros muito mais avançados que nós pousassem na Terra em busca de alimento, teriam razões legítimas para nos devorar?

Você sabia?

- Os vegetarianos têm menor incidência de doenças cardíacas, baixos índices de hipertensão e diabetes do tipo 2, menos câncer de cólon e maior expectativa de vida que a população em geral.
- O argumento especista de Paul Singer é a premissa de seu livro *Libertação animal*, que já vendeu mais de 1,5 milhão de exemplares e desencadeou um movimento pelos direitos dos animais.

- Quase tão odioso quanto o racismo e o sexismo é o "lagerismo". Lagerismo é o preconceito ou atitude tendenciosa em favor das cervejas Lager e contra todas as Ales, Stouts e Porters. É uma atitude comum – mesmo em alguma das nações mais liberais. Portanto, lembre-se: não permita que seus amigos se tornem "lageristas".
- A cervejaria Laughing Dog fica em Sandpoint, Idaho. Sua Alpha Dog é uma verdadeira bomba de lúpulo. A cervejaria usa lúpulos de Columbus e Mount Hood para obter um sabor de pinho e um amargor substancial.

Leitura recomendada

- Cohen, Carl. "Do animals have right?" *Ethics and Behavior* 7, nº 2, 1997.
- Singer, Peter. *Libertação animal.* São Paulo: WMF Martins Fontes, 2010.

Notas de degustação: *Laughing Dog Alpha Dog Imperial IPA*

Estilo: Double/Imperial IPA **Nota:** 1 2 3 4 5

Aparência:

Aroma:

Corpo:

Sabor:

44

FLERTANDO COM O DESASTRE

Quando o flerte se torna assédio?

Rótulo em questão: St. Pauli Girl Lager*

Você já pegou um de seus amigos acariciando uma garrafa de cerveja? Se isso aconteceu, era provavelmente uma garrafa de St. Pauli Girl Lager – a cerveja que tem maior probabilidade de provocar "amor à primeira vista". Como diz seu *slogan*, "A primeira garota a gente jamais esquece". Mas convém verificar se ela está sendo valorizada ou apenas tratada com um objeto a ser usado e descartado.

O rótulo da garrafa de St. Pauli Girl Lager talvez seja um dos mais tradicionais da indústria da cerveja. A imagem de uma linda garçonete loura de seios fartos parece corresponder aos principais interesses do seu público.

Como disse um blogueiro, "Peito e cerveja, o que mais poderiamos desejar?" Naturalmente, a "garota St. Pauli" está sorrindo enquanto

---

* "*Girl*", em inglês, significa "garota". (N. da T.)

carrega todas aquelas cervejas geladas – está feliz em servi-lo. Mas alguém pode suspeitar que seu sorriso é apenas o começo de sua mudança. Em algumas horas, é pouco provável que ela pareça tão feliz e descansada – não porque carregar canecas de cerveja seja muito cansativo (embora seja), mas porque ela será objeto de brincadeirinhas e avanços de inúmeros clientes, quase sempre inconvenientes.

Os homens sempre flertaram – e continuarão flertando – com lindas garçonetes. Às vezes é uma brincadeira totalmente inofensiva, e ambas as partes se divertem com isso. Mas muitas vezes é indesejável e vai longe demais. O que começa como uma "brincadeira inofensiva" logo se transforma em assédio sexual. Mas o que constitui exatamente um assédio sexual? Onde se situa essa linha invisível que separa um flerte inocente, uma brincadeira divertida, de um assédio?

Catherine Mackinnon, advogada e filósofa feminista, que participou de alguns dos primeiros processos de assédio sexual nos anos 1970, propõe a seguinte definição de assédio sexual:

> Numa acepção mais ampla, é a pressão sexual que a pessoa não está em condições de recusar. Em sua forma verbal, inclui um ambiente de trabalho saturado de insinuações, propostas e avanços sexuais. Outras formas são, por exemplo, o olhar lascivo aos seios de uma mulher enquanto ela fala ou espiar por baixo de sua saia quando ela se curva para apanhar um arquivo. Em sua forma física, inclui o toque sexual indesejado.

Considere que essa definição se aplica também à garçonete, seja ela a mítica "garota St. Pauli" ou a garçonete da vida real. Muitos bares estão, sem dúvida, saturados de insinuações, propostas e avanços sexuais – uma boa dose deles dirigidos às garçonetes. E podemos esperar que a coisa não chegue ao toque sexual indesejado, o que às vezes acontece. A questão é saber se a garçonete está em condições de recusar. É claro que ela pode sempre se afastar, recusar-se a servir ou (em circunstâncias extremas) derramar a bebida no colo do ofensor. Mas tais atos podem ter graves consequências para o seu emprego. Portanto, embora ela possa recusar, pode se sentir pressionada a se sujeitar. Nesse caso, ela parece ser vítima do que a professora de estudos femininos Rosemary Tong descreve como *assédio sexual coercitivo*, o que ocorre quando alguém é forçado a fazer (ou aceitar) algo que normalmente não faria porque o autor da coerção mudou de maneira adversa suas opções.

Muitos casos de assédio sexual coercitivo no ambiente de trabalho envolvem superior e subordinado(a), uma vez que o superior tem o poder de limitar as opções do(a) subordinado(a). Mas num bar é quase sempre o cliente que exerce uma influência financeira direta sobre a garçonete, já que a maior parte de sua renda vem das gorjetas, e seu emprego depende em grande parte da satisfação dos clientes.

Embora o cliente de bar esteja bem situado para se envolver num assédio sexual coercitivo, ainda existe a questão de distinguir entre flerte inocente e assédio ofensivo. Muitos argumentam que a definição de Mackinnon é abrangente demais. A filósofa social Ellen Frankel Paul adverte contra o risco de levar a noção de assédio sexual longe demais:

> Têm chegado aos tribunais casos baseados em tudo, de piadas de mau gosto a avanços sexuais persistentes e indesejados de colegas de trabalho. [...] Queremos realmente que os legisladores e os juízes investiguem nossa vida privada mais íntima, decidindo quando um olhar é lascivo e quando um olhar lascivo é uma violação dos direitos civis?

Mas o assédio sexual tem dois aspectos. Um é legal e trata dos limites da acusação legítima. O outro é moral e discute se existe a prática de algo errado (independentemente das ramificações legais do ato). Frankel Paul afirma que precisamos de um *padrão objetivo* pelo qual julgar o comportamento sexual. E embora sua proposição tenha sido feita no contexto da lei, parece relevante também no campo moral. Ela acredita que estamos num terreno perigoso quando permitimos que a percepção subjetiva da suposta vítima seja a regra. Ela recomenda que o ato ofenda o direito do "homem razoável" para ser qualificado como assédio sexual.

Mas algumas feministas têm argumentado que o "padrão do homem razoável" é parte do problema, não a solução. Barbara Gutek, professora de estudos femininos, relata que os homens e as mulheres diferem nas percepções e atitudes em relação ao assédio sexual. A pesquisa de Gutek mostrou que 84% das mulheres, mas apenas 59% dos homens, consideraram assédio o toque sexual no trabalho. Outros estudos indicam que os homens e as mulheres quase sempre discordam quanto ao que constitui comportamento sexual "amigável", e os homens em geral não percebem que certos comportamentos são indesejáveis quando acham que a mulher está se comportando de uma maneira sensual.

Em seus estudos sobre a pornografia, Catherine Mackinnon ataca um padrão semelhante: "que a pessoa média aplique padrões contemporâneos da comunidade".

> O feminismo duvida que exista essa pessoa média de gênero neutro, tem mais dúvidas sobre o conteúdo e o processo de definição de padrões da comunidade do que sobre os desvios desses padrões [...] e pergunta por que um corpo legal que na prática não foi capaz de distinguir o estupro do intercurso deve ser incumbido, sem maior orientação, de distinguir entre pornografia [e poderíamos acrescentar o assédio sexual] e qualquer outra coisa.

Essa linha de raciocínio levou alguns juízes a adotar um "padrão da mulher razoável". No processo Ellison *vs.* Brady, por exemplo, a Nona Corte de Apelação argumentou que "o padrão da pessoa razoável tende a ser tendenciosamente masculino e a ignorar sistematicamente as experiências das mulheres".

Frankel Paul discorda. Ela afirma que as mulheres não podem exigir igualdade quando for conveniente e depois esperar um tratamento especial quando a situação fica difícil. "A igualdade tem seu preço", ela argumenta, "e esse preço pode incluir avanços sexuais indesejados, gracejos sexuais intimidantes de idiotas bêbados, insolentes e ignorantes". E essa é a questão crítica. O "padrão da mulher razoável" é um tratamento especial dedicado às mulheres? A Nona Corte de Apelação afirmou que não:

> O padrão da mulher razoável não estabelece um nível de proteção mais alto para as mulheres do que para os homens. [...] Em vez disso, um exame consciente do assédio sexual em termos de gênero permite às mulheres participar do ambiente de trabalho em igualdade de condições com os homens.

Portanto, da próxima vez que topar com a "garota St. Pauli" e estiver preparado para demonstrar seu interesse sexual, pense na complexidade desta questão. Não presuma que seus avanços são tão charmosos como você pensa.

> *Verdade seja dita*
>
> A última citação de Ellen Frankel Paul faz referência a "colegas insolentes", e não a "bêbados idiotas e insolentes".

O que você acha?

- Onde você traça a linha entre flerte e assédio? Você acha a definição de Mackinnon satisfatória?
- Devemos julgar o assédio de um ponto de vista neutro ou do ponto de vista da "mulher razoável"?
- Como os clientes de um bar têm influência sobre os ganhos financeiros das garçonetes, seus atos devem ser considerados semelhantes aos dos superiores no ambiente de trabalho? Por quê? Ou por que não?

Você sabia?

- Embora os tribunais estejam cheios de processos de assédio sexual no ambiente de trabalho, a grande maioria deles envolve superiores e subordinados(as) ou colegas. É muito mais difícil processar com sucesso clientes acusados de assédio sexual, embora existam alguns casos.
- Camille Paglia, autora de *Personas sexuais: arte e decadência de Nefertite a Emily Dickinson*, que se considera uma "dissidente feminista", critica as visões feministas como a de Mackinnon. Afirma que precisamos de "um novo tipo de feminismo que enfatize a responsabilidade pessoal e esteja aberto à arte e ao sexo em todos os seus mistérios obscuros e inconsoláveis". Afirma também que "a atração do sexo está no perigo inerente a ele. Podemos ser dominados".
- A St. Pauli Girl atualizou seu rótulo em 2006. No novo rótulo, a garota St. Pauli tem os cabelos soltos em vez de presos em um coque. Não foi uma mudança tão grande quanto a anterior, na qual

ela parecia ter passado por uma cirurgia de aumento dos seios. Em 1999, a St. Pauli Brauerei começou a usar coelhinhas da *Playboy* nos anúncios de revistas, comerciais de tevê e aparições ao vivo.

- Parece haver uma mensagem subliminar sugerindo que a garota St. Pauli possa ser mais do que uma garçonete. Embota a St. Pauli Brauerei tenha sido construída sobre o Mosteiro de São Paulo, o nome também parece aludir ao famoso distrito da luz vermelha St. Pauli, em Hamburgo.

Leitura recomendada

- Mackinnon, Catherine. *Sexual harassment of working women: a case of sex discrimination*. New Haven: Yale University Press, 1979.
- Paul, Ellen Frankel. "Bare buttocks and federal cases". 7ª ed. Em Sterba, James (ed.). *Morality in practice*. Belmont: Thomson Wadsworth, 2004.

Notas de degustação: *St. Pauli Girl Lager*

Estilo: German Pilsner **Nota:** 1 2 3 4 5

Aparência:

Aroma:

Corpo:

Sabor:

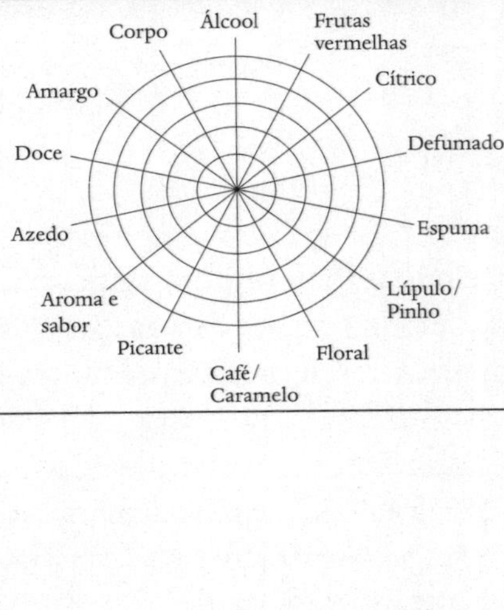

45

MEDO DE ZUMBIS

Você está sentindo o mesmo gosto que eu? Afinal, você está sentindo algum gosto, seja lá qual for?

Rótulo em questão: AleSmith Old Numbskull Barley Wine

Este capítulo evoca a noção de zumbi, não no sentido hollywoodiano de mortos-vivos comedores de carne, mas no sentido filosófico de uma pessoa que não tem experiência fenomenológica – nenhuma "vida interior". O zumbi filosófico é um néscio no sentido mais literal da palavra. Portanto, pegue um copo da AleSmith Old Numbskull Barley Wine, no estilo da costa oeste.* Ela não vai transformar você em um zumbi, mas certamente vai levá-lo ao limite de sua experiência.

Você não tem nenhuma evidência direta da experiência consciente de ninguém, a não ser da sua. Seus amigos *agem* como se tivessem experiências conscientes semelhantes às suas, mas você pode ter certeza

---

* "*Numbskull*", em inglês, significa "néscio", "tolo", o que justifica a escolha da cerveja Old Numbskull para o capítulo. "*Barley wine*" é uma cerveja excepcionalmente forte. (N. da T.)

disso? Por exemplo, você e um amigo bebem uma Old Numbskull e falam de sua linda cor âmbar. Isso significa que vocês estejam tendo a mesma sensação de cor? Não é possível que, enquanto você vê a cor âmbar, seu amigo veja uma tonalidade de verde? Ele só a chama de âmbar porque foi isso que lhe ensinaram. Âmbar, lhe disseram, é a cor do mel e da cerveja. No entanto, se você pudesse entrar na cabeça dele como no filme *Sexta-feira muito louca*, ficaria evidente que a cor que ele vê no mel e na cerveja é verde. E se depois você fosse até o gramado da frente, com certeza iria perceber que, vista através dos olhos dele, a grama tem um brilhante tom de âmbar.

Esse fenômeno é chamado de *espectro invertido*. Como não há como entrar na mente de seu amigo, não há como ter certeza de que o espectro visual dele não está invertido. E o mais perturbador é que o seu espectro pode estar invertido. O que você chama de âmbar todo mundo chama de verde. O mesmo vale para o sabor. Vocês podem comentar sobre o sabor de caramelo de sua Old Numbskull, mas o que é caramelo para ele pode ser licoroso para você.

Geralmente, pensamos que essa inversão é muito pouco provável. A ciência tem nos mostrado que todos os seres humanos têm uma estrutura biológica semelhante, e a responsável por nossas sensações de cor, sabor etc. é a nossa estrutura biológica. E como seus olhos, seu sistema nervoso e seu cérebro funcionam de maneira muito semelhante aos olhos, ao sistema nervoso e ao cérebro de seu amigo, concluímos que você dois estão tendo a mesma experiência. Mas devemos lembrar que, embora os cientistas possam observar e medir os estados do corpo, não têm acesso às experiências dos fenômenos. Embora você possa relatar a sensação de "tons âmbar", os cientistas não podem saber se esse "âmbar" é o mesmo que o resto de nós (ou qualquer um de nós) percebe. O único acesso aos estados conscientes é o que cada um tem de si mesmo. Portanto, quando supomos que outras pessoas estão tendo uma experiência semelhante à nossa, estamos generalizando para toda a humanidade o que sabemos a partir de um único caso – o nosso!

Se você não tem evidência nenhuma do que seu amigo está sentindo, como saber que ele está sentindo alguma coisa? Naturalmente, ele lhe diz que está preocupado em encontrar trabalho ou animado com o jogo daquela noite. Mas isso é apenas um comportamento externo. Como saber que esse comportamento é acompanhado de uma experiência interior? Ou seja, como saber que seu amigo não é um *zumbi* – alguém que não tem nenhuma experiência interior? Nesse sentido filosófico, um zumbi é como eu ou você, exceto pelo fato de não ter sensações, pensamentos, desejos ou sentimentos. David Chalmers, filósofo contemporâneo, descreve a noção de zumbi propondo seu "gêmeo zumbi":

> Como seria meu gêmeo zumbi? [...] Com certeza ele seria idêntico a mim *funcionalmente*: poderia processar o mesmo tipo de informação, reagir de maneira semelhante a estímulos, suas configurações internas seriam devidamente modificadas, e ele teria um comportamento indistinguível do meu. [...] Ele até seria "consciente" no sentido funcional descrito anteriormente – estaria alerta e seria capaz de relatar os conteúdos de seus estados internos, de concentrar a atenção em vários lugares e assim por diante. Só que esse funcionamento não seria acompanhado de qualquer experiência consciente real. Não haveria sensação fenomenológica.

O conceito básico nesse caso não é tão estranho. Muita gente se pergunta até onde se estende a consciência na escala evolucionária. Por exemplo, as baratas têm "vida interior"? E as lesmas e as amebas? Talvez as baratas só tenham uma espécie de "psicologia funcional" que lhes permita buscar alimento, evitar o perigo, acasalar-se etc., sem necessidade de experiências conscientes. Se for assim, então as baratas seriam zumbis de um tipo muito primitivo. Se seu amigo for um zumbi, certamente é um zumbi mais sofisticado. Ele faz mais do que apenas procurar cerveja; pode observar e discutir seu belo tom âmbar e seu delicioso sabor de caramelo. Mas se ele é um zumbi, não possui a sensação de âmbar nem a admiração que acompanha a visão da beleza. Pode falar do sabor de caramelo e dizer que ele o remete à infância, mas não possui a sensação de caramelo nem o sentimento de nostalgia.

Embora Chalmers não ache muito provável que seu amigo seja um zumbi, ele acredita que a noção de zumbi (ou mesmo de um mundo de zumbis) é conceitualmente coerente. É, pelo menos, logicamente possível. Para os covardes, a perspectiva de existir um zumbi em cada esquina pode ser assustadora. Mas pelo menos existe um lado bom em tudo isso. Embora seu melhor amigo, seu marido ou sua mulher possam ser zumbis, você não precisa se estressar com a possibilidade de também ser um. Se você tem experiências conscientes, geralmente você sabe que tem. Se você é capaz de ter medo de zumbis, pode ter certeza de que não é um deles.

O que você acha?

- É possível que um de seus amigos seja um zumbi? E todos eles podem ser zumbis?
- Você acha muito provável que algumas formas inferiores de vida sejam zumbis?
- Supondo que nenhum ser humano seja um zumbi, isso indicaria que a evolução favorece a consciência? Em caso afirmativo, por quê? Se os zumbis podem comer, se reproduzir e até criar tecnologias, qual a vantagem de ter consciência dos estados mentais?
- É possível que você tenha um espectro invertido? Existe alguma forte evidência que indique o contrário?

Você sabia?

- O primeiro filósofo a propor expressamente a noção de zumbi foi provavelmente Robert Kirk, no artigo "Zombies *vs.* materialists", publicado no jornal *Mind* em 1974. Entretanto, René Descartes também teve uma visão semelhante em relação aos animais não humanos.
- David Chalmers tem uma página na *internet* dedicada aos zumbis e à literatura filosófica sobre zumbis: <http://consc.met/zombies.html>.
- Alguns filósofos, como Daniel Dennett, acham que a ideia de um zumbi é em si mesma contraditória. Sua palestra "The zombic hunch: extinction of an intuition" está disponível *on-line* em inglês no site da Universidade de Nova York.
- A cerveja Old Numbskull ganhou uma série de prêmios, inclusive a medalha de ouro em sua categoria no Chicago Real Ales Festival. A AleSmith Brewing Company está sediada em San Diego, na Califórnia.

Leitura recomendada

- CHALMERS, David. *The conscious mind: in search of a fundamental theory.* Oxford: Oxford University Press, 1996.
- DENNETT, Daniel. "The zombic hunch: extinction of an intuition". Royal Institute of Philosophy Millennial Annual Lecture Series, 1999. Disponível em <*www.nyuu.edu/gsas/dept/philo/courses/consciousness/papers/DD-zombie.html*>.

Notas de degustação: *AleSmith Old Numbskull Barley Wine*

Estilo: American Barley Wine **Nota:** 1 2 3 4 5

Aparência:

Aroma:

Corpo:

Sabor:

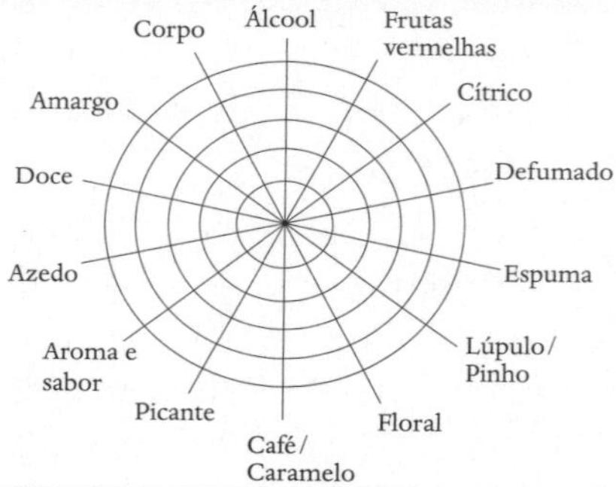

46

A CANECA VAZIA DE LAO-TSÉ

E se o vazio for bom?

Rótulo em questão: Tsingtao Lager

Poucas coisas na vida são piores do que uma caneca vazia. Mas, se Lao-tsé estiver certo, nada é mais necessário. Enquanto você mergulha no antigo enigma chinês sobre o "vazio", abra uma das melhores cervejas de exportação da China, a Tsingtao Lager. Quando seu copo ficar vazio e você tiver terminado o capítulo, tenho certeza de que você estará mais esclarecido *e* mais confuso.

O grande sábio taoísta Lao-tsé (c. 500 a.C.) desvendou os mistérios do universo enquanto bebia uma cerveja. Bem, na verdade, ele só teve o *insight* depois que acabou a cerveja e ficou olhando para a caneca vazia. Ele vinha refletindo sobre a natureza do universo e se perguntando sobre a fonte de todas as coisas. Percebeu que a força primeira (que chamou de Tao) não podia ser uma coisa, porque senão também precisaria de uma fonte. Mas, se não era uma coisa, o que seria? Nada? E então entendeu. O não ser é distinto do nada absoluto. Tem força. Pode fazer coisas. O não ser é criativo e útil. Como ele disse em sua famosa obra, *Tao Te Ching*:

"O Tao é como uma caneca vazia;
usada, mas nunca esgotada.
É como o eterno vazio;
cheio de infinitas possibilidades."

Ele percebeu que o universo é constituído de duas essências: o ser e o não ser. O ser está associado ao que chamamos de matéria. Pode assumir muitas formas, assim como uma caneca pode ser feita de vidro, de barro ou de madeira. O não ser, ao contrário, é semelhante ao espaço vazio criado pela caneca. E é por essa razão que queremos uma caneca. Quando temos sede, não nos preocupamos em saber de que material é feita a caneca. O que importa é se ela tem um espaço vazio para conter a cerveja. Lao-tsé percebeu que o não ser é uma coisa maravilhosa, e que não poderíamos beber nossa cerveja sem ele. Uma das melhores coisas do não ser é que, embora possa ser usado, nunca se esgota. Podemos encher nossa caneca milhares de vezes. Isso acontece porque o vazio é usado, mas não *consumido*.

Lao-tsé começou a ver a importância do não ser à sua volta:

"Trinta raios estão ligados ao redor do eixo para fazer uma roda,
mas é do não ser que a utilidade da carroça depende.
Portas e janelas são recortadas para fazer uma sala,
mas é do não ser que a utilidade da sala depende.
O barro é moldado para fazer uma caneca,
mas é do não ser que nossa cerveja depende."

No estudo da realidade, o foco do filósofo é geralmente o ser. Mas Lao-tsé viu que o não ser era igualmente importante. De fato, ser e não ser eram opostos complementares e interdependentes. Eram o par fundamental em que se baseia a miríade de pares opostos (chamados *yin/yang*) que constituem o universo:

"O ser e o não ser criam um ao outro.
O fácil e o difícil se apoiam.
O longo e o curto se definem por comparação.
O alto e o baixo dependem um do outro.
O antes e o depois se seguem.
O lúpulo e a cevada se equilibram."

Lao-tsé afirmou que era a interação entre ser e não ser que criava a dança e o fluxo da vida. É esse aspecto (geralmente negligenciado) do não ser que governa essas interações. Como escreve Lao-tsé de uma maneira bastante obscura:

"O Tao nunca faz nada,
e no entanto através dele todas as coisas são feitas."

Como algo que não é uma coisa pode não fazer nada? A resposta de Lao-tsé é *wu wei* – a ação da inação. Podemos ter um vislumbre desse fenômeno analisando o nome da nossa Tsingtao Lager:

TSINGTAO

Se pensarmos no ser ou na "matéria" da palavra acima, descobriremos que ela é feita de tinta. Agora, tente o seguinte experimento mental. Suponha que eu pudesse levantar a tinta do papel e segurá-la na mão. Depois, que a jogasse de novo sobre o papel e ela pousasse assim:

ONGITAST

Não temos mais a palavra Tsingtao, mas ainda é a mesma tinta (o mesmo ser). Então o que mudou? Obviamente, a diferença está na ordem das letras, ou seja, na relação entre cada letra e as que a precedem e a sucedem. E do que exatamente é feita essa relação? De nada. Relação não é matéria. É o que acontece entre a matéria – e essa é a essência do não ser. Entretanto, Lao-tsé afirma que o não ser faz as coisas acontecerem. Dá significado ao mundo. Não tanto a matéria, mas os processos e relacionamentos é que fazem a vida valer a pena. O que são o amor e a amizade? Não são pedaços da matéria, mas relações. E o que é a sua cerveja senão uma dança cósmica de lúpulo, cevada e levedura nas relações corretas para lhe dar uma sensação deliciosa? Portanto, Lao-tsé concluiu que o não ser reside no coração de toda grande cerveja:

> "Vazio, e no entanto inesgotável,
> ele gera infinitas cervejas."

Verdade seja dita

Está certo, mudei a maioria das passagens do *Tao Te Ching* para incluir a cerveja. Em segundo lugar, acrescentei a parte sobre a caneca. Em terceiro lugar, acrescentei o lúpulo e a cevada. Finalmente, Lao-tsé diz que o Tao gera "infinitos mundos", e não infinitas cervejas – mas a questão filosófica é praticamente a mesma. E como nada é certo sobre a biografia de Lao-tsé (os estudiosos debatem se existiu mesmo um único autor do *Tao Te Ching*), tomei alguma liberdade ao presumir que a inspiração para a sua teoria foi uma caneca. (Embora tenha uma forte desconfiança de que ele contemplou a questão do não ser no fundo de uma cerveja.)

O que você acha?

- O não ser realmente existe? Ele realmente pode fazer coisas?
- Os processos e relacionamentos podem ser adequadamente descritos em termos da matéria ou Lao-tsé estava certo ao atribuí-los ao não ser?
- Tente imaginar um mundo sem não ser. Seria concebível?

Você sabia?

- Além das reflexões sobre a origem e a natureza do universo, outros temas centrais do *Tao Te Ching* incluem a ética (como se deve viver) e a filosofia política (como se deve governar). Trata-se do texto mais influente da tradição filosófica taoísta.
- Bruce Lee era estudante da filosofia taoísta. Valorizava o *wu wei* e confiava na "ação da inação" em seu estilo de *kung fu*. Escreveu sobre essa influência em seu livro filosófico, publicado como *Striking thoughts: Bruce Lee's wisdom for daily living* [Pensamentos notáveis: a sabedoria de Bruce Lee para a vida diária].
- De acordo com o físico Lawrence Krauss, 70% da energia do universo está contida no espaço vazio.
- Muitas pessoas conhecem o conceito de *yin/yang* por seu símbolo ☯. São exemplos tradicionais de *yin/yang*: feminino/masculino, frio/quente, água/pedra, vale/montanha, macio/duro, receptivo/ativo.
- A Tsingtao costumava ser anunciada como "produzida com água mineral da fonte Laoshan", que, segundo se dizia, contribuía para seu sabor único. Hoje isso só se aplica à Tsingtao produzida na província de Qingdao.

Leitura recomendada

- Lee, Bruce. *Striking thoughts: Bruce Lee's wisdom for daily living.* Boston: Tuttle, 2000.
- Tzu, Lao. *Tao Te Ching: o livro do caminho e da virtude.* Rio de Janeiro: Mauad, 2011.

Notas de degustação: *Tsingtao Lager*

Estilo: Standard American Lager **Nota:** 1 2 3 4 5

Aparência:

Aroma:

Corpo:

Sabor:

47

A CERVEJA E O SENTIDO DA VIDA

A vida tem algum sentido? Isso significa que devo beber outra cerveja?

Rótulo em questão: Deschutes The Abyss

*Abismo** (substantivo): 1. Precipício muito profundo. 2. A incomensuravelmente profunda e escura Imperial Stout da cervejaria Deschutes, do Oregon, vendida em garrafas de 650 ml e disponível apenas em lotes limitados. 3. Enigma filosófico que deixa você sem chão.

Quando você mergulha fundo em um copo de Abyss, é fácil perder de vista o sentido da vida – ou começar a imaginar se você alguma vez já o viu realmente. Duas ameaças parecem borbulhar na escuridão – espaço e tempo –, cada uma tentando roubar a importância da nossa vida.

* Em inglês, *"abyss"*, referência ao nome da cerveja do capítulo. (N. da T.)

Considerar seriamente a expansão do espaço é ao mesmo tempo aterrorizante e desalentador. Aquilo que geralmente consideramos imenso – nosso planeta ou mesmo o sistema solar – se revela muito pequeno perante o esquema das coisas. Nosso sol é apenas um de milhões de sóis da nossa galáxia, e nossa galáxia é meramente uma de centenas de milhões de galáxias que animam nosso universo observável. O universo, até onde podemos determinar, tem pelo menos 93 bilhões de anos-luz de distância. A enormidade de tudo isso confunde a mente. Visto dessa perspectiva, nosso planeta não passa de um grão de poeira. E se um grão de poeira pode ter minúsculos grãos de poeira sobre ele, bem, esses somos nós. Nessa escala cósmica, nossos atos parecem absolutamente insignificantes.

Nossa vida não parece valer mais quando vista pela lente do tempo. Mesmo que você viva cem anos, isso não é senão um instante na história do universo. Se tiver sorte, talvez algumas de suas realizações sobrevivam depois de sua morte. Talvez você seja lembrado por gerações. Mas isso também não significa praticamente nada da perspectiva temporal. Na verdade, toda a história humana não passa de um piscar de olhos. Se dividirmos a história da Terra em um dia de 24 horas, desde sua formação até o presente momento, os homens só aparecem mais ou menos um segundo antes da meia-noite. Nessa escala, a duração das realizações de qualquer pessoa praticamente não é mensurável.

Assim sendo, à primeira vista, a enormidade do espaço e do tempo parece diminuir ou até mesmo obliterar a importância da nossa vida. Mas quanto mais refletimos sobre essa questão, mais enigmática ela se torna. Se os deuses lançassem no esquecimento os 90 bilhões de anos-luz do universo, de que maneira isso tornaria nossa vida mais significativa? Diz-se que o grande filósofo alemão Immanuel Kant nunca deixou sua cidade natal, Königsberg. Se todo o universo nada mais fosse do que a cidade de Königsberg – se nada houvesse além dela –, isso tornaria a vida de Kant mais significativa? Não vejo razão para acreditar nisso. Se a vida de uma pessoa é significativa, sua importância deve vir da maneira como ela a vive, não da sua proporção espacial em relação ao resto do universo. E suponha que sejamos abençoados com a vida eterna. Isso mudaria alguma coisa? Se oitenta anos de vida foram insignificantes, estendê-la *ad infinitum* lhe daria significado?

Então, tempo e espaço não são o problema. Talvez o que diminua o significado da vida não seja o espaço e o tempo, mas o fato de que, vendo a vida dessa maneira, estamos adotando uma perspectiva objetiva e *externa* – o que o filósofo contemporâneo Thomas Nagel chama de "visão a partir de lugar nenhum". Por outro lado, de uma perspectiva subjetiva ou *interna*, a vida parece naturalmente cheia de significado. A importância salta das pequenas coisas, de quase todo lugar – dos resultados esportivos ao preço da cerveja. O universo pode não se importar com essas coisas, mas nós com certeza nos importamos. Para a maioria de nós, só nos raros momentos de humor mais negro deixamos de encontrar significado na vida. É por isso que o psicólogo existencialista Victor Frankel perguntava a seus novos pacientes: "Por que você não comete suicídio?" Qualquer pessoa que ainda seja capaz de responder a essa pergunta deve ter encontrado algum significado na vida – algo que a tenha motivado.

O cético pode ainda enfatizar o fato de talvez estarmos nos enganando sobre o que tem significado. Nós todos já deixamos de considerar alguns acontecimentos muito importantes e mais tarde percebemos que estávamos enganados. Podemos facilmente imaginar que mesmo alguém que conquiste alguma coisa incrível, como escalar o monte Everest, fique com o seguinte sentimento: "É só isso?" Se esses acontecimentos são significativos ou não depende, pelo menos em parte, de encontrarmos significado neles, e isso nunca é absolutamente necessário. Para qualquer coisa que façamos, sempre é possível perguntar: "Será que valeu a pena?"

Muita gente procura em Deus o sentido da vida. Alguns acham que, se Deus não existisse, a vida não teria sentido. Mas, com a existência de Deus, a humanidade tem um propósito – presumivelmente cumprir o plano divino. Acho difícil compreender esse raciocínio. Por que os planos de Deus importam e os nossos não? Qual é o sentido disso? Isso realmente vale a pena? E se o que justifica o plano divino é o fato de que gera um "bem maior", isto é, justiça, felicidade e assim por diante, então nossa vida não pode se justificar pela bondade de nossos atos, pela justiça, amor e felicidade que trazemos ao mundo?

O que você acha?

- A dimensão do tempo e do espaço tem algum efeito sobre a importância de nossa vida?
- A vida só tem significado de uma perspectiva subjetiva ou "interna"?
- Nós criamos ou inventamos o sentido da vida? Podemos considerar algo significativo quando na realidade não é?
- A vida só tem significado se Deus existir? Se é assim, é Deus que dá sentido à nossa vida?

Você sabia?

- Algumas pessoas acham importante ajudar os outros. Como diz o filósofo Jack Handey: "Às vezes, quando penso em toda a cerveja que já bebi, sinto vergonha. Então olho dentro do copo e penso nos trabalhadores da cervejaria e em todos os seus sonhos e esperanças. Se eu não bebesse aquela cerveja, eles podiam ficar sem emprego, e seus sonhos seriam destruídos. Então digo a mim mesmo: 'É melhor eu beber esta cerveja e deixar que os sonhos deles se tornem realidade do que ser egoísta e me preocupar com o meu fígado'".
- A romancista francesa Anaïs Nin sugeriu que "Não existe nenhum grande significado cósmico coletivo; existe apenas o significado que cada um dá à sua vida, um significado individual, um enredo individual, como um romance individual, um livro para cada pessoa".
- Friedrich Nietzsche observou que os seres humanos podem se conformar com o sofrimento (na verdade, procuram por ele). O que eles não podem é se conformar com um sofrimento *insignificante* – sofrer sem razão. Ver *A genealogia da moral* III:28.
- Os efeitos de The Abyss variam de acordo com o indivíduo e as circunstâncias. Tenha em mente que nem todo mundo passa por uma crise de significado com esta cerveja. Muito pelo contrário, muitos dos que a bebem relataram que esse elixir escuro deu um novo significado à sua vida. Outros alegam ter sentido o verdadeiro amor pela primeira vez ao beber essa cerveja. Suponho que, como se dizia nos anos 1960, "Você embarca na viagem em que já está".

Leitura recomendada

- Frankl, Viktor. *Man's search for meaning.* Nova York: Washington Square, 1984.
- Nagel, Thomas. *Visão a partir de lugar nenhum.* São Paulo: Martins, 2004.

Notas de degustação: *Deschutes The Abyss*

Estilo: Imperial Stout **Nota:** 1 2 3 4 5

Aparência:

Aroma:

Corpo:

Sabor:

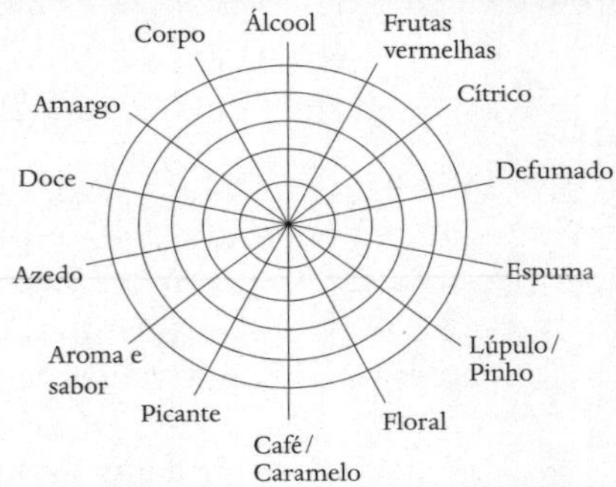

48

UM CASO DE TEMPERANÇA

Beber ou não beber: eis a questão

Rótulo em questão: Anheuser Busch O'Doul's

Para este capítulo, a escolhida é uma cerveja sem álcool. A pedida é a O'Doul's. Agora, para ser honesto, não me submeti ao sofrimento de provar essas pseudocervejas para oferecer a você a melhor. Como nunca conheci ninguém que apreciasse verdadeiramente alguma cerveja sem álcool, decidi que não havia razão para passar por isso. Como a O'Doul's se saiu melhor que a maioria em algumas avaliações publicadas, imagino que seja uma escolha tão boa quanto qualquer outra.

Este é um livro para quem gosta de cerveja. Por que, então, ele termina com argumentos contra beber cerveja? Será que todos os precedentes foram uma estratégia para seduzir você, que agora pode estar sendo castigado pela culpa? Claro que não. Devo lembrar que este livro é, antes de mais nada, um exercício de filosofia, e que a tarefa do filósofo é examinar problemas difíceis. E enquanto algumas questões são difíceis por causa de sua complexidade conceitual, outras são difíceis porque não queremos examiná-las muito de perto.

Um dos problemas mais visíveis de beber cerveja ou qualquer outra bebida alcoólica é dirigir embriagado. Segundo o Centro de Controle e Prevenção de Doenças, nos Estados Unidos todos os dias cerca de 32 pessoas morrem em acidentes provocados pelo uso de álcool. Na média, os motoristas alcoolizados causam ferimentos em alguém a cada minuto. Naturalmente, ninguém precisa deixar de beber para resolver o problema. Tudo o que é preciso fazer é não dirigir alcoolizado. Mas aparentemente é mais fácil dizer do que fazer. Não teríamos essas estatísticas horríveis se todo os que dizem que não dirigiriam bêbados (ou que nunca mais fariam isso) mantivessem a palavra. O álcool sem dúvida prejudica o juízo – inclusive o julgamento de estar em condições de dirigir. Isso nos leva a outra estatística reveladora: em 2006, cerca de 1,46 milhão de motoristas foram presos *nos Estados Unidos* por dirigir sob influência de álcool ou narcóticos. Dos que foram considerados culpados, nenhum era uma pessoa que nunca tinha bebido ou usado drogas. Claramente, a maneira mais certa de garantir que nunca vamos dirigir bêbados é simplesmente não beber.

Mesmo que você nunca tenha se sentado atrás de um volante depois de beber, existe razão suficiente para deixar de beber completamente. Considere por um momento os efeitos de seus atos sobre os outros. Será que o fato de você convidar os amigos para um bar inadvertidamente levou um deles a dirigir quando não devia – talvez horas depois de você ter ido para casa? Costumamos negligenciar essas situações dizendo que só somos responsáveis por nossos atos. Mas desconfio que o caso seria outro se na manhã seguinte você descobrisse que seu amigo saiu da pista quando voltava para casa, matando uma família inocente que viajava no outro carro. O monge budista Thich Nhat Hanh aprofunda essa questão. Ele nos encoraja a considerar a influência de nossos atos não apenas sobre nós mesmos e nossos amigos, mas sobre a sociedade como um todo. Ele afirmou que nós *somos* o mundo. Cada pensamento e cada ação cria a sociedade em que vivemos e que formará a vida de nossos filhos. Nem todos os bebedores contribuem (direta ou indiretamente) para um clima social em que o alcoolismo, dirigir alcoolizado, brigas de bêbados e sexo entre pessoas alcoolizadas (gerando filhos indesejados e doenças sexualmente transmissíveis) são lugares-comuns. Cada dólar gasto em álcool contribui para a propaganda que vai recrutar uma nova geração de bebedores – muitos dos quais vão beber de maneira irresponsável. Diante das incontáveis vidas destruídas pelo álcool, não devíamos levar o problema mais a sério?

A essência dos argumentos desse tipo é basicamente utilitarista. A ideia fundamental é que qualquer que seja o bem proporcionado pela bebida, não supera suas horríveis consequências. De fato, é difícil imaginar quanta felicidade deveria ser gerada para justificar milhares de mortes de inocentes a cada ano. Mas observe que damos a impressão de acreditar que algumas medidas são capazes disso. Por exemplo, se fixássemos o limite de velocidade a não mais que 50 quilômetros por hora em todas as rodovias, inúmeras vidas poderiam ser salvas. Mas muito poucas pessoas suportariam tal medida. Francamente, preferiríamos aceitar todas essas mortes previsíveis se isso significasse chegar ao destino mais rapidamente. Por outro lado, todo o bem que a cerveja provoca pode superar todos os seus males – pelo menos na avaliação de muita gente.

Pode-se argumentar que existem bens significativos decorrentes da cerveja. O mais evidente é o simples prazer de degustar uma boa cerveja ou relaxar com uma cerveja gelada num dia quente de verão. Mas também – e talvez isso seja o mais importante – devemos considerar as ramificações sociais de beber cerveja. Plutarco, historiador da Grécia Antiga, observou que a finalidade de beber é "alimentar e aumentar a amizade". Essa visão foi corroborada mais recentemente pelo filósofo contemporâneo Jason Kawall. Ele escreve:

> Podemos dizer que beber uma cerveja em boa companhia não é meramente beber uma cerveja em boa companhia: é conversar, planejar, lembrar, brincar, aconselhar, encorajar e assim por diante. É um ritual muito mais rico, da mesma maneira que para muita gente a xícara matinal de café não é apenas uma maneira de ingerir cafeína – é o aroma do café, o tempo que se passa lendo o jornal, e assim por diante.

Então, por que simplesmente não se reunir com os amigos para um café? Embora isso também tenha o seu lugar, qualquer bebedor de cerveja sabe que não é a mesma coisa. A cerveja é a bebida preeminentemente social, e assim é há séculos. Isso se deve provavelmente às propriedades "metafísicas" da cerveja, assim como à rede social na qual a bebida é consumida. Diferentemente de beber café, beber cerveja é uma atividade reservada para o fim do dia – depois que o trabalho termina e a pessoa está preparada para relaxar. E a cerveja é uma bebida que, por natureza, estimula a reflexão e a colaboração. Como observa Kawall, beber cerveja com os amigos geralmente estimula a confissão: "Partilhamos aspectos nossos que revelam mais de nosso caráter e de nossa vida aos amigos – e, por sua vez, os amigos nos revelam aspectos seus". Envolvendo-nos nessas mútuas confissões, afirma ele com razão, nos tornamos melhores amigos, e nosso relacionamento se aprofunda.

Se as amizades profundas e duradouras são alguns dos bens que a vida tem a oferecer, talvez o que há de bom em beber cerveja possa superar o que há de mal. O medo, naturalmente, é que nosso amor à cerveja nos incline a valorizar as suas virtudes e a desconsiderar seus efeitos colaterais desastrosos. Por essa razão, se sua análise se decidiu (felizmente) em favor da cerveja, é prudente revisitar o problema de vez em quando e reexaminar seu raciocínio. Melhor ainda, discuti-lo com os amigos ao redor de uma mesa de bar.

O que você acha?

- Pensando bem, você acha que os benefícios de beber cerveja superam suas consequências negativas?
- Se sua análise o levou a acreditar que os custos de beber cerveja superam seus benefícios, você deixaria de beber?
- Devemos assumir a responsabilidade pela maneira como nossos atos podem influenciar outras pessoas?
- É verdade que beber cerveja favorece a amizade? Se for o caso, existe alguma bebida melhor no planeta para isso?

Você sabia?

- Há muitas razões para alguém beber cerveja – *com moderação*. O site DrinkingBeer.net cita os seguintes, muitos deles confirmados por estudos médicos legítimos: (1) reduz o estresse; (2) faz bem ao coração; (3) melhora a circulação; (4) contém muita fibra; (5) tem alto teor de vitaminas B e minerais; (6) ajuda a prevenir derrames; (7) mantém o cérebro jovem; (8) é boa para o fígado; (9) cura a insônia; (10) protege contra cálculos biliares.

- Jason Kawall analisa a "felicidade" das amizades geradas pela cerveja da seguinte maneira: "Suponha que beber cerveja proporcione 5 unidades de felicidade, enquanto passar algum tempo com um amigo proporcione 10 unidades de felicidade. A proposta é que partilhar uma cerveja com um amigo pode produzir 20 unidades de felicidade, em vez de apenas 15. A conversa com o amigo flui muito mais livremente, vocês podem partilhar observações sobre a cerveja que estão bebendo, e assim por diante..."
- Aristóteles resumiu o assunto: "Ninguém escolheria viver sem amigos, mesmo que tivesse todos os outros bens".
- Uma apreciação sobre as virtudes da cerveja remonta ao início da história. Como diz um provérbio egípcio de c. 2000 a.C., "A boca de um homem perfeitamente feliz está cheia de cerveja".

Leitura recomendada

- Kawall, Jason. "Another pitcher? On beer friendship and character". Em Hales, Steven D. (ed.). *Beer and philosophy: the unexamined beer isn't worth drinking.* Oxford: Blackwell, 2007.
- Thich Nhat Hanh. *The path of emancipation.* Berkeley: Parallax, 2000.

Notas de degustação: *Anheuser Busch O'Doul's*

Estilo: Cerveja sem álcool **Nota:** 1 2 3 4 5

Aparência:

Aroma:

Corpo:

Sabor:

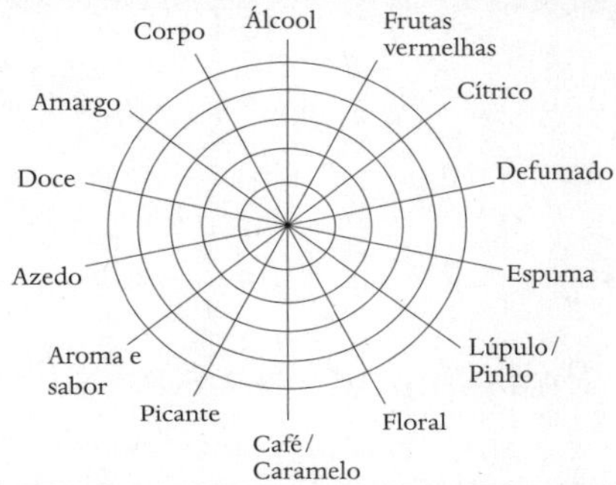

NOTAS

1. *Problemas de transporte*

- Para saber mais sobre a física do teletransporte e outras tecnologias de *Jornada nas estrelas*, ver Rick Stembach e Michael Okuda, *Star Trek: the next generation technical manual* (Nova York: Pocket Books, 1991). Stembach e Okuda foram conselheiros técnicos da série de tevê. Para uma visão mais filosófica da série, ver Richard Hanley, *A metafísica de Jornada nas Estrelas* (São Paulo: Makron Books, 1998).
- O experimento mental de teletransporte de Derek Parfit, no qual baseio livremente minha história, aparece em *Reasons and persons* (Oxford: Clarendon Press, 1984), p. 199.

2. *Paradoxo de Zenão da mão à boca*

- Os paradoxos originais de Zenão podem ser encontrados na *Física* de Aristóteles, 239b 5-18 (São Paulo: Unicamp, 2010).

3. *Se um copo de cerveja cai na floresta...*

- A citação de Berkeley foi extraída da parte 4 de seu *A treatise concerning the principles of human knowledge*. Disponível *on-line* em inglês no site da Universidade do Estado de Oregon: <www.oregonstate.edu/instruct/phl302/texts/berkeley/principles_contents.html>.

4. *O paradoxo da visão etílica*

- A análise de Dennett sobre o "primeiro gole de cerveja" é de seu *Consciousness explained* (Boston: Little Brown, 1991), pp. 395-396.

5. *A aposta de Pascal*

- O "argumento da aposta" de Pascal pode ser encontrado em seus *Pensamentos*, 1660 (São Paulo: WMF Martins Fontes, 2005). Ver principalmente a parte III, "Sobre a necessidade da aposta", especialmente o parágrafo 233.

6. *A máquina da experiência*

- A citação (modificada) de Robert Nozick é de seu *Anarchy, state, and utopia* (Nova York: Basic Books, 1974), pp. 42-45 [Robert Nozick, *Anarquia, estado e utopia* (São Paulo: WMF Martins Fontes, 2012)]. Foi reeditada em Steven M. Chan e Christine Vitrano (orgs.), *Happiness: classic and contemporary readings in philosophy* (Oxford: Oxford University Press, 2007).
- O estudo da Universidade de Michigan sobre os efeitos do chocolate no cérebro foi relatado em "Brain effects chocolate". Disponível *on-line* em: <www.brainhealthandpuzzles.com.brain_effects_chocolate.html>.

7. *A lança de Lucrécio*

- A reflexão de Lucrécio sobre os limites do universo podem ser encontrados na segunda metade do Livro I de seu *On the nature of things*. Disponível *on-line* em inglês no site do Instituto de Tecnologia de Massachusetts: <http://classics.mit.edu/Carus/nature_things.1.i.html>.
- O físico Lawrence Krauss discute as implicações de um universo plano e infinito em sua palestra "A universe from nothing",

AAI, 2009. Disponível *on-line* no YouTube: <www.youtube.com/watch?v=7ImvS8PLIo>.

- Para saber mais sobre as recentes descobertas sobre o tamanho e a forma do universo, ver o site da Nasa: <http://map.gsfc.nasa.gov/universe/uni_shape.html>.

8. *O dilema da onipotência*

- Uma estratégia semelhante (distinguindo dois sentidos de onisciência) é usada com frequência para fugir a outro dilema, o problema da liberdade e da divina clarividência, como vimos no capítulo 12, "O paradoxo da clarividência".

9. *O que Mary não sabia sobre a cerveja*

- A citação de Frank Jackson na seção "Você sabia?" aparece em seu artigo "Mind and illusion", em Anthony O'Hear (org.), *Minds and persons* (Cambridge: Cambridge University Press, 2003), pp. 251-271.

10. *Malcolm X e o bar só para brancos*

- O argumento de Charles Lawrence III de que se pode conceber melhor "raça" como verbo do que como substantivo pode ser encontrado em seu "If he hollers let him go: regulating racist speech on campus", *Duke University Law Review* (1990).

11. *Sabor descomplicado*

- A citação (modificada) de Virgil Aldrich aparece em seu "Beauty as a feeling", *Kenyon Review*, 1 (1939).
- O comentário de Ludwig Wittgenstein sobre "esfregar o estômago" pode ser encontrada em C. Barrett (org.), *Lectures and*

conversations on aesthetics, psychology, and religious beliefs (Oxford: Blackwell, 1966.)

- A passagem (modificada) da *Crítica da faculdade de juízo* de Kant pode ser encontrada no Segundo Momento § 7 (Rio de Janeiro: Forense Universitária, 1995).

12. *O paradoxo da clarividência*

- Outra maneira de escapar ao paradoxo é através da negação de que o livre-arbítrio exija possibilidades alternativas. Harry Frankfurt oferece um relato interessante de sua visão "compatibilista" do livre-arbítrio em seu "Alternate possibilities and moral responsability", reeditado em J. Freinberg e R. Shafer-Landau (orgs.), *Reason and responsability* (Belmont: Wadsworth, 2011).

13. *Buda e a ausência do eu*

- Embora a maioria das células do corpo humano viva menos de dez anos, existem notáveis exceções nas células dos ossos, que vivem mais de dez anos, do intestino, que vivem em média quinze anos, e do cérebro. Algumas células do cérebro parecem não se regenerar. Ver "Life span of humam cells defined: most cells are younger than the individual". Disponível no site do Times Higher Education (12 de agosto de 2005): <www.timeshighereducation.co.uk/story.asp?storycode=198208>.
- A instrução de Buda a seu filho Rahula faz parte de uma coletânea de seus ensinamentos chamada *Sanyutta-nikaya* [*The book of kindred sayings*], XVII, 2, 22. Ver Bart Gruzalsk, *On the Buddha* (Belmont: Wadsworth, 2000), p. 24.
- A citação de David Hume na seção "Você sabia?" é de seu *A treatise of human nature* (1739-1740), (Londres: Dent and Dutton, 1966), vol. I, Livro I, parte IV, 6, p. 239 [David Hume, *Tratado da natureza humana* (São Paulo: Unesp, 2001)].

14. *Os homens cegos e o black and tan*

- A análise de John Hick da história dos cegos e o elefante pode ser encontrada em seu "Do all religions worship the same God?", em Steven Cahn e David Satz (orgs.), *Questions about God* (Oxford: Oxford University Press, 2002).
- A utilização do pato-coelho por Hick aparece em "The Pluralistic Hypothesis", em David Steward (org.), *Exploring the philosophy of religion*, 7ª ed. (Upper-Saddle River: Prentice Hall, 2010), p. 43. O exemplo cartográfico aparece no mesmo ensaio, nas pp. 46-47.

15. *O paradoxo do mentiroso*

- A alegação da cervejaria Roy Pitz de ter "a cerveja mais pura dos Estados Unidos" aparece em seu site: <www.roypits.com/wp/welcome-to-roypits-com> (acessado no dia 5 de junho de 2010). Embora seja uma afirmação ousada, eles parecem obcecados em usar os ingredientes mais frescos disponíveis.
- A citação de Mark Ruffalo aparece em Jess Lebow, *The beer devotional: a daily celebration of the world's most inspiring beers* (Massachusetts: Adams Media, 2010).
- Não temos o comentário de Eubúlides sobre o paradoxo – apenas o fato de que ele o incluiu em uma lista de sete problemas filosóficos.
- A versão do crocodilo do paradoxo do mentiroso é atribuída aos estoicos c. 280 a.C.

16. *O barril de Paley*

- A citação (modificada) de William Paley aparece em *Natural theology*, 1809. Reeditada em Steven Cahn (org.), *Exploring philosophy of religion: an introductory anthology* (Oxford: Oxford University Press, 2009), p. 74.

17. *A borboleta de Chuang-tsé*

- A citação (modificada) de Chuang-tsé pode ser encontrada em Philip Novak (org.), *The world's wisdom: sacred texts of the world's religions* (Nova York: HarperCollins, 1995), p. 166.

18. *A dúvida de Descartes*

- A passagem (modificada) de Descartes aparece em "Meditação I, parte 12" de seu *Meditações em filosofia primeira* (Campinas: Unicamp, 2004).

19. *O comando de Deus*

- Uma objeção comum ao argumento contra a teoria do comando divino é a de que ele parece propor que a razão antecede a Deus. Mas, se Deus é eterno, nada pode ser anterior a Deus. Entretanto, o argumento não implica uma alegação de prioridade temporal. Ao contrário, a questão, na verdade, trata-se do que é explanatoriamente fundamental.

20. *O leite dos bêbados*

- As citações (modificadas) de Mill são do capítulo 2, parágrafos 3 e 6, de *Utilitarismo* (Lisboa: Gradiva, 2005).

21. *O mito de Giges*

- A citação (extremamente modificada) de Glauco é do Livro II, 359d e 360e, de *A república* de Platão (São Paulo: Escala, 2007).

22. O supercientista de Laplace

- Para saber mais sobre a pesquisa de Libet sobre a tomada de decisão, ver seu *Mind time: the temporal factor in consciousness* (Cambridge: Harvard University Press, 2004).
- A Old Fezziwig Ale é uma cerveja sazonal de inverno. Os representantes da cervejaria Samuel Adams a descrevem como "uma cerveja que parece um grande *cookie* de Natal, explodindo de sabores da estação". Se quiser mesmo surpreender alguém, abra uma delas numa tarde quente de verão.

23. A cerveja perfeita de Gaunilo

- O argumento ontológico de São Tomás de Aquino aparece no capítulo 2 de seu *Proslogium*. Disponível *on-line* em inglês através do *Medieval sourcebook* da Universidade Fordham: <www.fordham.edu/halsall/bsis/anselm-proslogium.html>.
- A resposta sobre a "ilha perfeita" de Gaunilo está disponível *on-line* em inglês no site: <www.fordham.edu/halsall/basis/anselm_gaunilo.html>.

24. O problema da verdade moral

- Há uma quarta posição sobre a questão da verdade moral que não foi abordada no capítulo. É a visão de que faz mais sentido simplesmente afirmar que as alegações morais *nunca* são verdadeiras. Essa posição é conhecida como *niilismo moral*.

25. Como unir corpo e alma

- A pesquisa Harris mencionada no início do capítulo pode ser encontrada em: <www.harrisinteractive.com/vault/Harris-Interactive-Poll-Research-The-Religious-and-Other-Beliefs-of-Americans-2003-3003-02.pdf>. Além de revelar que 84% dos americanos acreditam numa alma imortal, a pesquisa descobriu que 27% dos americanos acreditam em reencarnação e 69% acreditam em inferno.

- Para a opinião de Descartes sobre a interação mente-corpo, ver seu "Passions of the soul", seção 31, *The philosophical works of Descartes* (Cambridge: Cambridge University Press, 1973), pp. 345-346 [Descartes, *As paixões da alma* (São Paulo: Martins Fontes,1998)].

26. As formas de Platão

- Platão afirmou que todas as formas se assemelham à forma superior – a forma do bem. Para saber mais sobre o assunto, ver Gerasimos Santas, "The form of the good in Plato's Republic", em Gail Fine (org.), *Plato I: metaphysics and epistemology* (Oxford: Oxford University Press, 1999).

27. Como alcançar o nirvana

- O nobre caminho óctuplo de Buda pode ser encontrado *on-line* em inglês no site da Associação de Educação Dharma Buddha: <www.buddhanet.net/wings_h.htm>.

28. O problema do mal

- A "solução do mal necessário" é também chamada "solução da harmonia". Para uma análise literária interessante, ver capítulo IV de *Os irmãos Karamázov* de Fiódor Dostoiévski (São Paulo: Editora 34, 2008).
- A citação de William Rowe aparece em seu "The problem of evil and some varieties of atheism", *American philosophical quarterly* 16 (outubro de 1979), p. 337. Ver também seu *Philosophy of religion: an introduction* (Belmont:Thomson-Wadsworth, 2007), p. 120 [*Introdução à filosofia da religião* (Lisboa: Verso, 2011)].

- Para mais informações sobre a deterioração da cerveja, ver P. S. Hughes e E. D. Baxter, *Beer quality and safety* (Cambridge: The Royal Society of Chemistry, 2001.)

29. O enigma do tempo

- A citação de Paul Davies aparece em seu *God and the new physics* (Nova York: Simon and Schuster, 1983), p. 124 [*Deus e a nova física* (Lisboa: Edições 70, 1988)].

30. Os paradoxos da viagem no tempo

- A ideia de uma invenção sem inventor é explorada na série de filmes *O exterminador do futuro*. Em *O exterminador do futuro 2: o julgamento final*, humanos são criados pela primeira máquina artificialmente inteligente, baseada na tecnologia do braço do primeiro exterminador – que havia sido criado muitos anos à frente no futuro.

31. A Hefe Weizen de Hitler

- A piada citada no fim deste capítulo pode ser encontrada, ao lado de muitas outras piadas filosóficas, em Thomas Cathcart e Daniel Klein, *Plato and a platypus walk into a bar... Understanding philosophy through jokes* (Nova York: Penguin Books, 2008), p. 83 [*Platão e um ornitorrinco entram num bar...* (Rio de Janeiro: Ponto de Leitura, 2011)].

32. O paradoxo zen

- A passagem de Mumon no *kōan* Mu aparece em *Gateless Gate: the classic book of zen kōans* (Sommerville: Wisdom Publications, 2004), pp. 11-12.

- Os outros *kōans* também podem ser encontrados em *Gateless gate.*
- A história (modificada) de Toyo e o som silencioso é de Paul Reps e Nyogen Senzaki (orgs.), *Zen flesh, zen bones: a collection of zen and pre-zen writtings* (Boston: Sahmbhala, 1994), pp. 43-45 [Paul Reps e Nyogen Senzaki, *Histórias zen: uma coleção de escritos zen e pré-zen* (Brasília: Teosófica, 1999)].
- As citações de D. T. Suzuki aparecem em seu "The meaning of Satori", em Kit R. Christensen (org.), *Philosophy and choice: selected readings from around the world* (Mountain View: Mayfield Publishing, 1999).

33. Sexo e sensibilidade

- "O dilema de Heinz" aparece em Lawrence Kohlberg, "A cognitive-developmental analysis of children's sex-role concepts and attitudes", como foi citado em W. C. Crain, *Theories of development* (Upper Saddle River: Prentice-Hall, 1985), p. 118.

34. A virtude de Sócrates

- A tese de Sócrates de que ninguém age errado conscientemente aparece em muitos dos diálogos de Platão. Ver, por exemplo, *Apologia de Platão* 25e (São Paulo: Editora 34, 2008).
- A comparação de Sócrates entre agir errado e uma ilusão de óptica aparece em *Protágoras* de Platão, 356 c-e (Lisboa: Relógio D'água, 1999).
- A passagem da *Apologia* de Platão aparece em Edith Hamilton e Huntington Cairns (orgs.), *Plato: the collected dialogues* (Princeton: Princeton University Press, 1987).

35. Apelos da natureza

- A passagem (modificada) de Mêncio aparece em P. J. Ivanhoe e B. W. Norden (orgs.), *Readings of classical chinese philosophy* (Nova York: Seven Bridges, 2001).

- A passagem (modificada) de Xunzi aparece no mesmo texto, p. 284.

36. O eterno retorno de Nietzsche

- A passagem de Friedrich Nietzsche aparece em seu *A gaia ciência* (São Paulo: Companhia das Letras, 2001).
- A passagem de Milan Kundera está na parte I, capítulo 2, de *A insustentável leveza do ser* (São Paulo: Companhia de Bolso, 2008).
- O comentário de Nietzsche sobre a cerveja e o espírito alemão é do aforismo 2 em seu *Crepúsculo dos ídolos – ou como filosofar com o martelo* (São Paulo: Companhia das Letras, 2006).

37. O homem mais interessante do mundo e a linha de fogo

- A história (muito modificada) de Jim e os índios vem de Bernard Williams, "A critique of utilitarianism", reeditada em Christina Hoff Summers (org.), *Right and wrong* (Nova York: Harcourt, Brace, Jovanovich, 1986), p. 95.

38. A máquina de degustação de Turing

- A sugestão de que a Fuller's London Pride é semelhante a "anjos dançando em nossa língua" é do comentarista de cervejas Stephen Cox, citado em Beerpal.com: <www.beerpal.com/Fullers-London-Pride-Beer/709>.
- O texto sobre o Brewmaster5000 foi uma adaptação dos comentários de Lee Chase, cervejeiro-chefe da Stone Brewing, extraídos de suas "notas de degustação" sobre a Vertical Epic Ale, conforme publicado no site da Stone Brewery: <www.stonebrew.com/timeline/020202/notes/020809. html>.
- A passagem de John Searle aparece na página 2 de seu "The myth of the computer", crítica de *The mind's I: fantasies and reflexions on self*

and soul, coletânea de textos reunidos por Douglas R. Hofstadter e Daniel Dennett. Disponível *on-line* no site da *New York Times Review of Books*: <www.nybooks.com/articles/archives/1982/apr/29/the-myth-of-the-computer>.

39. O lago de Singer

- O "princípio moral fundamental" de Singer aparece no sexto parágrafo de seu "Famine, affluence, and morality". Disponível *on-line* em inglês no site Utilitarian.net: <http://www.utilitarian.net/singer/by/1972----.htm>.

40. O mais sábio de todos

- A passagem que contém as reflexões de Sócrates sobre a justiça aparece em *A república* de Platão (São Paulo: Escala, 2007).

41. Entre na Matrix

- A citação de Morfeu e a citação (modificada) de Mouse aparecem no filme *Matrix* (Warner Brothers, 1999).
- A citação de Nick Bostrom aparece em seu "Why make a matrix? And why you might be in one", em William Irwin (org.), *More Matrix and philosophy: revolutions and reloaded decoded* (Chicago: Open Court, 2005), p. 83.

42. Um caso de má-fe

- A afirmação de Sartre de que "o homem está condenado a ser livre" e de que "estamos sós, sem desculpas" aparecem em Walter Kaufmann (org.), *Existencialism from Dostoievsky to Sartre* (Nova York: Penguin, 1975), p. 353.

43. O barril e o cutelo

- A definição de especismo de Singer aparece em seu *Animal liberation: a new ethics for our treatment of animals* (Nova York: Avon, 1975), p. 7 [Peter Singer, *Libertação animal* (São Paulo: WMF Martins Fontes, 2010)].
- A citação de Jeremy Bentham aparece em seu *Introdução aos princípios da moral e da legislação* (São Paulo: Victor Civita, 1985), capítulo 17.

44. Flertando com o desastre

- A definição de assédio sexual de Catherine Mackinnon foi extraída de uma entrevista concedida em 1991 a Peggy Brawley para a *People Magazine*, vol. 36, nº16 (28 de outubro de 1991). Disponível *on-line* em inglês no *People Magazine Archive*: <www.people.com/people/archive/article/0,,20111140,00.html>.
- As duas citações de Ellen Frankel Paul (das quais a segunda foi modificada) aparecem em "Exaggerating the extend of sexual harassment", em James Sterba (org.), *Morality in practice*, 7ª ed. (Belmont: Thomson-Wadsworth, 2004).
- A pesquisa de Barbara Gutek sobre diferenças de gênero no comportamento sexual aparece em "Understanding sexual harassment at Work", em James Sterba (org.) *Morality in Practice*, 7ª ed. (Belmont: Thomson-Wadsworth, 2004).
- A passagem em que Mackinnon ataca o padrão da "pessoa média" aparece em seu "Pornography, civil rights, and speech", em Judith Boss (org.), *Analyzing moral issues*, 5ª ed. (Nova York: McGraw-Hill, 2010).
- As duas citações de Ellison *vs*. Brady (1991) aparecem nas páginas 3 e 4 da sentença. Disponível *on-line* em inglês no site da Universidade de Direito da Columbia: <www2.law.columbia.edu/faculty_franke/Torts/ellison.pdf>.
- A citação de Camille Paglia aparece na introdução de seu *Sexo, arte e cultura americana* (São Paulo: Companhia das Letras, 1993).

45. *Medo de zumbis*

- O texto de David Chalmer sobre seu gêmeo zumbi aparece na página 95 de seu *The conscious mind: in search of a fundamental theory* (Oxford: Oxford University Press, 1996).

46. *A caneca vazia de Lao-tsé*

- As citações (modificadas) de Lao-tsé (ou Lao Tzu) aparecem no *Tao Te Ching – O livro do caminho e da virtude* (Rio de Janeiro: Mauad, 2011). As passagens citadas incluem os números 4, 11, 2, 37, 6.

47. *A cerveja e o sentido da vida*

- A questão de Viktor Frankl sobre o suicídio aparece no prefácio de seu *Man's search for meaning* (Nova York: Washington Square Press, 1984).
- A citação de Jack Handey (originalmente um personagem do programa da NBC Saturday Night Live) aparece em muitas fontes da *internet*, mas sem crédito. Hack Handey tem vários livros de aforismos. Ver, por exemplo, *Deep thoughts: inspiration for the uninspired* (Nova York: Berkeley Books, 1992).
- A citação de Anaïs Nin foi extraída de Gunther Stuhlmann (org.), *The diary of Anaïs Nin*, vol. 2 (Nova York: Harcourt, 1996), prefácio.

48. *Um caso de temperança*

- As estatísticas sobre direção e álcool são do Centro de Controle e Prevenção ao Álcool: <www.cdc.gov/MotorVehicleSafety/Impaired_Driving/impaired-drv_factseet.html>.
- Todas as citações do ensaio de Jason Kawall aparecem em "Another pitcher? On beer, friendship, and character", em Steven D. Hales (org.), *Beer and philosophy: the unexamined beer isn't worth drinking* (Oxford: Blackwell, 2007), pp. 126-128.

- As razões de saúde para beber cerveja são de DrinkingBeer.net: <www.drinkingbeer.net/BeerArticles/Top_10_Reasons_Beer_is_Good_for_ your_Health.php5>.
- A afirmação de Aristóteles de que "ninguém deveria escolher viver sem amigos, mesmo que tenha outros bens" aparece na abertura do livro VIII de seu *Ética a Nicômano* (São Paulo: Edipro, 2007).

GLOSSÁRIO

Termos cervejeiros e filosóficos

Abbey Ale: [cerveja tipo abadia/trapista]: Uma cerveja forte tradicionalmente produzida pelos monges trapistas (ou não) nos mosteiros belgas. É uma cerveja de alta fermentação e acondicionada em garrafas. O termo também se aplica a qualquer cerveja produzida no estilo trapista. (Experimente a cerveja do capítulo 23, Chimay Bleue "Grand Réserve"; do capítulo 29, La Trappe Quadrupel; e do capítulo 36, North Coast Brother Thelonius Belgian Style Abbey Ale.)

Ale: cerveja de alta fermentação (isto é, a levedura fermenta na superfície do tanque de fermentação). As Ales podem ser fermentadas a temperaturas mais altas que as Lagers, que usam a fermentação profunda. (Experimente a cerveja do capítulo 15, Roy Pitz Truly Honest Ale, e a cerveja do capítulo 25, Rogue Dead Guy Ale.)

anatta: a doutrina budista do não eu. É a ideia de que não existe um "eu" ou uma "alma" permanente, autossuficiente e independente que sobreviva ao tempo. (Ver o capítulo 13, "Buda e a ausência do eu".)

argumentar de acordo com a melhor explicação: argumentar que uma conclusão, embora não comprovada, é a melhor explicação para o fenômeno em questão. (Ver o capítulo 16, "O barril de Paley".)

argumentar por analogia: argumentar que, como duas coisas são semelhantes em certos aspectos relevantes, podem-se extrair delas conclusões semelhantes. (Ver o capítulo 14, "Os homens cegos e o black and tan".)

argumento ontológico: tentativa de provar a existência de Deus a partir da simples ideia – ou definição – de Deus. (Ver o capítulo 23, "A cerveja perfeita de Gaunilo".)

Barley Wine: um tipo de Ale quase tão forte quanto o vinho – geralmente de teor alcoólico entre 10% e 15%. (Experimente a cerveja do capítulo 4, Flying Dog Horn Dog Barley Wine.)

Black Lager (Schwarzbier): cerveja escura, conhecida na Alemanha como Schwarzbier, produzida no estilo Lager. Tem um sabor mais suave que as Stouts e Porters, devido ao uso de levedura Lager em lugar da levedura Ale. A cor escura vem do uso de maltes escuros no processo de fermentação. (Experimente a Brew Dog Zeitgeist Black Lager.)

Blonde: nome que se dá na Bélgica e na França à cerveja dourada (experimente a cerveja do tipo abadia Leffe Blonde).

Bock (Bockbier): "forte" em alemão. A cerveja Bock costuma ser mais forte, mais escura e mais doce que a cerveja "comum". Uma variedade ainda mais forte é a Doppelbock. A Bock era originalmente usada para celebrar o fim da temporada de produção, e é tradicionalmente servida no outono, no fim do inverno e na primavera. (Experimente a Sprecher Mai Bock.)

Brown Ale: cerveja fabricada com malte escuro; o malte tostado produz sabor de caramelo e chocolate. O tipo básico originou-se em Londres, e desde então evoluiu para uma variedade de tipos. (Experimente a cerveja do capítulo 11, Big Sky Moose Drool Brown Ale, e a do capítulo 16, Newcastle Brown Ale.)

buraco de verme: falha topológica hipotética do espaço-tempo que serviria como atalho no espaço-tempo. Da mesma forma que um verme pode atravessar para o outro lado de uma maçã comendo-a, em vez de caminhar pela casca da maçã, o buraco de verme pode permitir que quem viaja pelo espaço-tempo chegue ao destino mais rapidamente do que os que pegaram uma rota convencional. (Ver o capítulo 30, "Os paradoxos da viagem no tempo".)

buraco negro: região do espaço da qual nada, inclusive a luz, pode escapar. É resultado da deformação do *continuum* espaço-tempo causada por uma massa muito compacta, como quando uma estrela entra em colapso sob o próprio peso. (Ver o capítulo 30, "Os paradoxos da viagem no tempo".)

carma: a lei do carma é a lei da causalidade na filosofia budista. Afirma que as ações e a conduta de um indivíduo determinam o conteúdo do seu presente e do seu futuro. (Ver o capítulo 27, "Como alcançar o nirvana".)

cerveja: uma das bebidas alcoólicas mais antigas, remonta a cerca de 6000 a.C. É produzida a partir da fermentação de grãos (geralmente cevada maltada), com a adição de lúpulos como agente aromatizante.

cerveja artesanal: termo usado de maneira bastante vaga, em geral para descrever a cerveja produzida por cervejeiros artesanais que trabalham exclusivamente com ingredientes naturais, em pequenas quantidades e sem nenhum equipamento industrial. Às vezes se refere a qualquer cerveja de alta qualidade.

ceticismo: doutrina segundo a qual o espírito humano não pode atingir nenhuma certeza a respeito da verdade, o que resulta em um procedimento intelectual de dúvida permanente. (Ver o capítulo 18, "A dúvida de Descartes".)

cevada: cereal do gênero *Hordeum*. Há duas variedades, classificadas de acordo com o número de fileiras existentes na espiga da planta. A cevada é aquecida para produzir o malte, um dos principais ingredientes da cerveja.

colarinho: camada de espuma que se forma na superfície da cerveja. Para criar um colarinho adequado, deve-se derramar a cerveja direto no centro do copo.

compatibilismo: ideia de que o livre-arbítrio é compatível com o determinismo causal. (Ver o capítulo 22, "O supercientista de Laplace", e o capítulo 12, "O paradoxo da clarividência".)

consequencialismo: teoria ética que afirma que um ato é "correto" quando produz as melhores consequências. O exemplo mais notável é o utilitarismo. (Ver o capítulo 31, " A Hefe Weizen de Hitler", e o capítulo 37, "O homem mais interessante do mundo e a linha de fogo".)

construção social: algo que é criado pela sociedade. O conceito oposto seria algo que é um fato biológico ou natural. Muitos filósofos argumentaram que raça e gênero são construções sociais. (Ver o capítulo 10, "Malcolm X e o bar só para brancos", e o capítulo 33, "Sexo e sensibilidade".)

corpo: densidade da cerveja sentida na boca durante a degustação.

correntes cósmicas: fios delgados (mais finos que um próton) de massa-energia muito concentrada. Uma peça de corrente cósmica de 1,6 quilômetro de comprimento pesaria mais do que a Terra. Foi levantada a hipótese de que as correntes cósmicas poderiam estender o comprimento do universo e ser utilizadas para viajar de volta no tempo. (Ver o capítulo 30, "Os paradoxos da viagem no tempo".)

Cream Ale: é um tipo de cerveja americana muito clara. Geralmente é uma mistura de metade Lager e metade Golden. (Experimente a Anderson Valley Summer Solstice Cerveza Crema.)

determinismo causal: a ideia de que (a) todo acontecimento tem uma causa; e (b) as causas determinam as características de cada acontecimento em detalhes precisos. Se o determinismo causal for comprovado, todo acontecimento ocorre exatamente como devia ocorrer – devido à condição causal anterior. (Ver o capítulo 22, "O supercientista de Laplace".)

dilema: uma escolha limitada a duas opções, ambas desfavoráveis. (Ver o capítulo 8, "O dilema da onipotência", e o capítulo 19, "O comando de Deus".)

Doppelbock: cerveja extraforte – geralmente com teor alcoólico de 7,5% ou mais, de baixa fermentação e cor escura. É uma cerveja especial de primavera originada no sul da Alemanha, tradicionalmente fabricada em março e abril. (Experimente a Spaten Optimator.)

Draft (Draught): cerveja extraída de um pequeno barril. *Draught* é a grafia inglesa; e *draft,* a americana, e ambas têm a mesma pronúncia. "Draft genuína", quando aplicada à cerveja engarrafada, significa que a bebida não foi pasteurizada (assim como a cerveja de barril ou chope).

dualismo mente-corpo: visão de que o ser humano é constituído de duas substâncias distintas: uma material (o corpo) e a outra imaterial (mente, espírito ou alma). (Ver o capítulo 25, "Como unir corpo e alma", e o enigma 9, "O que Mary não sabia sobre a cerveja".)

Dubbel: cerveja do tipo abadia que usa o dobro da quantidade de malte de uma cerveja "simples" ou Blonde. (Experimente a cerveja do capítulo 36, North Coast Brother Thelonious Belgian Style Abbet Ale.)

Dunkel (Dunkler Bock): em alemão, *dunkel* significa "escuro", e é também um tipo de Lager escura. Dunkler Bock é uma Lager escura, tão forte como uma Bock. (Experimente a Ayinger Altbairisch Dunkel.)

Dunkelweizen: uma versão escura da cerveja de trigo. (Em alemão, *dunkel* significa "escuro", e *Weizen* significa trigo.) (Experimente a Lips of Faith New Belgium Dunkelweis 30°.)

egoísmo moral: visão de que um ato moralmente correto é aquele que maximiza os próprios interesses. (Ver o capítulo 21, "O mito de Giges".)

egoísmo psicológico: tese segundo a qual as pessoas só agem em seu próprio interesse. Não existe ato puramente altruísta. (Ver o capítulo 21, "O mito de Giges".)

Elísios: 1. na mitologia grega, Campos Elísios era o lugar do repouso final das almas dos heróis e virtuosos. 2. a Elysian Brewing Company, de Seatle, Washington, é a cervejaria que produz The Wise ESB, The Immortal IPA e Perseus Porter. (Ver o capítulo 40, "O mais sábio de todos".)

epistemologia: estudo e/ou teoria do conhecimento. Algumas perguntas epistemológicas são: O que é conhecimento? Como se alcança o conhecimento? Podemos saber o que é real? (Ver o capítulo 17, "A borboleta de Chuang-tsé", e o capítulo 18, "A dúvida de Descartes".)

ésteres: compostos naturalmente produzidos durante a fermentação, que podem adicionar um sabor frutado, floral e picante à cerveja.

estética: ramo da filosofia que estuda a beleza e a arte. (Ver o capítulo 11, "Sabor descomplicado".)

eterno retorno: pensamento do filósofo alemão Friedrich Nietzsche de que a vida se repete infinitas vezes sem nenhuma mudança.

ética: estudo e/ou teoria da moralidade. Algumas questões éticas são: O que torna um ato correto ou errado? Alguma coisa é realmente certa ou errada? O que seria correto em determinada situação? (Ver os capítulos 19, 21, 24, 31, 33, 34, 39, 43 e 44.)

existencialismo: escola filosófica que enfatiza a subjetividade, a liberdade e a responsabilidade individual. Alguns importantes existencialistas são Søren Kierkegaard, Martin Heidegger, Jean-Paul Sartre e Simone de Beauvoir. (Ver capítulo 42, "Um caso de má-fé".)

Extra Special Bitter ou Extra Strong Bitter (ESB): cerveja forte, mas em geral não tão amarga (*bitter*) como o nome sugere. As ESBs costumam ter corpo médio e cor de cobre a âmbar, com aroma e sabor de lúpulo. (Experimente a cerveja do capítulo 40, Elysian The Wise ESB.)

fermentação: processo que converte açúcares em álcool e CO_2 pela ação da levedura.

fermentação secundária: ocorre quando levedura e açúcares são adicionados à cerveja pouco antes do engarrafamento.

filosofia: área de estudo dedicada à análise sistemática de conceitos básicos, como verdade, existência, realidade, conhecimento e moralidade.

filosofia da mente: estudo filosófico da mente. Sua principais questões são: A mente é apenas o cérebro? Os computadores podem se tornar conscientes? Existe livre-arbítrio? (Ver os capítulos 1, 4, 9, 11, 13, 21, 22, 25, 38 e 45.)

filtragem a frio: uma alternativa para pasteurizar a cerveja passando--a por um filtro muito fino que remove a levedura e termina o processo de fermentação.

funcionalismo: teoria da filosofia da mente que afirma que o que faz alguma coisa ser um estado mental em particular não é sua constituição interna, mas a função que ela desempenha dentro do sistema do qual faz parte. (Ver o capítulo 38, "A máquina de degustação de Turing", e o capítulo 45, "Medo de zumbis".)

grau Plato: unidade de medida que determina a densidade da cerveja. Foi desenvolvida pelo cientista boêmio Karl Balling e mais tarde melhorada por Fritz Plato.

gravidade: 1. força pela qual os objetos com massa se atraem, causada pela curvatura do *continuum* espaço-tempo. (Ver o capítulo 7, "A lança de Lucrécio".) 2. termo que se usa para descrever o peso de uma cerveja. "Gravidade original" é o peso da cerveja antes da fermentação; e "gravidade final", seu peso depois da fermentação.

hedonismo: ideia de que o prazer é o único bem intrínseco. Todas as outras coisas são consideradas boas como meio para o prazer ou parte dele. (Ver o capítulo 6, "A máquina da experiência", e o capítulo 20, "O leite dos bêbados".)

Hefe: palavra alemã que significa "levedura".

Hefe Weizen (Hefeweizen): em alemão, *Hefe* significa levedura; e *Weizen*, trigo. É uma cerveja de trigo no estilo alemão, também chamada Hefe Weisse, Hefeweissbier e Weissbier. (Experimente a cerveja do capítulo 31, Hofbräu Hefe Weizen.)

Hell (helles): palavra alemã que significa "claro", usada para definir as cervejas claras. (Experimente a cerveja do capítulo 12, Aktien Hell.)

International Bittering Units (IBU): padrão que mede o amargor da cerveja. A maioria das cervejas tem de 10 a 100 IBUS. Quanto maior o número, maior o amargor. Embora não exista medida real além de 100, algumas cervejas são classificadas acima disso. (Experimente a cerveja do capítulo 43, Laughing Dog Alpha Dog Imperial IPA, classificada com 127 IBUs.)

idealismo (idealismo metafísico): a teoria que tornou famoso o bispo George Berkeley, de que tudo o que existe é a mente e as ideias da mente (inclusive pensamentos, sentimentos, percepções etc.) De acordo com o idealismo, a matéria (isto é, a substância que existe fora e independente da mente) não existe. (Ver o capítulo 3, "Se um copo de cerveja cai na floresta...")

India Pale Ale (IPA): cerveja robusta, com alto teor de lúpulo. No século XVIII, as IPAs eram exportadas da Grã-Bretanha para a Índia porque a maioria das cervejas não suportava a longa viagem de navio. O alto teor de lúpulo (que funciona como conservante) e de álcool (geralmente entre 7% e 8%) da IPA lhe permitiam resistir ao calor da viagem. (Experimente a cerveja do capítulo 28, Victory HopDevil IPA, e do capítulo 43, Laughing Dog Alpha Dog Imperial IPA.)

kantismo: teoria moral de Immanuel Kant, que argumentava que certo ou errado deviam ser determinados através do imperativo categórico, que afirma: "Aja somente segundo a máxima que você gostaria de ver transformada em lei universal". Essa posição contrasta francamente com o utilitarismo. (Ver o capítulo 24, "O problema da verdade moral".)

kas: antiga palavra suméria para cerveja, cujo significado literal é: "o que a boca deseja".

Kellerbier: em alemão, "cerveja de adega". É uma Lager não filtrada, com alto teor de lúpulo e baixa carbonatação. (Experimente Voodoo Pilzilla.)

kōan: enigma paradoxal usado como objeto de meditação no zen-budismo. (Ver o capítulo 32, "O paradoxo zen".)

Kriek: tipo de cerveja belga fermentada com cereja ácida. (Experimente The Phoenix Kriek, da Selin's Grobe.)

Lager: palavra derivada do alemão "*lagern*", que significa "armazenar". A Lager é fabricada com levedura de baixa fermentação, por mais tempo e em temperaturas mais baixas que a Ale, resultando numa cerveja mais leve e revigorante.

Lambic: cerveja de fermentação espontânea típica das cervejarias da região de Payotteland, na Bélgica. A Lambic costuma ser naturalmente seca, ácida e efervescente. (Experimente a Lindemans Framboise.)

levedura: organismo unicelular da família do fungos, responsável por transformar os açúcares contidos no malte em álcool e dióxido de carbono. A levedura também agrega sabor e pode ser usada para dar um gosto frutado à cerveja. Um *slogan* tradicional dos cervejeiros diz: "Nós fazemos o mosto, o lêvedo faz a cerveja".

lúpulo: florescência seca da planta feminina do lúpulo, trepadeira da família das canabináceas. O lúpulo é responsável pelo amargor da cerveja, assim como por outros sabores e aromas.

lúpulos amargos: são adicionados no início do ciclo de fermentação para conferir amargor à cerveja. Exemplos: lúpulos Chimook, Magnum e Newport.

lúpulos aromáticos: lúpulos adicionados no fim do ciclo de fermentação, acrescentando aromas à cerveja. Exemplos: lúpulos Cascade, Crystal e Saaz.

lúpulos nobres: termo que se refere a quatro variedades fortemente aromáticas originadas da Europa central: Tettnanger, Hallertauer Mittelfrueh, Spalter e Saaz. Essas variedades de lúpulo são responsáveis pelo aroma e o sabor tradicionais de muitas cervejas clássicas, entre elas Pilsner, Dunkel e Oktoberfest.

má-fé: termo usado pelo existencialista francês Jean-Paul Sartre para definir o fenômeno de mentir a si mesmo sobre a própria liberdade. A tentativa de se ver encurralado ou sem opções quando sabe-se que isso não é verdade. (Ver o capítulo 42, "Um caso de má-fé".)

malte (cevada maltada): malte que foi embebido em água, posto a germinar e depois seco no calor. O tipo de cevada, o grau de germinação e a temperatura da secagem influenciam no sabor final.

malte achocolatado: malte escuro. Embora possa proporcionar um sabor achocolatado, não contém chocolate.

malte caramelo: tipo de malte especialmente processado, usado para dar mais corpo, cor e sabor às cervejas escuras e âmbar.

materialismo (materialismo metafísico): teoria que afirma que a matéria é a única substância no universo. Se o materialismo for verdadeiro, tudo o que existe é composto de matéria. (Ver o capítulo 3, "Se um copo de cerveja cai na floresta...", e o capítulo 9, "O que Mary não sabia sobre a cerveja".)

microcervejaria: pequena cervejaria que produz menos de 15.000 barris por ano.

modelo de consciência do teatro cartesiano: visão da experiência consciente que equivale a imaginar um pequeno teatro no cérebro, onde um homúnculo observa todos os dados sensoriais como se fossem projetados em uma tela.

mosto: caldo resultante da fervura da cevada em água durante a produção da cerveja, rico em açúcares fermentáveis. Ele é depois fermentado para decompor açúcares a fim de produzir álcool.

Ninkasi: 1. antiga deusa suméria da fermentação. Muito do que sabemos dela vem do "Hino a Ninkasi", um poema de louvor escrito numa tábua de argila por volta de 1800 a.C. 2. Ninkasi Brewing Company, de Eugene, Oregon.

nirvana: termo budista que significa "iluminação", um estado caracterizado por paz, serenidade e a total cessação do sofrimento. (Ver o capítulo 27, "Como alcançar o nirvana".)

objetivismo estético: A ideia de que alguns juízos estéticos (sobre o que é belo ou artístico) são objetivos. Ou seja, alguns julgamentos estéticos são verdadeiros independentemente das crenças e sentimentos da pessoa ou do grupo que os fazem. (Ver o capítulo 11, "Sabor descomplicado".)

objetivismo moral: visão de que algumas afirmações morais (por exemplo, a de que a escravidão é errada) são objetivamente verdadeiras. Ou seja, sua verdade ou falsidade não tem relação com as crenças ou sentimentos do indivíduo ou da cultura. (Ver o capítulo 24, "O problema da verdade moral".)

Pale Ale: cerveja Ale de cor bronze ou cobre, com amargor, sabor e aroma com predomínio do lúpulo. As Pale Ales possuem corpo médio e teor de malte de baixo a médio. (Experimente a cerveja do capítulo 3, Sierra Nevada Pale Ale.)

paradoxo da bissecção: problema que surge do fato (aparente) de uma distância finita poder ser partida ao meio infinitas vezes e, portanto, num número infinito de distâncias. (Ver o capítulo 2, "Paradoxo de Zenão da mão à boca".)

paradoxo da visão etílica (paradoxo do dez às duas): fenômeno paradoxal pelo qual alguém se torna mais atraente dependendo da quantidade de cerveja consumida pelo observador. Também conhecido como paradoxo 10@2, porque a pessoa pode passar da nota dois à nota dez depois que o observador consome uma quantidade suficiente de cerveja. (Ver capítulo 4, "O paradoxo da visão etílica".)

pasteurização: processo no qual a garrafa de cerveja é aquecida a 60-70 °C para prolongar seu tempo de conservação.

Pilsner: tipo de cerveja clara, hoje a mais popular de todo o mundo. A primeira Pilsner foi fabricada na Bürgerlisches Brauhaus, em Plzen, na República Tcheca, em 1842, usando uma levedura especial contrabandeada da Alemanha por um monge tcheco. (Experimente a cerveja do capítulo 41, Moonlight Reality Czeck Pilsner.)

Platão: discípulo de Sócrates e mestre de Aristóteles, mais conhecido por sua obra-prima, *A república,* e por sua teoria das formas. (Ver o capítulo 26, "As formas de Platão".)

Plínio, o Jovem: advogado e cientista da Roma antiga, sobrinho de Plínio, o Velho.

Plínio, o Velho: filósofo estoico e naturalista, Plínio (23-79 d.C.) e seus contemporâneos são responsáveis pelo nome botânico do lúpulo, *Lupus salictarius,* que significa "lobo entre arbustos".

pluralismo religioso: ideia de que muitas religiões podem ser verdadeiras, apesar de pontos de oposição ou de contradições. Nenhuma religião representa toda a verdade, uma vez que as verdades religiosas não podem ser transformadas em conceitos humanos sem alguma distorção inevitável. (Ver o capítulo 14, "Os homens cegos e o black and tan".)

Porter: tipo de cerveja escura forte e encorpada, um pouco mais leve que a Stout. O nome vem dos carregadores (*porters*) que transportavam os produtos dos vagões para as bancas dos mercados ao ar livre, comuns na Inglaterra do século XVIII. (Ver a cerveja do capítulo 24, Wasatch Poligamy Porter.)

princípio da bivalência: princípio segundo o qual qualquer afirmação significativa deve ser verdadeira ou falsa. (Ver o capítulo 15, "O paradoxo do mentiroso".)

princípio da igualdade: princípio moral segundo o qual interesses semelhantes devem ter peso semelhante, e as diferenças de tratamento precisam ser justificadas em termos de diferenças relevantes entre os seres afetados pela ação. (Ver o capítulo 43, "O barril e o cutelo".)

problema da identidade pessoal: dificuldade de determinar o que faz alguém ser a "mesma" pessoa ao longo do tempo. (Ver o capítulo 1, "Problemas de transporte", e o capítulo 13, "Buda e a ausência do eu".)

problema da liberdade e da divina clarividência: paradoxo que surge quando alguém presume que existe um Deus que tudo sabe (inclusive as futuras ações dos homens) e que as pessoas têm livre-arbítrio. (Ver o capítulo 12, "O paradoxo da clarividência".)

problema da mente do outro: dificuldade de conhecer o conteúdo da consciência de outras pessoas – ou se elas são de fato conscientes. (Ver o capítulo 9, "O que Mary não sabia sobre a cerveja", e o capítulo 45, "Medo de zumbis".)

problema do mal: paradoxo que surge quando alguém presume que existe um Deus todo-poderoso, todo-bondoso e onisciente e que o mundo está cheio de males morais e naturais. (Ver o capítulo 28, "O problema do mal".)

Quadrupel: a mais forte das cervejas de abadia belgas, mas intensa que a Dubbel e a Tripel. (Experimente a cerveja do capítulo 29, La Trappe Quadrupel.)

qualia: propriedades qualitativas subjetivas dos estados mentais, como visões, sons, aromas etc. (Ver o capítulo 9, "O que Mary não sabia sobre cerveja", e o capítulo 45, "Medo de zumbis".)

Reinheitsgebot: lei da pureza alemã de 1516, que limitava a produção de cerveja a três ingredientes: malte, lúpulo e água. Na época não se conhecia a existência da levedura, que age através de bactérias suspensas no ar. Mais tarde, com o avanço da ciência, a levedura foi aprovada como quarto ingrediente.

relativismo cultural (ética): a ideia de que a verdade das afirmações morais (por exemplo, "a escravidão é errada") depende de crenças e/ou sentimentos culturais. (Ver o capítulo 24, "O problema da verdade moral".)

Saison: palavra francesa que significa "estação". Nome originalmente dado a Pale Ales de baixo teor alcoólico produzidas em períodos específicos nas fazendas da Valônia, na Bélgica, para matar a sede dos trabalhadores. Esse estilo belga é hoje copiado por várias cervejarias do mundo. (Experimente a cerveja do capítulo 42, Fantôme Pissenlit.)

Scotch Ale: cerveja de forte teor de malte desenvolvida na Escócia. (Experimente a cerveja do capítulo 8, Belhaven Wee Heavy.)

Steam: considerada a única cerveja clássica americana, geralmente apresenta cor âmbar, sabor marcante e alta carbonatação. Foi inventada na Califórnia durante a Corrida do Ouro, quando a levedura Lager era usada para levar a fermentação às temperaturas mais altas usadas com os lêvedos Ale. (Experimente a cerveja do capítulo 33, Anchor Steam Beer.)

Stout: tipo de cerveja mais escura e encorpada. É de alta fermentação, mas diferencia-se das demais por sua cor marrom-escura, sabor de chocolate e de café e por ser mais encorpada. Isso se consegue com a utilização de uma cevada que foi tostada a ponto de carbonizar. (Experimente a cerveja do capítulo 1, Guinness Extra Stout.) **Chocolate Stout** é uma subcategoria que usa maltes diferentes para obter um sabor de chocolate ainda mais pronunciado. Algumas cervejarias adicionam chocolate ou extrato de chocolate na fermentação. (Experimente a cerveja do capítulo 6, Young's Double Chocolate Stout.) **Coffee Stout** usa maltes tostados para acentuar o sabor amargo do café, e muitas vezes também grãos de café. (Experimente a cerveja do capítulo 17, Great Divide Espresso Oak Aged Yeti.) **Cream Stout** é uma versão adoçada com lactose. (Experimente a St. Peter's Cream Stout.) **Imperial Stout**, ou **Russian Stout**, é uma variação extraforte de alto teor alcoólico, assim chamada por causa de sua popularidade na corte imperial de Catarina II da Rússia. (Experimente a cerveja do capítulo 47, Deschutes The Abyss.) **Oatmeal Stout** adiciona aveia à mistura para obter maior suavidade e cremosidade. Tem sabores mais sóbrios e menor teor alcoólico que a Imperial Stout. (Experimente a cerveja do capítulo 20, Samuel Smith Oatmeal Stout.)

subjetivismo: ver subjetivismo estético e subjetivismo moral.

subjetivismo estético: visão de que os jugamentos estéticos (decisões sobre o que é belo ou artístico) são puramente subjetivos; ou seja, a essência do julgamento estético depende completamente das crenças e dos sentimentos da pessoa que faz esse julgamento (Ver o capítulo 11, "Sabor descomplicado").

subjetivismo moral: visão de que as afirmações morais estão ligadas a crenças e sentimentos do indivíduo. Não há certos ou errados "objetivos", que existam independentemente da cultura. (Ver o capítulo 24, "O problema da verdade moral".)

taoísmo: filosofia e sistema religioso da China, baseado nos ensinamentos de Lao-tsé expressos no *Tao Te Ching*. (Ver o capítulo 46, "A caneca vazia de Lao-tsé".)

teor alcoólico (ou ABV – alcohol by volume): padrão internacional para medir a quantidade de álcool da cerveja, ou seja, qual a proporção de álcool no volume total da bebida. A maioria das cervejas tem teor alcoólico de 4% a 8%, embora diversas Stouts e Ales mais fortes cheguem a 10%.

teoria do comando divino: teoria da moralidade que afirma que os atos são corretos apenas quando Deus os ordena (ou os deseja). Os atos são errados quando Deus os proíbe (ou não os deseja). (Ver o capítulo 19, "O comando de Deus".)

teoria dos jogos: estudo da interação estratégica entre agentes racionais, no qual são analisados os resultados de opções disponíveis com base nas preferências desses agentes. (Ver o capítulo 5, "A aposta de Pascal".)

trapista: membro da Ordem dos Cistencienses da Estrita Observância, da Igreja Católica Romana, constituída por monges contemplativos que seguem a Regra de São Benedito. Os monges trapistas são famosos por suas cervejas, produzidas em seis cervejarias na Bélgica e uma na Holanda. Eles têm direitos exclusivos de usar o termo "trapista" na comercialização e empacotamento de suas cervejas. (Experimente a cerveja do capítulo 23, Chimay Bleue "Grande Réserve".)

Tripel: cerveja do tipo abadia belga que tem até três vezes mais malte do que a simples ou Blonde. (Experimente a cerveja do capítulo 7, Unibroue La Fin du Monde, e a do capítulo 23, Chimay Bleue "Grande Réserve".)

utilitarismo: filosofia moral desenvolvida por Jeremy Bentham e John Stuart Mill, que define atos corretos como aqueles que trazem maior felicidade para o maior número de pessoas. (Ver o capítulo 20, "O leite dos bêbados", e o capítulo 31, "A Hefe Weizen de Hitler".)

Weisse (Weisbier, Wit, Witbier): Weissbier é o nome em alemão da cerveja branca, ou cerveja de trigo. O termo belga para Weissbier é Witbier. A Witbier belga em geral é produzida com especiarias, como coentro, ou frutas, como cascas de laranja. (Experimente a cerveja do capítulo 10, Avery White Rascal.)

yin/yang: na filosofia chinesa, *yin/yang* se refere ao equilíbrio entre opostos interdependentes. *Yin* representa a polaridade passiva e receptiva (escuro, frio, macio, úmido etc.), enquanto *yang* representa a polaridade agressiva e ativa (luz, calor, duro, seco etc.) (Ver o capítulo 46, "A caneca vazia de Lao-tsé".)

zumbi: 1. termo filosófico que define a pessoa (ou criatura) que não tem experiência de pensamentos, desejos, sentimentos. 2. termo usado em Hollywood para definir mortos-vivos, que querem devorar o cérebro das pessoas. (Ver o capítulo 45, "Medo de zumbis".)

zymurgy: estudo científico dos processos de fermentação.

ANEXO A ESTA EDIÇÃO

Cervejas brasileiras especiais: um universo em expansão

Alessandro Pinesso

Depois de anos gravitando em torno de um número limitado de opções, o consumidor brasileiro pode finalmente brindar à diversidade. Na última década, surgiram várias microcervejarias que hoje competem em pé de igualdade com os maiores nomes do mercado internacional, amealhando prêmios importantes. O Brasil ainda não possui uma "escola" cervejeira para chamar de sua, mas temos muita gente empenhada em fazer rótulos dignos de nota. É preciso tempo para desenvolver bons produtos e criar uma identidade local, um *terroir* brasileiro.

Escolher doze cervejas brasileiras para este livro não foi uma tarefa fácil. Não há dúvida de que bons exemplares ficaram de fora. A seleção foi norteada por três critérios básicos: qualidade, criatividade e diversidade, para abarcar cervejas de estilos diferentes produzidas por cervejarias distintas. Acredito que o caminho para a evolução de nossas cervejas seja exatamente o que temos de melhor, ou seja, a inventividade, o famoso "jogo de cintura". É através do desenvolvimento de cervejas diferentes dos produtos importados que chegaremos lá. Mas vamos ao que interessa, filosofando e erguendo um brinde aos bravos brasileiros que se aventuram pela senda cervejeira. Saúde!

ABADESSA HELLES

O paraíso começa com Helles

A Cervejaria Abadessa, de Porto Alegre (RS), trabalha desde 2005 para elevar o espírito dos amantes das boas fermentadas. Sua inspiração vem da abadessa Hildegard von Bingen, freira alemã conhecida como Santa Hildegarda, nascida em 1098. Naqueles tempos, boa parte da produção de cervejas ficava a cargo dos religiosos, com mais de quinhentos mosteiros produtores. Hildegard foi uma mulher excepcional: escritora, teóloga, poetisa e cientista, deixou escritos sobre diversos temas e, segundo Michael Jackson (1943- 2007), inglês especialista em cervejas e uísque, teria sido a primeira mulher a abordar dois assuntos da mais estrita importância para o bem-estar da humanidade: o uso do lúpulo na cerveja e o orgasmo feminino! Uma mulher séculos à frente de seu tempo e que, mesmo pertencente a uma elite intelectual, nunca cedeu às tentações do ego e manteve-se fiel à causa que abraçou na juventude.

Essa fidelidade também pode ser encontrada nas cervejas Abadessa. A produção, totalmente artesanal, é feita segundo os princípios da Lei de Pureza Alemã de 1516. A Abadessa vai a fundo no conceito de pureza e produz cervejas "vivas", pois não são filtradas nem pasteurizadas e não contêm aditivos ou conservantes. Portanto, são cervejas delicadas, que devem ser transportadas e mantidas sob refrigeração. Seu frescor se assemelha muito ao do chope.

O cuidado artesanal da Abadessa Helles começa pela bela garrafa de um litro, em vidro âmbar, com alça e tampa "*swing*", do tipo que é presa por uma haste de metal e pode ser fechada novamente. Ao despejar o líquido no copo, nota-se a bonita cor dourada, turva, com boa espuma. No nariz, fermento, adocicado, mel e um discreto lúpulo floral. O sabor segue o aroma, com fermento pronunciado, malte e amargor sutil. Deixa um gosto suave e adocicado na boca, refrescante, delicioso. O álcool fica na casa dos 4,6%. Pode não ser exatamente o paraíso, mas um copo de Abadessa Helles é um bálsamo sempre muito bem-vindo. Uma cerveja tão cheia de vida quanto a abadessa que lhe empresta o nome.

AMAZON BEER TAPEREBÁ WITBIER

Você sabe a diferença entre o cajá e o taperebá?

Ao observar uma dupla de gêmeos do mesmo sexo pela primeira vez, é difícil perceber qualquer diferença. Com o tempo, as distinções entre um e outro vão se tornando mais evidentes. Este é o caso do taperebá e do cajá, que são basicamente a mesma fruta, pertencentes à família *Anacardiaceae*. O primeiro é abundante na Região Norte do país e tem sabor cítrico. Mais ao sul, com a mudança do solo e do clima, passa a ser conhecido como cajá e apresenta sabor mais adocicado. Por ser uma fruta local, foi o escolhido pela Amazon Beer, cervejaria de Belém do Pará, para compor a Taperebá Witbier.

O estilo Witbier (em flamengo), ou Bière Blanche (em francês), é tipicamente belga. Mistura maltes de cevada e trigo, com adição de especiarias como sementes de coentro e raspas de casca de laranja Curaçao. São cervejas leves, refrescantes, com acentuado sabor cítrico, ótimas para os dias mais quentes e para acompanhar peixes brancos.

A Taperebá Witbier apresenta tom amarelo-pálido, espuma pouco abundante, aroma cítrico e perfumado, com um toque mais adocicado que as Witbiers tradicionais. Na boca, uma mistura de cítrico e adocicado, com toques de lima e limão, leve, refrescante, com 4,7% de álcool.

Com a substituição da laranja Curaçao pelo taperebá, temos uma cerveja com *terroir* local, com DNA típico da Amazônia. Fica a sugestão de degustá-la no bar da própria cervejaria, localizada na Estação das Docas, em Belém. Assim, você poderá contemplar o pôr do sol refletido nas águas do rio Guamá enquanto saboreia sua cerveja sem a menor pressa.

BAMBERG CAMILA CAMILA

Pop ao cubo

Senhoras e senhores, com vocês, dois grandes sucessos de público: o *hit* brazuca "Camila Camila" e as cervejas Pilsen. Nos anos 1980, o *rock* brasileiro explodiu nas paradas, estimulando o surgimento de muitas bandas, entre as quais a gaúcha Nenhum de Nós, que lançou seu primeiro e até hoje maior sucesso, "Camila Camila". A canção fala sobre uma garota de 17 anos que sofre o diabo com um namorado ciumento, agressivo, que a maltrata mesmo diante dos amigos.

Já o estilo de cerveja Pilsen surgiu na Boêmia, atual República Tcheca, em 1842. Clara, dourada e refrescante, fácil de beber, em pouco tempo ganhou sua contrapartida alemã e, com o surgimento das grandes cervejarias, espalhou-se pelo mundo. No Brasil, o que se chama de Pilsen é, na verdade, o estilo American Lager, de origens e características mais modestas. Uma Pilsen de verdade contém mais malte e lúpulo que as cervejas vendidas aos bilhões mundo afora. E, se for uma Bohemian Pilsner, a receita deve incluir o lúpulo Saaz, perfumado, de aroma inconfundível.

A Camila Camila, da Cervejaria Bamberg, localizada em Votorantim (SP), não foge à regra: tem cor dourada, espuma abundante e firme e os tradicionais 5% de álcool. No aroma, prevalece o floral do lúpulo, com o dulçor e o grão do malte em segundo plano. Na boca, os componentes se unem de maneira equilibrada, com amargor na medida, muito refrescante e agradável.

Ao buscar inspiração para uma nova cerveja, a Bamberg escolheu o mais popular dos estilos, batizando-a com o nome de uma canção de sucesso. Segundo eles, porque, assim como a Camila da música, sua cerveja também é forte, delicada e com muita personalidade.

BODEBROWN WEE HEAVY

O bode do lago Ness

Nascido na ensolarada Recife, seu trabalho é cuidar de uma criação de bodes. Por obra do destino, sai da terra natal e vai parar na enevoada Curitiba, tiritando de frio. O que fazer? Criar bodes, ora! Bodes líquidos, na forma de cervejas robustas e alcoólicas. Claro que tudo isso levou tempo para acontecer, foram dezoito anos até que as primeiras maltadas saíssem das panelas da Bodebrown, cervejaria artesanal que vem conquistando adeptos até mesmo no exterior. É pioneira no Brasil na produção do estilo Scotch Ale, originário da também enevoada Escócia, terra do lendário monstro do lago Ness e do uísque. Este último compartilha com a premiada Bodebrown Wee Heavy seu ingrediente básico, o malte, aqui empregado em doses generosas.

No copo, esta brasileira é marrom-escura, com espuma bege abundante, de média duração. No nariz, um aroma adocicado, com caramelo, mel, *toffee* e notas tostadas. Na boca, o "melado" do malte logo se faz presente, dominando o sabor, mas deixando espaço para toques de tostado, nozes e castanhas. Os 8% de álcool aquecem a boca, como convém ao estilo, com *aftertaste* adocicado. É o tipo da cerveja para se beber junto a uma lareira, relaxando com o crepitar do fogo. Cervejas maltadas e alcoólicas devem ser apreciadas lentamente, sempre acima dos 10 °C, nunca geladas. As baixas temperaturas não permitem que os aromas e sabores se desprendam e o álcool elevado se torna uma "pancada".

Para encerrar o assunto, seja corajoso como um *highlander* e não tema a forte personalidade desta Wee Heavy. Como reza a tradição romana, Fortuna, a deusa da sorte, costuma favorecer os bravos.

COLORADO ITHACA/GUANABARA

Fúria de titãs

Em 2009, a Cervejaria Colorado, conhecida por adicionar ingredientes tipicamente brasileiros aos seus produtos, criou a Vintage Black Rapadura, uma cerveja especial, que, com boas doses de rapadura queimada em sua composição, passa por um longo período de maturação. Aí a epopeia começou. O Ministério da Agricultura impediu o uso do termo "rapadura". Pouco depois, soube-se que o termo "vintage" também seria vetado. A odisseia do nome trouxe à baila a saga do grego Ulisses, que enfrentou catorze anos de agruras para regressar à sua terra natal, a ilha de Ítaca. Pronto! A cerveja tinha um novo nome.

Com 10,5% de teor alcoólico, esta interpretação do estilo Russian Imperial Stout não é para meninos. O estilo em questão se encontra no topo da cadeia cervejeira por seu elevado teor alcoólico e fartas doses de malte e lúpulo, que resulta em uma bebida quase negra, com aroma e sabor intensos de tostado e café. Esta versão mais potente do estilo Stout foi criada no século XVIII, quando era exportada da Inglaterra para a corte de Catarina II, imperatriz da Rússia.

A amostra degustada pertence ao primeiro lote, produzido em 2009, registrado com o número 0001. Ao despejá-la no copo, o líquido marrom-escuro é recoberto por uma fina camada de espuma bege que se desfaz rapidamente. Os aromas se desprendem com facilidade: licor, ameixa, rapadura, vinho do Porto, café, tostado, dulçor do açúcar e das doses cavalares de malte. O lúpulo, geralmente tão atrevido, se apequena diante de tantos titãs aromáticos. Na boca, o álcool aquece, estimulando as papilas gustativas para uma explosão de malte, açúcar queimado e um toque de lúpulo, numa batalha ferrenha entre o adocicado e o amargo. Ela pode ser guardada por vários anos, pois suas características permitem a maturação na garrafa.

Três anos depois, em 2012, a cerveja foi relançada para o mercado externo com algumas mudanças na fórmula original e o nome Guanabara, mais apropriado para seduzir os gringos. Foi interessante prová-la na mesma degustação da Ithaca para ver como o tempo agiu sobre a cerveja. A versão mais jovem apresenta espuma mais abundante e consistente. O lúpulo cresce em comparação à Ithaca, assim como o aroma e sabor de tostado. Na boca, o aquecimento provocado pelo álcool é mais evidente, apesar do teor 0,5% menor. No geral, há mais café e menos licor. Isso acontece porque, nos três anos que a Ithaca passou repousando na garrafa, o lúpulo perdeu intensidade e os açúcares dos maltes e da rapadura ganharam consistência, ficando mais licorosos. Uma cerveja que, pela raridade e porte imponente, convida ao congraçamento.

CORUJA ALBA WEIZEN

Lição cervejeira

Misteriosa e enigmática, a coruja fascina o homem desde a Grécia Antiga, onde foi eleita mascote de Atena, deusa da sabedoria. O bom senso atribuído ao animal foi o norte da cervejaria Coruja, de Teutônia (RS), que produz uma boa cerveja de trigo, batizada de Alba Weizen.

O estilo Weinzenbier ou Weissbier, popular no sul da Alemanha, possui representantes em quase todas as cervejarias artesanais. Em alemão, "*weizen*" é "trigo" e "*weiss*" é "claro". A denominação "cerveja de trigo" é dada porque ela contém em média 50% de malte desse cereal. Uma Weizen clássica é amarela e turva, pois não é filtrada, o que gera acúmulo de fermento no fundo da garrafa. O malte de trigo produz espuma abundante e consistente, com aroma e sabor de banana, cravo e outras especiarias, além de um toque de fermento. O amargor é suave, muito sutil.

A Coruja Alba mostra que os gaúchos criaram uma Weizen equilibrada, com todos os parâmetros do estilo na medida certa. O toque pessoal vem dos quatro tipos diferentes de malte e um pouco mais de amargor. A cor também é um pouco mais escura que o habitual, mas ainda dentro do que se convenciona para o estilo. De "alba", portanto, tem somente o nome.

Para desfrutar de todo o potencial de uma Alba, sirva-a em copo apropriado, fácil de encontrar em lojas e sites especializados. Ao abrir a garrafa, deixe o copo inclinado a 45 graus, encoste a garrafa na borda e despeje o líquido lentamente, pois a formação de espuma é intensa. Depois de completar 3/4 do copo retorne-o à posição vertical e complete até quase o final, esperando a espuma baixar um pouco. Deixe pelo menos dois dedos de cerveja na garrafa. Segure a garrafa pela ponta, agitando-a em movimentos circulares para soltar o fermento acumulado no fundo. Coloque o líquido restante no copo e bom proveito!

EISENBAHN 10 ANOS

Uma cerveja fora da lei

Estrangeiros de países frios, via de regra contidos e formais, são os que mais se transformam quando passam uma temporada nos trópicos. Com os alemães, não seria diferente. Aqui, têm mais liberdade para colocar as manguinhas de fora, escapar dos rigores do inverno e da Reinheitsgebot. Hein? Calma lá. Este nome designa a Lei de Pureza Alemã de 1516 – ainda em vigor –, segundo a qual cerveja produzida na Alemanha não pode conter nada além de água, malte e lúpulo. O fermento, ou a levedura, foi aceito como quarto ingrediente depois das descobertas de Pasteur, em 1864.

Ao completar dez anos, a cervejaria catarinense Eisenbahn ("ferrovia", em alemão) resolveu comemorar em grande estilo, criando uma Dopplebock, variante mais encorpada e alcoólica que a Bock comum. A surpresa começa pela cor, mais clara, num tom âmbar alaranjado e vivo. É um pouco turva, pois é parcialmente filtrada. Outro dado novo é o dry hopping, que é a adição de uma dose extra de lúpulo durante a maturação. A espuma, branca e consistente, permanece inalterada no copo por uns bons minutos. No aroma, sobressai a madeira, pois aí é que a "lei" foi infringida, com a adição de lascas de carvalho francês. Parte dessa madeira é visível no fundo do copo, em pedaços minúsculos, um charme adicional. O carvalho, novo, exala frescor, em sintonia com notas de frutas em compota, damasco e coco queimado. O cítrico do lúpulo Saaz, importado da República Tcheca, fica em segundo plano. O sabor acompanha, adocicado, frutado, com madeira marcante. O lúpulo se mostra mais no final, bem seco, com amargor equilibrado. O conjunto é harmonioso e muito agradável, e é aí que mora o perigo, pois mal se percebem os 7,2% de álcool!

A postura oficial é que se trata de uma edição limitada. A garrafa elegante, com rolha, vidro verde-escuro e rótulo estampado em *silk screen*, não deixa dúvidas de que o traje é de gala. Mas nada impede que, passada a festa dos dez anos, ela se vista de maneira mais simples, com tampa de metal, rótulo de papel, e passe a integrar o portfólio da marca.

FALKE BIER VIVRE POUR VIVRE

Homenagem ao cinema

Ah, Paris, a *nouvelle vague*... Estas palavras nos remetem a uma época onde ainda era possível flanar pelas alamedas do velho mundo sem *smartphones*, *iPods* e outras interferências digitais. Como inspiração, nada melhor que uma taça da delicada criação da cervejaria mineira Falke Bier, Vivre pour Vivre. O nome é inspirado no filme homônimo de Claude Lelouch, lançado em 1967. Hoje em dia, quando tudo parece saltar das fábricas como pipocas numa panela, uma cerveja como esta é um exercício de cuidado e paciência.

A história começou quando um lote de uma das melhores cervejas da casa, a Falke Monasterium, apresentou acidez muito acima do normal. Uma análise detectou a presença de bactérias lácteas na bebida. Já que o lote estava perdido, foi maturado por três anos e, depois, foram testadas diversas frutas para compor uma nova cerveja, até se chegar ao resultado final, com adição de jabuticaba.

A Vivre pour Vivre pertence ao estilo Fruit Beer e exige três fermentações. A primeira, alcoólica, com ação de leveduras. A segunda, com lactobacilos, para ganhar acidez. Depois de descansar por três anos, é fermentada novamente com leveduras e aí recebe o seu toque especial, suco natural de jabuticabas. Depois de envasar a bebida, é preciso manter a fábrica fechada por quinze dias para evitar a futura contaminação por bactérias lácteas, que se espalham no ar facilmente e podem comprometer outras cervejas. A produção é sazonal, restrita às safras de jabuticaba.

Servido em taça tipo *flûte*, própria para espumante, o líquido rosado produz bolhas pequenas e abundantes. No aroma adocicado, reina soberana a jabuticaba, com notas cítricas. O sabor repete e amplia estas sensações, com sutileza e elegância. O álcool fica na casa dos 4,7%. É uma cerveja rara, a prova de que somos capazes de produzir bebidas realmente especiais. Que continuemos assim, cada vez mais.

ROFER VIENNA LAGER

Danúbio caipira

Além de jardins, valsas e boas omeletes, os austríacos deram ao mundo o estilo Vienna Lager, criado em 1841 pelo mestre cervejeiro Anton Dreher. Essa variedade atravessou o Atlântico e desembarcou em terras mexicanas em 1899. Foi muito bem-aceita pelos locais, que até hoje a produzem em rótulos como Negro Modelo e Dos Equis Ambar. Mais encorpada e saborosa que as Lagers claras, é de baixa fermentação, com uma combinação de quatro diferentes maltes.

O equilíbrio entre malte e lúpulo é uma das questões cruciais na dança dos ingredientes cervejeiros. O malte, obtido a partir dos grãos de cevada, é um elemento adocicado, obediente e comportado, feito uma dama à espera do seu par. O lúpulo, ao contrário, é agressivo, selvagem, atrevido, o tipo que deixaria ruborizadas as mocinhas presentes no salão. Afinal, trata-se de planta trepadeira, da família das canabináceas, prima não muito distante da maconha. Em excesso, domina o paladar, anulando todos os outros elementos da cerveja.

A variedade Vienna Lager privilegia o malte, mantendo o lúpulo sob controle. O estilo não tem muitos exemplares ao redor do mundo, mas segue firme e forte na Cervejaria Rofer, localizada no município paulista de Itupeva. Sua Vienna Lager tem coloração âmbar, como um bom conhaque, acrescida de espuma bege com média duração. Aromas de malte, mel, leve tostado, lúpulo discreto. Na boca, biscoito, malte intenso, lúpulo um pouco picante, com final seco. Os 6% de álcool estão corretamente inseridos. Quanto maior a temperatura, mais se nota a carga do malte, deixando a borda do copo e os lábios com uma agradável sensação açucarada.

De Viena ao interior paulista, foi um longo caminho. O importante é que o bailado continue, mantendo viva a tradição de um estilo pouco produzido, mas muito apreciado.

SEASONS FUNHOUSE

Cerveja de alma grunge

Os belgas sempre gostaram de inventar moda para fazer cerveja, adicionando ingredientes como frutas, ervas e especiarias. Lei de Pureza, nem pensar. Ironia e bom humor também marcam alguns de seus rótulos, como a famosa Delirium Tremens, cujo "mascote" é um elefante cor-de-rosa.

A jovem Cervejaria Seasons, fundada em 2011 na cidade de Porto Alegre, tem em comum com os belgas a vontade de inovar. Seu nome vem da característica de lançar, além de alguns rótulos fixos, cervejas sazonais. Outro motivo é a paixão de um dos proprietários pela canção "Seasons", de Chris Cornell, ex-Soundgarden, expoente do *rock* de Seattle. Nas fotos do *site*, a barbicha do rapaz não deixa dúvidas quanto ao apreço pelo *grunge*.

Vamos então deixar o *rock* rolar e abrir uma Seasons Funhouse, Belgian Blonde Ale com 6% de álcool e tudo o que o estilo pede, incluindo raspas de casca de laranja e sementes de coentro para temperar. No visual, um belo tom amarelo-claro com espuma branca, de grandes bolhas e média duração. Uma cerveja que se encaixa na categoria das "vivas", pois não é pasteurizada nem filtrada, daí seu aspecto um pouco turvo. O aroma é picante, adocicado, com notas de frutas em compota, tâmara, figo, abricó e abacaxi-pérola. Na boca, é adstringente, adocicada, com lúpulo discreto, bom corpo e final seco.

O espírito *rocker* está também nos *slogans* adotados pela Seasons: "Start a revolution, drink craft beer", ou "Faça uma revolução, beba cerveja artesanal", e "Um caminho sem volta". É fato: a partir do momento em que você começa a experimentar cervejas especiais, fica difícil voltar àquelas de sempre.

WÄLS TRIPEL

Mineirinha fresca

A fina estampa impressiona. As proporções clássicas de seu corpo esbelto formam uma bela figura. Exala aromas sedutores e, ao prová-la, o encanto é instantâneo. Cobiçada e orgulhosa, esconde segredos que parecem escapar à compreensão dos pobres mortais. Aqueles que porventura desfrutam de sua intimidade retornam da experiência com um sorriso estampado no rosto.

Dizem que as mineiras são muito simpáticas e francas. Que não ficam fazendo tipo, nem tampouco andam de narizinho empinado. Em suma, que não são frescas. Esta aqui, contudo, é das mais frescas que já provei. Falo da Wäls Trippel, cerveja produzida na região de Belo Horizonte.

O encanto começa pela garrafa com rolha, envolta em um rótulo sóbrio, no qual se destaca a tipologia de estilo gótico. Ao ser despejada no copo, produz espuma branca, farta e consistente sobre o liquido âmbar, de tom alaranjado. O aroma frutado, com maçã, pera e cítrico, deixa entrever um pouco da levedura. O sabor é ácido, adstringente, adocicado, com fruta em calda, mel, aquecimento de boca (devido ao teor alcoólico mais elevado) e final seco. A receita bem azeitada inclui ingredientes como casca de laranja e coentro.

Seu frescor se mantém por um bom tempo no copo, fator importante para uma cerveja que nasceu para ser degustada à mineira, ou seja, sem pressa e em silêncio monástico. Afinal, trata-se de uma Tripel, estilo que é uma subdivisão da categoria conhecida como Belgian Strong Ale. São cervejas elaboradas com muito cuidado e, assim como a Wäls, passam por uma segunda fermentação dentro da garrafa, fato que lhes confere maior riqueza de aromas e sabores, além de dose extra de álcool, que neste caso chega a 9%.

Roguemos então para que o frescor e a formosura desta mineirinha permaneçam entre nós por muito tempo, trazendo alegria aos fãs espalhados por todo o Brasil.

WAY BEER 8 SECRETS

Uma cerveja batuta

Quando uma orquestra está afinada, todos os instrumentos colaboram para criar uma sonoridade harmônica. O trabalho do regente é extrair o que cada um pode oferecer de melhor, criando, assim, sua interpretação sobre o trabalho do compositor.

O mesmo processo ocorre para a elaboração de uma cerveja. É preciso manter a harmonia dos processos e ingredientes envolvidos em seu preparo. O trabalho do mestre cervejeiro começa na definição do estilo. São aproximadamente 120 estilos diferentes, todos com parâmetros bem definidos. O cervejeiro pode, se quiser, alterar estes parâmetros por sua conta e risco.

Definido o estilo, é preciso escolher quais leveduras, maltes e lúpulos serão empregados. Todos influenciam nos aromas e sabores da bebida.

Nada menos que oito diferentes parceiros se uniram para elaborar a receita da 8 Secrets. A empreitada reuniu cervejeiros da Escócia, da Bélgica, dos Estados Unidos e do Brasil sob o teto da Way Beer, no Paraná. Ali, foi decidida a criação de uma Double American Pale Ale. "Double" é o nome usado quando certas características de uma cerveja, como quantidade e tipos de maltes e lúpulos, são utilizados em doses maiores.

A 8 Secrets apresenta coloração âmbar com nuances avermelhadas e pouca espuma. No aroma, apesar do lúpulo presente, há notas intensas de malte, licor e vinho do Porto. O sabor segue os aromas: licoroso, forte, lembrando uísque e vinho do Porto. O lúpulo é marcante, mas não se sobressai à força dos maltes, oferecendo um amargor apropriado ao estilo e à proposta da cerveja, assim como os 6,5% de álcool. Trata-se de uma nova variedade de lúpulos, mais cítricos e florais, denominados Falconer's Flight em homenagem a Glen Hay Falconer, cervejeiro americano já falecido.

A única nota dissonante é que se trata de uma edição limitada. Mas, para matar a sede dos fãs, o espetáculo continua através da Way Beer Double American Pale Ale, levemente modificada e um pouco mais alcoólica.

CRÉDITO DAS IMAGENS

Os editores agradecem a permissão para reproduzir as seguintes imagens deste livro:
Capítulo 7: Formas possíveis do universo. Com permissão da equipe científica da Nasa / Wamp.
Capítulo 11: Roda de sabores. Com permissão da American Society of Brewery Chemists.
Capítulo 12: Pensando em cerveja. Com permissão de Jeremy Lawrence.
Capítulo 14: Coelho-pato. Com permissão de Duck-Rabbit Craft Brewery, Inc.
Capítulo 14: Mapas. Com permissão de Jeremy Lawrence.
Capítulo 21: Esqueleto com anel. Com permissão de Jeremy Lawrence.
Capítulo 25: Glândula pineal. © Raúl González III.
Capítulo 30: Rostos. © Raúl González III.